城市轨道交通职业教育系列教材——城市轨道交通控制

CHENGSHI GUIDAO JIAOTONG ZHIYE JIAOYU XILIE JIAOCAI
CHENGSHI GUIDAO JIAOTONG KONGZHI

城轨控制电源设备维护（第2版）

主　编 ○ 张立群　鞠兴刚
主　审 ○ 穆中华

西南交通大学出版社
·成都·

图书在版编目（CIP）数据

城轨控制电源设备维护 / 张立群，鞠兴刚主编. —2 版. —成都：西南交通大学出版社，2018.7（2021.1 重印）

ISBN 978-7-5643-6284-3

Ⅰ.①城⋯ Ⅱ.①张⋯②鞠⋯ Ⅲ.①城市铁路－轨道交通－信号设备－电源－高等职业教育－教材 Ⅳ.①U284.77

中国版本图书馆 CIP 数据核字（2018）第 155823 号

城轨控制电源设备维护
（第 2 版）

主编　张立群　鞠兴刚

责 任 编 辑	黄淑文
封 面 设 计	何东琳设计工作室
出 版 发 行	西南交通大学出版社 （四川省成都市金牛区二环路北一段 111 号 西南交通大学创新大厦 21 楼）
发行部电话	028-87600564　87600533
邮 政 编 码	610031
网　　　址	http://www.xnjdcbs.com
印　　　刷	四川煤田地质制图印刷厂
成 品 尺 寸	185 mm × 260 mm
印　　　张	15.5
字　　　数	386 千字
版　　　次	2018 年 7 月第 2 版
印　　　次	2021 年 1 月第 6 次
书　　　号	ISBN 978-7-5643-6284-3
定　　　价	42.00 元

图书如有印装质量问题　本社负责退换

版权所有　盗版必究　举报电话：028-87600562

前　言

城轨控制电源设备是为轨道交通控制（信号）设备提供各种电源的设备。随着我国城市轨道交通行业以及铁路运输行业的快速发展，控制（信号）设备也有了突飞猛进的发展，采用了许多先进技术和新设备。这些先进设备对供电设备有了更高的要求，同时，一些先进的电子技术、计算机技术、多媒体技术、通信技术也广泛应用于供电系统中。为了适应这种发展形势以及满足城市轨道交通控制专业的教学需求，由城市轨道交通控制专业教学教材研讨会研讨并确定编写了本教材。

本书结合城市轨道交通行业、铁路运输行业对信号工这一岗位的需要，按照职业教育人才培养目标和本课程的课程标准，根据实际信号设备供电系统的设备情况，重点介绍了大站电源屏和智能电源屏。由于智能电源屏生产厂家比较多，而且技术、型号各不相同，本教材主要以实际应用较多的 PDZG 型智能电源屏、PZ 系列信号智能电源屏和 DSG 系列铁路信号智能电源屏为例进行介绍，同时对电源屏中应用到的各种电器设备（变压器、稳压器、低压电器、开关电源、UPS 电源、蓄电池等）也进行了介绍。由于现在信号控制系统大量应用了通信技术，电源屏中也使用了很多通信设备，所以本书还对通信电源进行了简要介绍。

本书由辽宁铁道职业技术学院张立群任第一主编，辽宁铁道职业技术学院鞠兴刚任第二主编，郑州铁道职业技术学院韦成杰参编，郑州铁道职业技术学院穆中华对书稿进行了审阅。张立群编写了第一、二、三、四、五章，鞠兴刚编写了第八章，韦成杰编写了第六、七、九章。

本书的编写还得到了柳州铁道职业技术学院唐匀生、中铁九局邢献志、中铁十三局张志勇等同仁的大力支持和帮助，在此深表感谢。

由于编者水平有限，书中难免有疏漏和不妥之处，诚请各校师生、读者提出批评和改进意见。

编　者
2018 年 6 月

目 录

第一章 信号设备的供电概况 1
第一节 信号设备对供电的基本要求 1
第二节 信号设备的供电概况 3
复习思考题 5

第二章 变压器 6
第一节 变压器的工作原理、分类及结构 6
第二节 变压器的空载运行 9
第三节 变压器的负载运行 14
第四节 变压器参数的测定 17
第五节 变压器的运行特性 19
第六节 三相变压器 21
第七节 其他用途的变压器 29
第八节 变压器的维护与维修 32
复习思考题 33

第三章 交流稳压器 34
第一节 感应调压器 35
第二节 自动补偿式交流稳压器 40
第三节 稳压变压器 43
第四节 参数稳压器 47
复习思考题 48

第四章 低压电器 50
第一节 电气开关 50
第二节 手动开关 53
第三节 断路器 59
复习思考题 61

第五章 电 机 62
第一节 三相异步电动机 62
第二节 单相异步电动机 70
第三节 直流电动机 73
复习思考题 76

第六章 开关电源 77
第一节 开关电源简述 77

第二节　直流变换器 ·· 79
　　第三节　监控单元 ·· 85
　　第四节　开关电源故障处理与维护 ································ 86
　　第五节　开关电源日常检查 ·· 88
　　复习思考题 ··· 88

第七章　UPS 和蓄电池 ·· 89
　　第一节　UPS 概述 ·· 89
　　第二节　逆变器 ·· 95
　　第三节　静态开关 ·· 96
　　第四节　蓄电池 ·· 99
　　第五节　Liebert NX 型 UPS ·· 105
　　复习思考题 ··· 124

第八章　信号智能电源屏 ·· 125
　　第一节　信号智能电源屏概述 ······································ 125
　　第二节　PDZG 智能型综合信号电源屏 ························· 138
　　第三节　PZ 系列智能信号电源屏 ································· 163
　　第四节　DSG 系列智能信号电源屏 ······························ 201
　　复习思考题 ··· 225

第九章　通信电源系统概述 ··· 227
　　第一节　通信设备对电源系统的要求 ··························· 227
　　第二节　通信电源系统的组成 ······································ 228
　　第三节　通信电源系统的发展概况 ······························· 234
　　第四节　通信电源的性能和规范 ·································· 239
　　复习思考题 ··· 240

参考文献 ··· 241

第一章　信号设备的供电概况

信号设备是组织指挥列车运行，保证行车安全，提高运输效率，改善行车人员劳动条件的关键设备。供电系统可靠、安全、稳定地对信号设备进行供电是信号设备正常运行的基本保证。不同的信号设备使用的电源不同，对电源的要求也各不相同，但总的说来，对电源的可靠程度都有较高的要求，对供电电压和频率的稳定都有一定的要求，都要保证供电的安全。

第一节　信号设备对供电的基本要求

信号设备对供电的三大基本要求是：可靠、稳定和安全。

一、信号设备对电源可靠性的要求

原则上应将铁路信号电源与铁路其他部门的电源一起进行综合考虑，以统一和简化供电系统，并便于维护和管理。但根据其重要性和管理分工的不同，也有单独设置铁路信号供电系统的情况。铁路用电一般都是由电力部门供给的，尽可能不自设发电设备。在电气化区段，当技术与经济合理时，也可采用牵引电源为铁路信号供电。

为了保证供电可靠，按信号设备与行车的关系划分供电等级以便管理，并设置备用电源。铁路对路外供给的电源，按其可靠程度分为三类。

第一类电源：能取得两路可靠的独立电源，其中一路为专盘专线，或虽不能取得专用电源，但能由其他重要线路接引供电；供电容量满足信号设备的最大用电量；电压、频率的波动在允许范围之内，或电压波动虽较大但能稳压。

第二类电源：只能取得一路电源，但质量较好，供电容量、电压和频率的波动情况与第一类电源相同。

第三类电源：不能满足第一、二类电源条件的其他电源。

独立电源是指不受其他电源影响的电源。如一个发电机组，有专用的控制设备和馈电线路，与其他母线没有联系或虽有联系但其他母线发生故障时能自动切断联系，满足这样条件的电源称之为独立电源。

可靠电源：能昼夜连续供电，对维修和事故的停电有一定限制的电源。有关规定为：因维修计划停电，第一类电源每路每月一次，每次不超过 4 h；第二类电源每月一次，每次不超过 10 h。因事故造成的临时停电两年累计：第一类不超过 48 次，每次一般不超过 2 h；第二类不超过 100 次，每次一般不超过 4 h。

专盘专线：供给信号设备 10 kV 以下的不与其他负荷共用的专用配电设备和专用的电线路。

按因事故停电所造成的后果,可将信号设备的负荷等级划分如下:

(1)一旦发生停电就会造成运输秩序混乱的负荷为一级负荷;

(2)偶尔发生短时间停电不会马上打乱行车计划,但长时间停电也会影响运输秩序的负荷为二级负荷;

(3)其他为三级负荷。

铁路信号设备中的大站继电集中联锁、计算机联锁、自动闭塞、调度集中和调度监督、驼峰信号设备等都是一级负荷。非自动闭塞区段的中、小站继电集中联锁为二级负荷。一级负荷由第一类电源供电时,一般不需另设备用电源,但要求自动或手动转换两路电源时,供电中断时间不大于0.15 s,以免在电源转接过程中使原吸起的继电器落下而影响行车。

自动闭塞虽为一级负荷,但因相邻两变电所可互为备用,故每一变电所并不要求引入两路独立电源,然而相邻两变电所的电源应相互独立。

在第二类电源地区,除自动闭塞外,是否适用于属于一级负荷的其他信号设备,需结合电源情况慎重考虑。一般可用该电源作主电源,但需设备用电源。二级负荷可由第二类电源供电,但也需设置备用电源。第三类电源原则上不用作一级负荷的电源。各种采用计算机的信号系统,为保证不中断供电,需使用不间断电源(Uninterruptible Power System,UPS)。

二、信号设备对电源稳定性的要求

为使信号设备可靠工作,必须对信号设备供电电压的波动范围及交流电源的频率波动范围进行规定。三相交流供电时各相负载应力求平衡,以提高供电效率和设备利用率,减小电压波形的畸变。供电电压过高会使信号灯泡和电子设备的寿命大大缩短,电压过低会使信号机显示距离不足或使电子设备动作不可靠,电压脉动过剧会使电子元件的噪声过大甚至引起误动作。频率波动过甚会影响信号设备的频率特性和抗干扰性能。

供电电压、频率的允许波动范围及允许的负荷功率因数在正常情况下应符合下列标准:

交流供电电压波动,一般在380 V供电母线上为±10%,因一般供电变压器输出为400 V,已提高了5%,所以实际上允许的交流供电电压波动范围为380^{+20}_{-60} V。

直流供电电压波动一般为±10%,但对于电子设备,还必须采用专用的稳压设备。

频率波动范围一般为45~55 Hz。

负荷功率因数不低于0.85。

信号设备的导线截面应通过计算来确定,以免导线压降过大使设备电压不足而不能正常动作。对于信号电源设备,因其由电网供电,负荷的变化将引起供电电压的波动,故须设有稳压装置,以保证电压稳定在规定的范围之内。

三、信号设备对电源安全性的要求

为了保证供电安全,信号设备的电源必须采取以下措施:

(1)供给信号设备专用的低压交、直流电源都要对地绝缘,以免发生接地故障时造成电路错误动作。供电变压器的初级和次级间应用铜板隔离接地,以免初、次级间击穿造成漏电而影响安全。

(2)信号设备所需要的供电种类和电压等级较多,必须分路供电,并用变压器隔离,力求发生故障时缩小故障范围,避免故障扩大化。

(3)使用电缆供电时要考虑电缆芯线间的分布电容形成串电的问题,必要时应分开电缆供电。

(4)一般交流电源均由架空线路供电,必须防止浪涌电压影响,考虑防雷以及安全接地问题。

(5)信号设备的保安系统如采用断路器组成,断路器的容量需要经过计算确定,并应满足动作的选择性(分支断路器先动作,总断路器后动作)及灵敏度(动作时间)的要求。

(6)高压(交流直流)设备要隔离,以保证人身安全。

第二节 信号设备的供电概况

一、车站联锁设备的供电概况

联锁系统属于一级负荷,信号楼应引入两路可靠的独立电源,一般将两路电源降压后同时引入信号楼在低压侧进行自动切换。

图 1.1 为联锁系统供电方式示意图。图 1.1(a)所示为第一种供电方式,信号楼两路电源由车站环状供电系统供电。在正常情况下,高压环状线路要在信号楼两降压变压器之间设两组分断隔离开关,即高压环状线路要在此处开口,使两路电源能同时降压引入信号楼。此种方式适用于铁路地区变/配电所有两路独立电源引入的处所。图 1.1(b)所示为第二种供电方式,适用于铁路地区变/配电所只有一路电源引入的处所。这种情况下必须再找一路电源,如能从地方供电部门、工矿企业引来一路独立电源,则在信号楼附近设一台信号专用变压器即可;如不能从地方解决第二路电源,就考虑从牵引变电所、接触网、自动闭塞电线路解决第二路电源。

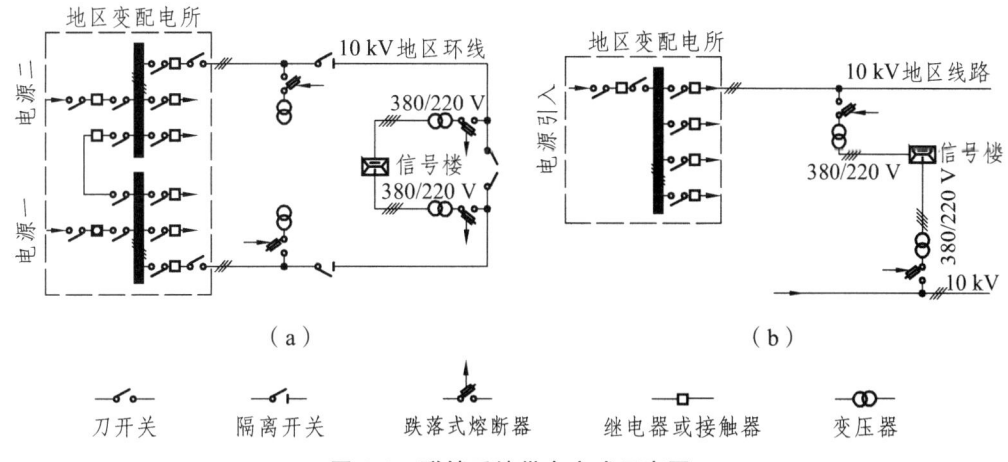

图 1.1 联锁系统供电方式示意图

联锁系统有电气集中联锁设备和计算机联锁设备,电气集中设备由大站电源屏供电。大站电源屏引入三相四线380 V交流电源,在电源屏内完成自动或手动的两路电源切换,具有交流稳压装置,能供给大站电气集中联锁系统所需要的各种交直流电源;计算机联锁设备由智能电源屏供电,智能电源屏采用高频电子技术,由各种交流电源模块和直流电源模块组成,除能够提供联锁设备所需要的各种电源外,系统的监测单元将先进的计算机技术与通信技术、控制技术相结合,当电源系统发生故障时,具体的告警内容、时间将及时地记录在数据库内,同时还设有声、光告警信号。

二、区间闭塞设备的供电概况

（一）半自动闭塞的供电概况

半自动闭塞的电源分为线路电源和局部电源,线路电源用于向邻站发送闭塞信号,局部电源供本站闭塞电路使用。当站间距离小于11.4 km时,两者可以合用。

在继电集中联锁的车站,局部电源由继电集中的继电器电源供给,主要是由线路电源供给,有的电源屏未设半自动闭塞电源,而有的电源屏设置了半自动闭塞电源。凡是未设这种电源的,都必须在半自动闭塞组合内设一台整流器供半自动闭塞的电源。原采用ZG-130/0.1型,现研制了专用的ZG_1-42/0.5型整流器。

（二）自动闭塞的供电概况

自动闭塞是一级负荷。自动闭塞的用电点是沿铁路线均匀分布的,一般每隔1~2 km就有一个信号点要供电。各信号点的主要负荷有信号机、轨道电路、继电器和电子元件等。同时,在自动闭塞区段的车站一般都采用继电集中联锁。为了保证自动闭塞区段的可靠供电,需沿铁路线修建一条信号专用电力线路。此电力线路除供自动闭塞及该区段的其他信号设备用电外,一般不供其他负荷用电,以免受其他负荷影响而降低供电的可靠性和质量。只有在保证信号设备用电的条件下,才允许兼供下列负荷用电:

（1）通信设备;

（2）无电源中间站的车站值班员室的照明设备。

目前,自动闭塞均采用集中安装方式,各信号点的设备（除信号机外）都集中安装在相近的车站机械室室内,因此在各信号点无需由高压电线路引入电源,只要在车站引入即可。

为保证供电可靠和符合质量要求,在自动闭塞供电系统中要考虑以下问题:

（1）变电所尽可能设置于当地有第一、二类电源的车站,每个变电所通常只接引一路专用电源,相邻两变电所之间电源应相互独立。

（2）供电臂不宜太长,以缩小故障停电影响的范围;也不要太短,否则将增加变电所数量,投资、定员都要相应增加。一般长度为40~70 km。

（3）电气化区段的自动闭塞变电所尽可能布置在牵引变电所所在的车站,以便从牵引变电所的低压自用母线或10 kV母线上接引电源。

（4）自动闭塞是单相负荷,为了减小对通信线路的干扰,供电臂上各相负荷的分配应力求平衡。

（5）对于机车信号车上的设备,内燃机车上由蓄电池浮充供电,电力机车上从控制屏引出直流电源供电。

三、CTC、TDCS 的供电概况

CTC（列车调度集中指挥控制系统）、TDCS（列车调度指挥系统）都属于一级负荷。CTC 和 TDCS 分机设在各站继电器室或信号楼内，由所在车站电源设备供电。CTC 和 TDCS 总机设在调度所内，必须引入两路可靠的独立电源，再用专用电源供电。

复习思考题

1. 信号设备对供电有哪些基本要求？如果供电系统达不到基本要求，会对信号设备的工作产生什么影响？
2. 信号设备的负荷等级是如何划分的？哪些设备属于一级负荷？哪些属于二级负荷？
3. 哪些因素会造成供电电压波动？
4. 信号电源为什么要采用对地绝缘系统？
5. 简述车站联锁设备的供电情况。
6. 在电气化区段，对电气集中联锁的供电还应考虑哪些问题？
7. 自动闭塞、半自动闭塞的供电概况如何？
8. CTC、TDSC 系统的供电概况如何？

第二章 变压器

变压器是一种利用电磁感应原理，从一个电路向另一个电路传递电能或传输信号的一种电器，是电力系统中生产、输送、分配和使用电能的一种重要装置，也是电力拖动系统和自动控制系统中传递电能或传输信号的重要元件。

第一节 变压器的工作原理、分类及结构

变压器是一种静止的电机，它利用电磁感应原理将一种电压、电流的交流电能转换成同频率的另一种电压、电流的电能。换句话说，变压器的作用就是实现电能在不同等级之间的转换。

一、变压器的工作原理

下面以单相双绕组变压器为例分析其工作原理。

在一个闭合的铁心上缠绕两个绕组，其匝数既可以相同，也可以不同，但一般是不同的；两个绕组之间只有磁的耦合，而没有电的联系。如图 2.1 所示。

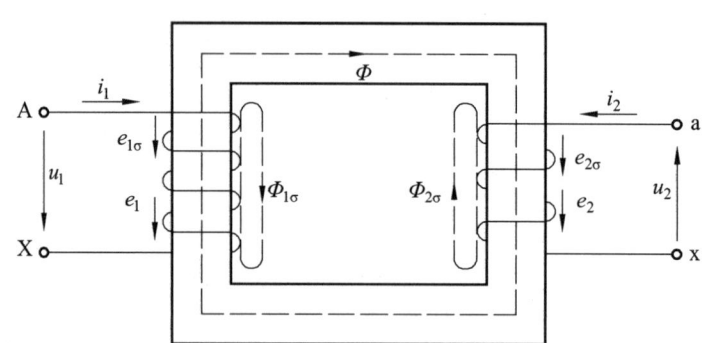

图 2.1 单相双绕组变压器原理图

与电源相连的绕组，接受交流电能，通常称为一次侧绕组（初级绕组、一次绕组），以 A、X 标注其出线端；与负载相连的绕组，送出交流电能，通常称为二次侧绕组（次级绕组、二次绕组），以 a、x 标注其出线端。一次侧的匝数、电压、电动势、电流分别以 n_1、u_1、e_1、i_1 来表示；二次侧的匝数、电压、电动势、电流分别以 n_2、u_2、e_2、i_2 来表示。

当一次侧绕组接通电源时，便会在铁心中产生与电源电压同频率的交变磁通。若忽略漏

磁,该磁通便同时与一次侧、二次侧绕组相交链,耦合系数 $k_c=1$,这样的变压器称为理想变压器。根据电磁感应定律,可写出电压、电动势的瞬时方程式分别为

$$\left.\begin{aligned} u_1 = -e_1 = N_1 \frac{d\Phi}{dt} \\ u_2 = e_2 = -N_2 \frac{d\Phi}{dt} \end{aligned}\right\} \tag{2.1}$$

于是可得电动势比为

$$\left|\frac{u_1}{u_2}\right| = \frac{e_1}{e_2} = \frac{N_1}{N_2} = k$$

若磁通、电动势均按正弦规律变化,k 称为变压器的变比,也称为匝比,通常用有效值之间的比值来表示,即

$$k = \frac{U_1}{U_2} = \frac{E_1}{E_2} = \frac{N_1}{N_2} \tag{2.2}$$

式(2.2)表明,变压器一次侧、二次侧绕组的电压比就等于一次侧、二次侧绕组的匝数比。因此,要使一、二次绕组有不同的电压,只要使一次侧、二次侧绕组有不同的匝数即可。

二、变压器的基本结构

变压器的主要结构部件有铁心、绕组(铁心和绕组两个基本部分组成变压器的器身)以及放置器身且盛满变压器油的油箱。此外,还有一些为确保变压器运行安全的辅助器件。图 2.2 为一台油浸式电力变压器的外形图。

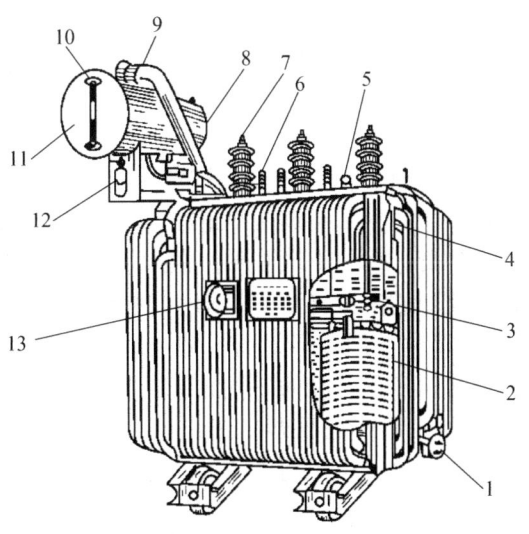

1—放油阀门;2—绕组;3—铁心;4—油箱;5—分接开关;6—低压套管;7—高压套管;
8—气体继电器;9—安全气道;10—油表;11—储油柜;12—吸湿器;13—湿度计

图 2.2 油浸式电力变压器外形图

（一）铁　心

表面具有绝缘膜的硅钢片铁心由铁心柱和铁轭两部分组成，是构成变压器磁路的主要部分。为了减小交变磁通在铁心中引起的损耗，铁心通常用厚度为 0.3～0.5 mm 的硅钢片叠装而成。图 2.3（a）、（b）所示的变压器，从外面看，线圈包围铁心柱，称为心式结构；图 2.4 所示的变压器，从外面看，铁心柱包围线圈，称为壳式结构。小容量变压器多采用壳式结构。交变磁通在铁心中引起涡流损耗和磁滞损耗，为使铁心的温度不致太高，在大容量的变压器的铁心中往往设置油道，而铁心则浸在变压器油中，当油从油道中流过时，可将铁心中产生的热量带走。

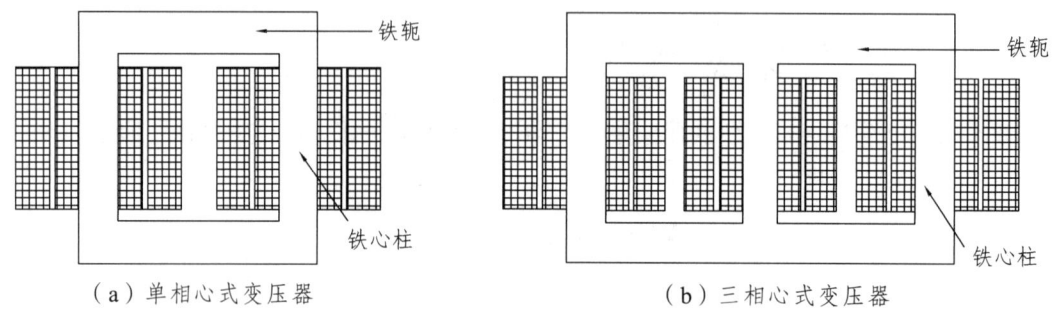

图 2.3　心式结构变压器

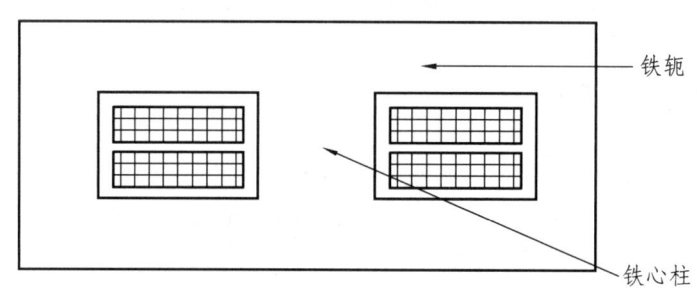

图 2.4　壳式结构变压器

（二）绕　组

绕组是构成变压器电路的主要部分。一、二次侧绕组一般用铜或铝的绝缘导线缠绕在铁心柱上。高压绕组电压高，绝缘要求高，如果高压绕组在内，离变压器铁心近，则应加强绝缘，这将提高变压器的成本造价。因此，为了绝缘方便，一般将低压绕组紧靠着铁心，高压绕组则套装在低压绕组的外面。两个绕组之间留有油道，既可以起绝缘作用，又可以利用油把热量带走。在单相变压器中，高、低压绕组均分为两部分，分别缠绕在两个铁心柱上，两部分既可以串联又可以并联。三相变压器中属于同一相的高、低压绕组全部缠绕在同一铁心柱上。

只有绕组和铁心的变压器称为干式变压器。

大容量变压器的器身放在盛有绝缘油的油箱中，这样的变压器称为油浸式变压器。

（三）其他结构部件

变压器的器身放在装有变压器油的油箱内。变压器油既是一种绝缘介质，又是一种冷却介质。为使变压器油能长久地保持良好状态，在变压器油箱上面装有圆筒形的储油柜。储油柜通过连通管与油箱相通，柜内油面高度随着油箱内变压器油的热胀冷缩而变动，储油柜使油与空气的接触面积减小，从而减少油的氧化和水分的侵入。另外气体继电器和安全气道是在故障时保护变压器安全的辅助装置。

三、变压器的额定值

按照国家标准规定，标注在铭牌上的、代表变压器在规定使用环境和运行条件下的主要技术数据，称为变压器的额定值（或称为铭牌数据）。变压器的额定值主要有以下几项。

（1）额定容量：变压器在正常运行时的视在功率，通常以 S_N 来表示，单位为伏安（V·A）或千伏安（kV·A）。对于一般的变压器，一、二次侧的额定容量都设计成相等。

（2）额定电压：在正常运行时，规定加在一次侧绕组上的电压，称为一次侧的额定电压，以 U_{1N} 来表示；当二次侧绕组开路（空载）、一次侧绕组加额定电压时，二次侧绕组的测量电压即为二次侧额定电压，以 U_{2N} 来表示。在三相变压器中，额定电压是指线电压，单位为伏（V）或千伏（kV）。

（3）额定电流：根据额定容量和额定电压计算出来的电流值。一、二次侧的额定电流分别用 I_{1N}、I_{2N} 来表示，单位为安（A）。

（4）额定频率：我国以及大多数国家都规定额定频率 f_N = 50 Hz。

额定容量、额定电压和额定电流之间的关系如下：

$$S_N = I_{1N}U_{1N} = I_{2N}U_{2N} \quad （单相变压器）$$

$$S_N = \sqrt{3}I_{1N}U_{1N} = \sqrt{3}I_{2N}U_{2N} \quad （三相变压器）$$

此外，变压器铭牌上一般还会标注效率、温升、绝缘等级等参数。

第二节 变压器的空载运行

变压器的一次侧绕组接在电网上、二次侧绕组开路时的运行状态，称为空载运行。此时，$i_2 = 0$，变压器内部的物理过程比较简单，下面先从变压器这样一个最简单的情况来研究其电磁过程。

一、空载运行时的物理状况

变压器的各电磁量都是交流量，为分析和计算方便，必须规定出其正方向。图 2.5 所示变压器各量的正方向是遵循惯例、按下面所述的相应电磁规律来规定的。

（1）u_1、u_2：u_1 的正方向规定由首端指向末端；u_2 的正方向规定从末端指向首端。

（2）Φ_m、Φ_σ：其正方向与产生它们的电流符合右手螺旋定则。因此，判定磁通的正方向时必须注意绕组的绕向。

（3）e_1、$e_{1\sigma}$ 和 e_2、$e_{2\sigma}$：正方向与产生它们的磁通符合右手螺旋定则，即符合电磁感应定律

$$e = -N\frac{d\Phi}{dt}$$

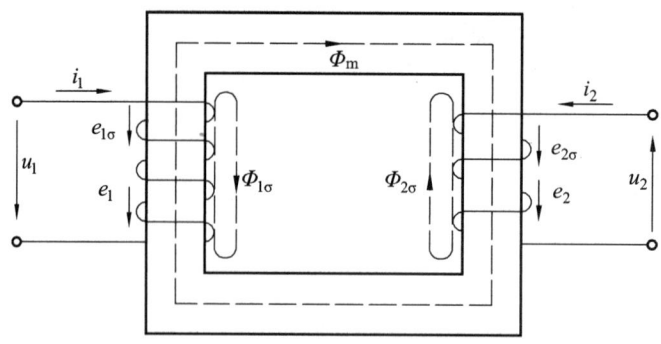

图 2.5 变压器工作原理示意图

（4）i_1、i_2：正方向与相应的电势方向一致。

变压器空载时各量的正方向规定与上述类似，如图 2.6 所示。

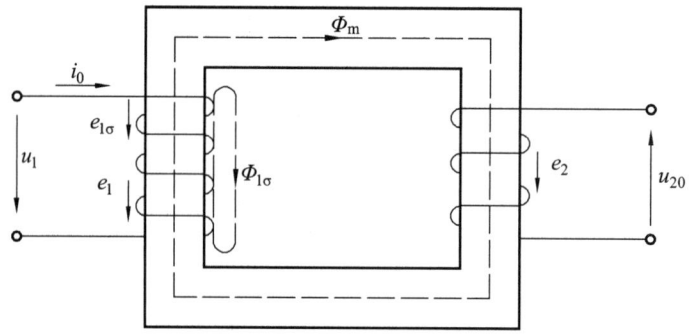

图 2.6 变压器空载运行原理图

变压器在空载运行时，一次侧绕组 N_1 接入电压为 u_1 的电网后，便会有空载电流 i_0 流过，进而产生空载交变磁势 $F_0 = i_0 N_1$，建立空载磁场。磁场由两部分磁通组成：因为铁心磁导率比油或空气的磁导率大得多，绝大部分磁通存在于铁心中，这部分磁通同时与一次侧、二次侧绕组相交链，称为主磁通 Φ_m；少量的磁通 $\Phi_{1\sigma}$ 只与一次侧绕组相交链，称为一次侧漏磁通。由于主磁通同时与一次侧、二次侧绕组相交链，因此从一次侧到二次侧的能量传递主要是依靠主磁通的媒介而实现的。

选择图 2.6 所示的正方向，根据基尔霍夫第二定律（KVL）及电磁感应定律，可得

$$u_1 = i_0 r_1 - e_{1\sigma} - e_1 = i_0 r_1 + N_1 \frac{d\Phi_{1\sigma}}{dt} + N_1 \frac{d\Phi_m}{dt}$$

$$u_{20} = e_2 = -N_2 \frac{d\Phi_m}{dt}$$

如果各物理量均按正弦规律变化，便可用如下的相量形式来表示：

$$\dot{U}_1 = \dot{I}_0 r_1 - \dot{E}_{1\sigma} - \dot{E}_1$$

$$\dot{U}_{20} = \dot{E}_2$$

（一）感应电动势

首先研究主磁通所产生的感应电动势。由于漏磁通远小于主磁通，故 $e_{1\sigma} \ll e_1$，空载时的

一次侧绕组压降也很小。忽略这两者（它们之和只有 u_1 的 0.2%左右）的影响时，可认为 $u_1 \approx e_1$。可见当 u_1 为正弦波时，e_1 和 Φ_m 也按正弦规律变化。

设 $\Phi_m = \Phi_m \sin\omega t$，则

$$e_1 = -N_1 \frac{d\Phi_m}{dt} = -\omega N_1 \Phi_m \cos\omega t = \omega N_1 \Phi_m \sin\left(\omega t - \frac{\pi}{2}\right) = \sqrt{2} E_1 \sin\left(\omega t - \frac{\pi}{2}\right)$$

$$e_2 = -N_2 \frac{d\Phi_m}{dt} = \omega N_2 \Phi_m \sin\left(\omega t - \frac{\pi}{2}\right) = \sqrt{2} E_2 \sin\left(\omega t - \frac{\pi}{2}\right)$$

e_1、e_2 的有效值分别为

$$E_1 = \frac{\omega N_1 \Phi_m}{\sqrt{2}} = \frac{2\pi f N_1 \Phi_m}{\sqrt{2}} = 4.44 f N_1 \Phi_m$$

$$E_2 = \frac{\omega N_2 \Phi_m}{\sqrt{2}} = \frac{2\pi f N_2 \Phi_m}{\sqrt{2}} = 4.44 f N_2 \Phi_m$$

相应的相量表达式为

$$\dot{E}_1 = -j 4.44 f N_1 \dot{\Phi}_m$$
$$\dot{E}_2 = -j 4.44 f N_2 \dot{\Phi}_m$$

由上式可以看出，$\dot{E}_1$ 和 $\dot{E}_2$ 的相位都比产生它们的磁通 $\dot{\Phi}_m$ 滞后 90°。由以上分析可以得到 $\frac{E_1}{E_2} = \frac{N_1}{N_2} = k$，$k$ 称为变压器的变比。由此可见，只要选择适当的一次侧、二次侧绕组匝数，就可以产生所需要的电压。考虑到 $u_1 \approx e_1$，于是有

$$\frac{U_1}{U_2} \approx \frac{E_1}{E_2} = \frac{N_1}{N_2} = k$$

实际上变压器在空载运行时，存在少量的与一次侧绕组相交链的漏磁链 $\Phi_{1\sigma}$，它也是随时间交变的，因而也会在一次侧绕组中感应产生漏电动势 $e_{1\sigma}$，下面对其进行分析。

由于漏磁通的路径大部分在磁导率比较小的空气或油中，它一般不会饱和，可以认为漏磁通 $\Phi_{1\sigma}$ 与空载电流 i_0 成正比，所以 $\Phi_{1\sigma}$ 是一常数。于是可得漏磁通产生的感应电动势为

$$e_{1\sigma} = -N_1 \frac{d\Phi_{1\sigma}}{dt} = -L_{1\sigma} \frac{di_0}{dt}$$

当 i_0 按正弦规律变化时，上式可以写成相量形式：

$$\dot{E}_{1\sigma} = -j\omega L_{1\sigma} \dot{I}_0 = -j X_{1\sigma} \dot{I}_0$$

（二）空载电流

变压器的空载电流 i_0 一方面建立磁场，另一方面要补偿空载运行时变压器的损耗。前者仅起磁化作用，称为励磁电流或磁化电流，是 i_0 中的无功分量，以 i_m 表示；后者是有功分量，以 i_{Fe} 表示。因此，$i_0 = i_m + i_{Fe}$。一般来说，i_{Fe} 极小，为简化起见，常忽略 i_{Fe}，将 i_0 看成励磁电流，即 $i_0 \approx i_m$。

由于变压器的铁心材料是铁磁物质，有磁饱和现象存在，其饱和程度对 i_0 的大小、波形都有一定的影响。

（1）当铁心未饱和时，磁通与励磁电流之间按线性关系变化，如图 2.7 所示。在这种情况下，如果磁通随时间正弦变化，则励磁电流也是正弦波，并且它们在时间上同相位。

（2）当铁心饱和时，铁磁材料的磁化曲线便是呈饱和特性的曲线，励磁电流和磁通之间便失去了线性关系。

当磁通为正弦波时，励磁电流则是一个尖顶波，如图 2.8（a）所示。此时可采用谐波分析方法，将 i_m 分解成基波和一系列高次谐波。由于励磁电流关于横轴对称，故只存在奇次谐波，即

$$i_m = i_{m1}\sin\omega t + i_{m3}\sin 3\omega t + i_{m5}\sin 5\omega t + \cdots$$

在工程上，通常用一个等效的正弦波代替尖顶波，且等效的正弦波与基波具有相同的频率和相位。该等效正弦波的幅值为

$$I_m = \sqrt{I_{1m}^2 + I_{2m}^2 + I_{3m}^2 + \cdots}$$

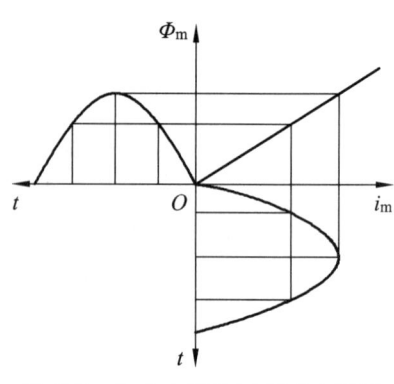

图 2.7　铁心未饱和时励磁电流和磁通波形图

如果励磁电流是正弦波，磁通便为一平顶波，如图 2.8（b）所示。

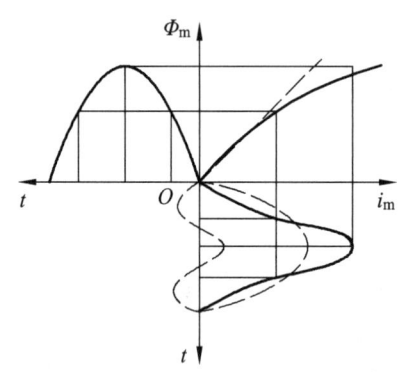 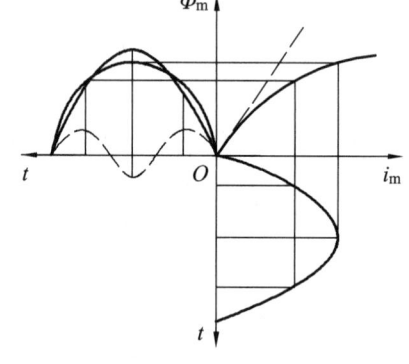

（a）磁通为正弦波，励磁电流为尖顶波　　　　（b）励磁电流为正弦波，磁通为平顶波

图 2.8　磁路饱和时励磁电流和磁通波形图

二、空载运行时的电动势平衡方程式、相量图以及等效电路

（一）电动势平衡方程式

为简单起见，上面的分析有时是在忽略漏磁通和一次侧绕组电阻的情况下进行的。然而，它们都是客观存在的，考虑到其影响，有

$$\dot{U}_1 = \dot{I}_0 R_1 + jX_{1\sigma}\dot{I}_0 - \dot{E}_1 = \dot{I}_0 Z_1 - \dot{E}_1$$
$$\dot{U}_{20} = \dot{E}_2$$

相应的瞬时值表达式为

$$u_1 = i_0 Z_1 - e_1$$
$$u_{20} = e_2$$

(二)相量图及等效电路

根据变压器空载运行时的实际物理情况,可以把一次侧绕组等效为一个电阻、一个空心线圈和一个实心线圈串联组成,如图 2.9 所示。电阻即为绕组内阻,空心线圈所产生的磁通为一次侧绕组的漏磁通,实心线圈产生的磁通为铁心中的主磁通。这样就可以把实际的一次侧绕组与三个理想元件相等效,便于做进一步分析。

空载电流 i_0 流过实心线圈时,便会产生主磁通 Φ_m,该磁通在与一次侧、二次侧绕组相交链的同时,也会在铁心中产生磁滞损耗和涡流损耗。所以,$\dot{I}_0$ 由产生磁通的无功分量 $\dot{I}_m$ 和用以补偿铁心损耗的有功分量 $\dot{I}_{Fe}$ 共同组成,即 $\dot{I}_0 = \dot{I}_m + \dot{I}_{Fe}$。为了弄清这三者之间的相位关系,可进一步把实心线圈等效为一个电阻与一个线圈相并联的形式。其中,$\dot{I}_{Fe}$ 流过电阻 R'_m 所消耗的功率与铁心的损耗相等效,$\dot{I}_m$ 流过 X'_m 则产生主磁通,如图 2.10 所示。这样等效完全不改变变压器空载运行时的实际情况,由此便可得出这 3 个电流量之间的相位关系,如图 2.11 所示。

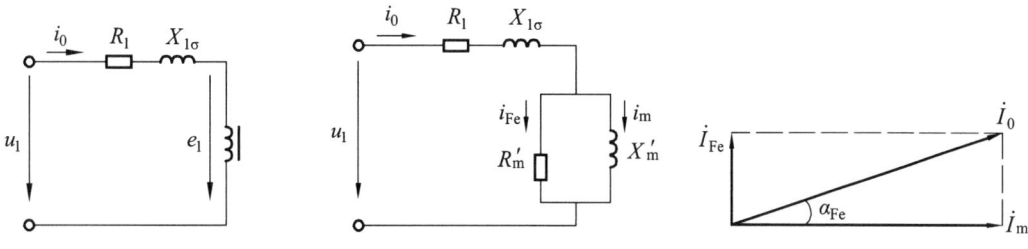

图 2.9 空载时一次侧绕组等效图　　图 2.10 空载时电流分析等效图　　图 2.11 励磁电流相量图

从图 2.11 可以看出,$\dot{I}_0$ 在相位上超前 $\dot{I}_m$ 一个 α_{Fe} 角,这是由于磁通流过铁心时产生铁耗引起的,故可以把这一角度称为铁耗角。把 R'_m 和 X'_m 并联支路经过串并联等效变换,便可等效为一个电阻 R_m 和一个电感 X_m 相串联的形式。考虑到 $\dot{I}_0 \approx \dot{I}_m$,于是有

$$\dot{E}_1 = \dot{I}_0(R_m + jX_m) = \dot{I}_m(R_m + jX_m)$$

通过以上的分析,便可以得到变压器在空载运行时的等效电路,如图 2.12 所示。

在绘制相量图时,可以选择 $\dot{\Phi}_m$ 为参考相量,$\dot{E}_1$、$\dot{E}_2$ 在相位上滞后 $\dot{\Phi}_m$ 90°,$\dot{I}_0$ 超前 $\dot{\Phi}_m$ 一个铁耗角 α_{Fe},根据公式便可进一步得到 $\dot{U}_1$。相量图如图 2.13 所示。

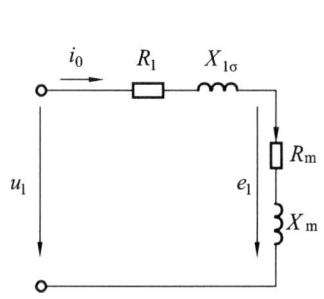
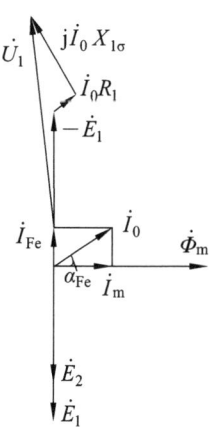

图 2.12 变压器空载时的等效电路图　　图 2.13 变压器空载运行时的相量图

第三节 变压器的负载运行

一次侧绕组接通额定电压、二次侧绕组接上负载 Z_L 时的运行状态,称为变压器的负载运行,其工作原理见图 2.5。

一、负载运行时的物理状况

二次侧接上了负载 Z_L 后,在感应电动势 $\dot{E}_2$ 的作用下,二次侧绕组便会有电流 $\dot{I}_2$ 产生,进而产生磁动势 $\dot{F}_2 = \dot{I}_2 N_2$,该磁动势也作用在主磁路上,企图改变空载运行时 $\dot{I}_m$ 所建立起来的主磁通 $\dot{\Phi}_m$。正是 $\dot{I}_2$ 的出现,使变压器负载运行时内部的物理情况与空载运行时有所不同。但是,一般变压器 Z_1 是很小的,即便是在额定运行时,$I_1 Z_1$ 也只占到 U_1 的 2%～6%,故仍可忽略,所以有 $U_1 \approx E_1$。所以只要一次侧绕组所加电压 U_1 不变,就可以认为变压器由空载到负载时 $\dot{E}_1$ 保持不变,这在工程上是完全允许的。由 $\dot{E}_1 = -j4.44fN_1\dot{\Phi}_m$ 可知,$\dot{\Phi}_m$ 也基本保持不变,这就是变压器恒磁通原理,即无论变压器工作在空载状态还是负载状态,其主磁通都近似保持不变。由此可知,负载与空载时,产生主磁通的总磁动势应该相同,即

$$\dot{I}_1 N_1 + \dot{I}_2 N_2 = \dot{I}_0 N_1$$

于是有

$$\dot{I}_1 = \dot{I}_0 + \left(-\dot{I}_2 \frac{N_2}{N_1}\right) = \dot{I}_0 + \left(-\frac{\dot{I}_2}{k}\right)$$

上式表明,变压器从空载到负载,二次侧绕组中便会有电流产生。与此同时,一次侧绕组中必定产生一个电流增量 $\left(-\dfrac{\dot{I}_2}{k}\right)$,来抵消 $\dot{F}_2$ 对主磁通的影响,以保持恒磁通关系,这样才能把电能从一次侧绕组传递到二次侧绕组。

二、负载运行时的基本方程式

(一)磁动势平衡方程式

由前面的讨论可知,变压器在负载运行时的磁动势平衡方程为

$$\dot{F}_1 + \dot{F}_2 = \dot{F}_0$$

即

$$\dot{I}_1 = \dot{I}_0 + \left(-\dot{I}_2 \frac{N_2}{N_1}\right) = \dot{I}_0 + \left(-\frac{\dot{I}_2}{k}\right)$$

上式表明,负载运行时,一次侧绕组中的电流 $\dot{I}_1$ 可以看成是由两部分组成:一部分为产

生主磁通的励磁分量 $\dot{I}_0$，一部分为抵消二次侧绕组磁动势作用的负载分量 $\left(-\dfrac{\dot{I}_2}{k}\right)$。

（二）电动势平衡方程式

变压器在负载运行时，除了一次侧、二次侧绕组共同产生主磁通 Φ_{m} 外，还会分别产生只与自身绕组相交链的少量漏磁通 $\Phi_{1\sigma}$、$\Phi_{2\sigma}$，它们又分别会在一次侧、二次侧绕组中感应产生漏电动势 $E_{1\sigma}$、$E_{2\sigma}$；另外，绕组本身也会存在电阻压降。于是在各量所选参考方向如图 2.5 所示的情况下，根据基尔霍夫第二定律（KVL），可得一次侧、二次侧绕组电动势平衡方程为

$$\dot{U}_1 = -\dot{E}_1 + \dot{I}_1 R_1 + j\dot{I}_1 X_{1\sigma} = -\dot{E}_1 + \dot{I}_1 Z_{1\sigma}$$

$$\dot{U}_2 = \dot{E}_2 - \dot{I}_2 R_2 - j\dot{I}_2 X_{2\sigma} = \dot{E}_2 - \dot{I}_2 Z_{2\sigma}$$

或

$$\dot{U}_2 = \dot{I}_2 Z_{\mathrm{L}}$$

三、绕组归算、等效电路及相量图

利用变压器负载运行时的磁动势、电动势平衡方程式以及一次侧、二次侧之间的电压比关系，可以计算出变压器在稳态运行时的各个电磁量。但是对于既有电路又有磁路的变压器而言，用方程组计算十分烦琐，为此我们希望有一个能正确反映变压器内部电磁关系的单纯电路来代替实际的变压器，用电路的理论对其进行分析和计算，这种电路称为等效电路。可以采用绕组归算的方法来得到变压器的等效电路。既可以把一次侧绕组归算到二次侧绕组，也可以把二次侧绕组归算到一次侧绕组。下面就以二次侧绕组归算为例来说明其步骤。所谓二次侧绕组归算，就是用一个与一次侧绕组具有相同匝数 N_1 的绕组，去代替实际的、匝数为 N_2 的二次侧绕组。归算的目的，仅仅是为了简化分析和计算，归算前、后的变压器应该具有相同的电磁过程和能量传递关系。二次侧绕组是通过其电流所产生的磁动势去影响一次侧绕组的，因此，归算前后的二次侧绕组磁动势应该保持不变。这样将有相同的电流和功率从一次侧绕组进入变压器，并有同样的功率传递到二次侧绕组，最后输送给负载。如果设定归算后的各量用原来的符号加"′"表示，则归算规律如下：

（一）电流归算

根据归算前后的磁动势保持不变，有 $I_2' N_2' = I_2 N_2$，考虑到 $N_2' = N_1$，于是有

$$I_2' = \dfrac{N_2}{N_2'} I_2 = \dfrac{N_2}{N_1} I_2 = \dfrac{I_2}{k}$$

（二）电动势与电压归算

由于归算前、后磁动势保持不变，因此主磁通也不会改变，感应电动势就与所对应的匝数成正比，根据归算前、后的二次侧绕组从一次侧绕组得到的视在功率不变，有

$$\frac{E_2'}{E_2} = \frac{N_2'}{N_2} = \frac{N_1}{N_2} = k$$

即 $E_2' = kE_2 = E_1$

同理，二次侧漏磁电动势、端电压的折算值为

$$E_{2\sigma}' = kE_{2\sigma}, \quad U_2' = kU_2$$

（三）阻抗归算

根据归算前、后二次侧绕组的铜耗和无功功率保持不变的原则，有

$$(I_2')^2 R_2' = (I_2)^2 R_2 \Rightarrow R_2' = k^2 R_2$$

同理，有 $Z_{2\sigma}' = k^2 Z_{2\sigma}, \quad Z_L' = k^2 Z_L$

根据以上的归算规律，变压器的基本方程式可归纳为

$$\begin{aligned}
&\dot{I}_1 + \dot{I}_2' = \dot{I}_0 \\
&\dot{U}_1 = -\dot{E}_1 + \dot{I}_1 Z_{1\sigma} \\
&\dot{U}_2' = \dot{E}_2' - \dot{I}_2' Z_{2\sigma}' \\
&\dot{E}_1 = \dot{E}_2' = -\dot{I}_0 Z_m \\
&\dot{U}_2' = \dot{I}_2' Z_L'
\end{aligned}$$

根据所学过的电路知识可以看出，与基本方程式相对应的等效电路应该具有两个节点（只有一个 KCL 方程）、两个单孔回路（有两个 KVL 方程），其等效电路如图 2.14 所示。

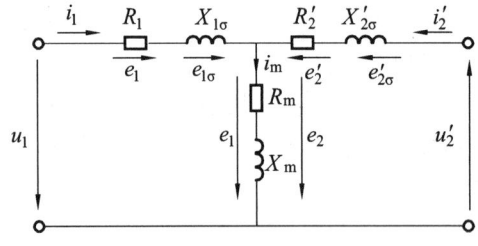 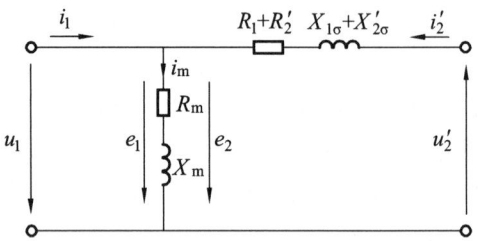

图 2.14　变压器的 T 形等效电路图　　　　图 2.15　变压器的 Γ 形等效电路图

图 2.14 所示的等效电路为变压器在负载运行时的 T 形等效电路。当变压器在额定点附近运行时，励磁支路上的电流 $\dot{I}_m$ 远小于一次侧电流 $\dot{I}_1$，励磁支路便可以提到一次侧支路的前面，这种电路称为变压器的 Γ 形等效电路，如图 2.15 所示。在此基础上，可进一步简化为近似等效电路，如图 2.16 所示。

选择 $\dot{\Phi}_m$ 为参考相量，根据基本方程式可以画出变压器负载运行时的相量图，假定所带负载为感性负载，$\dot{I}_2'$ 滞后 $\dot{U}_2'$ 一个角度 φ_2，根据基本方程可画出变压器负载运行时电压相量图如图 2.17 所示。

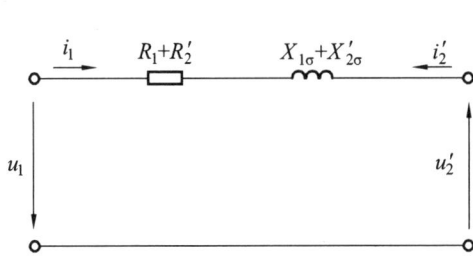

图 2.16 变压器的近似 Γ 形等效电路图

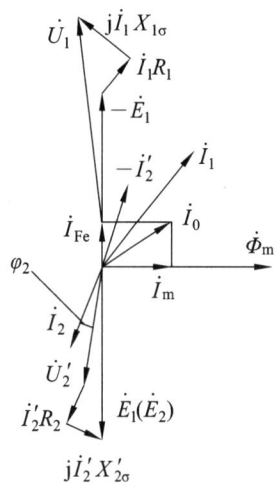

图 2.17 变压器负载运行时的相量图

第四节　变压器参数的测定

在对变压器进行分析和计算时，所用到的参数可以通过空载试验和短路试验来求取。

一、空载试验

通过空载试验可以测定：（1）变比 k；（2）空载损耗 P_0；（3）励磁参数 R_m、X_m、Z_m。

理论上空载试验既可以在高压侧进行，也可以在低压侧进行，但为了安全起见，一般是在低压侧进行。单相变压器空载试验接线图如图 2.18 所示。假定试验对象为一台升压变压器，则一次侧绕组为低压侧。在一次侧绕组施加额定电压 U_{1N}，分别测取 I_0、P_0、U_{20}。空载运行时，I_0 比较小，所以绕组铜耗也比较小，但所施加的电压为额定电压，根据 $U_{1N} \approx E_1 = 4.44 f N_1 \Phi_m$ 可知，主磁通 Φ_m 为额定值，而铁耗的大小取决于磁场的强弱，故空载时所测功率 P_0 可认为近似等于铁心中的铁耗 p_{Fe}，即 $P_0 \approx p_{Fe}$。又因为主磁通远大于漏磁通，因而有

$$k = \frac{U_{02}}{U_1} = \frac{N_2}{N_1}, \quad Z_0 = \frac{U_1}{I_0} \approx Z_m$$

$$R_0 = \frac{P_0}{I_0^2} \approx R_m, \quad X_0 = \sqrt{Z_0^2 - R_0^2} \approx X_m$$

其等效电路如图 2.19 所示。空载时所测阻抗可近似等效为励磁阻抗，即对三相变压器而言，公式中的各量都要采用相值，即一相的损耗、相电压和相电流。所测励磁阻抗是否需要归算，应视要求而定。例如一台降压变压器，二次侧绕组属于低压侧，试验在二次侧绕组进行，测的参数便属于二次侧绕组参数；如果要求得到归算到一次侧绕组的参数，便需要在计算值的基础上乘以变比的平方。需要指出的是，励磁阻抗与铁心的饱和程度有关，电压超过额定值越多，饱和程度越高，Z_m 越小。常用的励磁阻抗为对应于额定电压下所测的 Z_m。

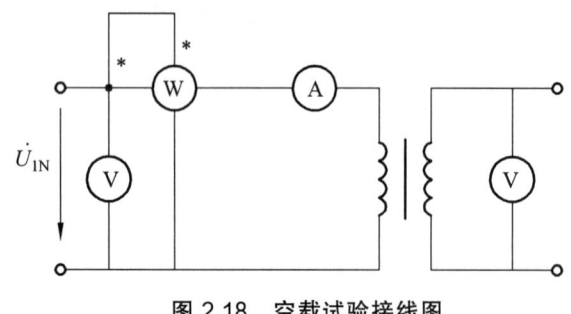
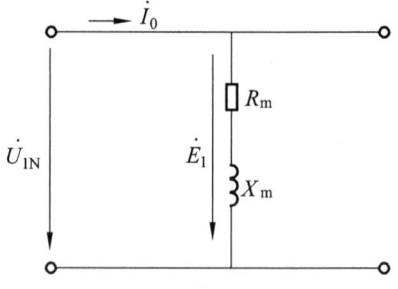

图 2.18 空载试验接线图　　　　图 2.19 空载试验等效电路图

二、短路试验

通过短路试验可以测定：（1）短路参数 R_k、X_k；（2）额定铜耗 p_k。

短路试验时，二次侧绕组处于短路状态。理论上短路试验既可以在高压侧进行，也可以在低压侧进行，但为了安全起见，一般是在高压侧进行。

短路试验接线图如图 2.20 所示。下面以降压变压器为例来说明其试验步骤。一次侧绕组为高压侧，故在一次侧绕组加压。开始时电压必须很低，直到一次侧、二次侧绕组电流达到额定值。此时测得 U_k、I_k、p_k。由于短路试验所施加电压很低，U_k 仅为 U_{1N} 的 4%～10%，根据 $U_1 \approx E_1 = 4.44fN_1\Phi_m$，可知 Φ_m 很小，铁耗也很小，铁心的饱和程度低，故 Z_m 很大，励磁支路可认为处于开路状态，从电源所吸收的功率也可以认为是全部消耗在绕组电阻上。此时，等效电路如图 2.21 所示。

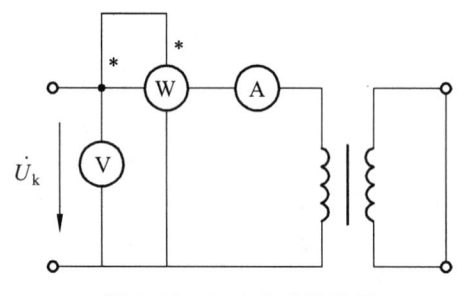
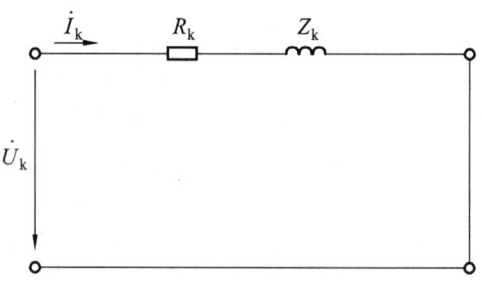

图 2.20 短路实验接线图　　　　图 2.21 短路试验等效电路图

可以由以下公式求取短路参数

$$Z_k = \frac{U_k}{I_{1N}}, \quad R_k = \frac{p_k}{I_{1N}^2}, \quad X_k = \sqrt{Z_k^2 - R_k^2}$$

绕组电阻与温度有关，根据国家标准，对于绝缘等级为 A、B、E 的油浸式变压器，在试验温度 θ 下所测得电阻值须折算到 75 ℃。折算规律如下式所示：

$$R_{k75℃} = R_k \frac{T+75}{T+\theta}$$

当绕组为铜线时，上式中 $T = 234.5$ ℃；为铝线时，$T = 228$ ℃。短路试验中，把绕组电流达到额定值时加在一次侧绕组两端的电压，称为短路电压或阻抗电压 $U_k = I_{1N}Z_{k75℃}$；此时所测得 Z_k 称为短路阻抗。它们一般用标幺值来表示。

第五节 变压器的运行特性

变压器的运行特性包含两个方面：

（1）外特性 $U_2 = f(I_2)$，即一次侧绕组施加额定电压、负载的功率因数保持不变时，二次侧绕组端电压随负载电流的变化规律。

（2）效率特性 $\eta = f(I_2)$。

一、外特性和电压调整率

由于一次侧绕组所加电压始终为额定值，所以主磁通 Φ_m 保持不变，二次侧绕组的感应电动势也保持不变。当二次侧电流 I_2 发生变化时，二次侧漏阻抗压降也会发生变化，从而导致二次侧端电压 U_2 随之变化。将其变化规律用曲线描述出来，就是变压器的外特性曲线。变压器在纯电阻或感性负载时，外特性曲线呈下降趋势，而在容性负载时可能出现上翘的情况。纯电阻时，端电压变化比较小；感性或容性成分增加时，端电压变化量会加大。

在变压器分析过程中，通常用电压调整率$\Delta U\%$来衡量端电压变化的程度。电压调整率是指在一次侧绕组施加额定电压、负载功率因数一定、变压器从空载到负载时，端电压之差$(U_{20} - U_2)$与二次侧额定电压 U_{2N} 之比的百分值，即

$$\Delta U^* = \frac{U_{20} - U_2}{U_{2N}} = \frac{U_{1N} - U_2'}{U_{1N}} \times 100\%$$

通过对变压器负载运行时简化电路的相量图的分析，以及以感性负载为例，对电压调整率做进一步分析可以得出

$$\Delta U^* = \left[I_1^*(R_k^* \cos\varphi_2 + X_k^* \sin\varphi_2) + \frac{1}{2} I_1^{*2}(X_k^* \cos\varphi_2 - R_k^* \sin\varphi_2)^2 \right] \times 100\%$$

式中，$I_1^* = I_2^* = \dfrac{I_1}{I_{1N}} = \dfrac{I_2}{I_{2N}}$ 为负载系数。当所带负载为额定负载时，$I_1^* = I_2^* = 1$。

对三相变压器而言，在利用上式计算电压调整率时，电压、电流分别用相电压、相电流的额定值来代替。从该式还可以看出，一般 X_k^* 比 R_k^* 大得多，故在纯电阻负载时ΔU^*很小；在感性负载时，$\varphi_2 > 0$，ΔU^* 较大且为正值，说明负载时二次侧端电压比空载时低；当所带负载呈容性时，$\varphi_2 < 0$，$\sin\varphi_2 < 0$，当 $|X_k^* \sin\varphi_2| > R_k^* \cos\varphi_2$ 时，ΔU^* 为负值，则说明负载时二次侧端电压比空载时高，外特性便会呈上翘的特性。

在一定程度上，电压调整率可以反映变压器的供电品质，是衡量变压器性能的一个非常重要的指标。不同性质的负载的外特性曲线如图 2.22 所示。

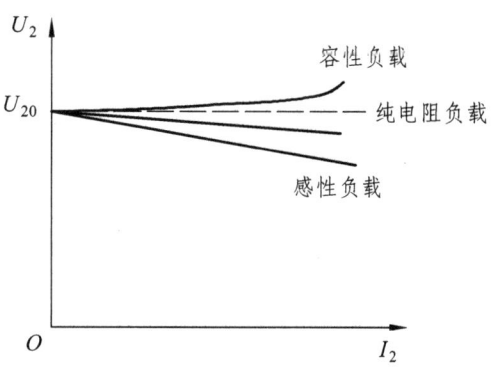

图 2.22 变压器的外特性曲线

二、变压器的损耗与效率

变压器的效率是指输出的有功功率与输入的有功功率之比，即

$$\eta = \left(1 - \frac{\sum p}{P_1}\right) \times 100\% = \left(1 - \frac{p_{Fe} + p_{Cu}}{P_2 + p_{Fe} + p_{Cu}}\right) \times 100\%$$

首先认为变压器负载运行时，二次侧端电压的变化可以忽略，则

$$P_2 = mU_{2N}I_2\cos\varphi_2 = I_2^* mU_{2N}I_{2N}\cos\varphi_2 = I_2^* S_N \cos\varphi_2$$

三相变压器的输出功率与上式具有相同的形式，只不过需要把式中变压器的容量用 $S_N = \sqrt{3}U_{2N}I_{2N}\cos\varphi_2$ 代替，下面对变压器的损耗加以分析。

在负载运行时，变压器存在两种损耗，即铁耗与铜耗。变压器的铁耗与一次侧绕组所施加的电压有关，在一次侧电压不变的前提下，铁耗为一常数，通常称为不变损耗；由于变压器一次侧绕组所加电压为额定电压，所以其铁耗可认为与空载试验时所测的空载损耗相等。变压器的铜耗为一次侧、二次侧绕组电阻上所消耗的功率，由变压器负载运行时的简化等效电路可知

$$p_{Cu} = \left(\frac{I_2}{I_{2N}}\right)^2 p_{kN} = I_2^{*2} p_{kN}$$

由上式可以看出，变压器的铜耗随负载的变化而变化，故可称之为可变损耗。

变压器的效率为

$$\eta = \left(1 - \frac{P_0 + I_2^{*2} p_{kN}}{I_2^* S_N \cos\varphi_2 + P_0 + I_2^{*2} p_{kN}}\right) \times 100\%$$

由上式算出的效率称为惯例效率。

变压器的效率特性曲线如图 2.23 所示，图中 $\beta = \frac{I_2}{I_{2N}}$ 称为负载系数。从该特性曲线可以看出，在某一负载时变压器效率最高。我们可以根据高等数学的理论，求得效率最高的条件为 $I_2^{*2} p_{kN} = P_0$。即当不变损耗（铁耗）等于可变损耗（铜耗）时，变压器具有最高效率。考虑到变压器的实际情况，一般并不在额定状态下运行，在设计变压器时，常常让变压器在 $\beta < 1$ 时达到最高效率。这样做的目的主要是让铁耗尽量小一些。

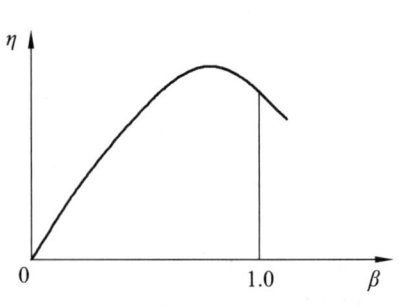

图 2.23 变压器的效率特性曲线

效率的高低可以反映出变压器运行的经济性能，它也是一项重要指标。由于变压器是一种静止的装置，在能量传递过程中没有机械损耗，所以其效率比同容量的旋转电机要高一些。一般电力变压器的额定效率 $\eta = 0.95 \sim 0.99$。

第六节 三相变压器

一、三相变压器的磁路系统

三相变压器的磁路系统,可分为各相磁路彼此无关和彼此相关两类。

(一)三相组式变压器

三相组式变压器是由 3 个磁路相互独立的单相变压器所组成的,三相之间只有电的联系而无磁的联系。如图 2.24 所示。虽然各磁路相互独立,一次侧、二次侧绕组可根据要求接成星形(Y)或三角形(△),但当对一次侧绕组施加对称的三相电压时,$\dot{\Phi}_U$、$\dot{\Phi}_V$、$\dot{\Phi}_W$ 便会对称,空载电流也是对称的。

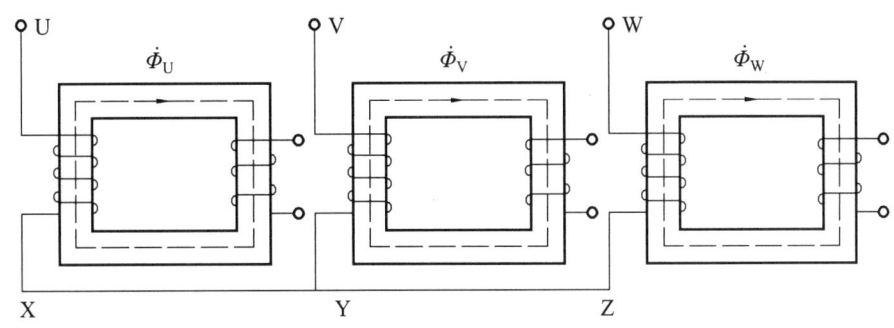

图 2.24 三相组式变压器的磁路系统

(二)三相心式变压器

与三相组式变压器不同,三相心式变压器的磁路相互关联。它是通过铁轭把 3 个铁心柱连在一起的,如图 2.25 所示。这种铁心结构是从单相变压器演变过来的,把 3 个单相变压器铁心柱的一边组合到一起,而将每相绕组缠绕在未组合的铁心柱上。由于在对称的情况下,组合在一起的铁心柱中不会有磁通存在,故可以省去。和同容量的三相组式变压器相比,三相心式变压器所用的材料较少、质量轻。

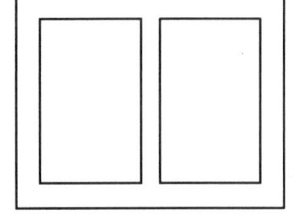

图 2.25 三相心式变压器的磁路系统

三相心式变压器的缺点在于:

(1)采用三相心式变压器供电时,任何一相发生故障,整个变压器都要进行更换,如果采用三相组式变压器,只要更换出现故障的一相即可。所以三相心式变压器的备用容量为组式变压器的 3 倍。

(2)对于大型变压器来说,如果采用心式结构,体积较大,运输不便。

基于以上考虑,为节省材料,多数三相变压器采用心式结构。但对于大型变压器而言,为减少备用容量以及确保运输方便,一般都是三相组式变压器。

二、三相变压器的电路系统——连接组

（一）变压器一次侧、二次侧绕组首末端标记及连接方法

单相变压器一次侧绕组的首、末端被标记为 U、X；二次侧绕组的首、末端标记为 u、x。对三相变压器而言，为研究方便，也对其首、末端加以标记，如表 2.1 所示。

表 2.1 三相变压器首末端标记

绕组名称	首　　端	末　　端	中　点
一次侧绕组	U、V、W	X、Y、Z	O
二次侧绕组	u、v、w	x、y、z	o

理论上来说，三相变压器的一次侧、二次侧绕组都可以根据需要接成星形（Y）或三角形（△）。一旦按规定的接法连接完成，其表示方法便随之确定。为方便起见，用 Y/y 表示一次侧、二次侧的星形接法；用 D/d 来表示一次侧、二次侧的三角形接法。一次侧绕组在接成星形（Y）时，如果有中线引出，则用 Y_N 表示；二次侧绕组在接成星形（Y）时，如果有中线引出，则用 y_n 表示。例如：Y_N，d 表示一次侧绕组为星形接法，并且有中线引出，二次侧绕组为三角形接法；D，y 表示一次侧绕组为三角形接法，二次侧绕组为星形接法，无中线引出。

连接组是变压器运行中的一个重要概念。下面，首先来研究单相变压器的连接组，在此基础上引入三相变压器的连接组。

（二）单相变压器的连接组

单相变压器的一次侧、二次侧绕组缠绕在同一根铁心柱上，并被同一主磁通所交链，任何时刻两个绕组的感应电动势都会在某一端呈现高电位的同时，在另外一端呈现出低电位。借用电路理论的知识，把一次侧、二次侧绕组中同时呈现高电位（低电位）的端点称为同名端，并在该端点旁加"●"来表示。

按照惯例，统一规定一次侧、二次侧绕组感应电动势的方向均从首端指向末端。一旦两个绕组的首、末端定义完之后，同名端便唯一由绕组的绕向决定。当同名端同时为一次侧、二次侧绕组的首端（末端）时，$\dot{E}_{UX}$ 和 $\dot{E}_{ux}$ 同相位，用连接组 I/I-12 表示，如图 2.26 所示；否则，$\dot{E}_{UX}$ 和 $\dot{E}_{ux}$ 相位相差 180°，用连接组 I/I-6 表示，如图 2.27 所示。

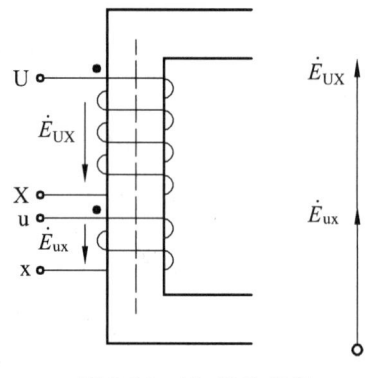

图 2.26 I/I-12 连接组

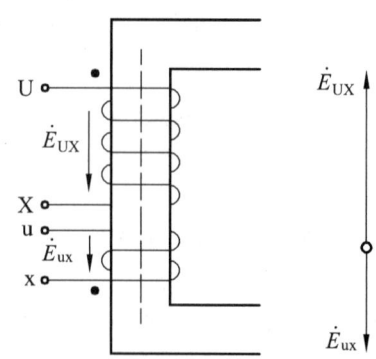

图 2.27 I/I-6 连接组

由此可见，单相变压器一次侧、二次侧感应电动势的方向存在两种可能：同为电动势升（降）；一个为电动势升，另一个为电动势降。

（三）三相变压器的连接组

三相变压器的连接组由两部分组成，一部分表示三相变压器的连接方法，一部分表示连接组的标号。下面详细介绍确定连接组的方法。连接组标号是由一次侧、二次侧线电动势的相位差决定的。三相变压器的 3 个铁心柱上都有分别属于一次侧绕组和二次侧绕组的一相，它们的相位关系与单相变压器一次侧、二次侧绕组感应电动势的关系完全一样。根据电路理论可知，当三相绕组 Y 接时，线电动势的大小为相电动势的 $\sqrt{3}$ 倍，相位则超前相应相电动势 30°；当三相绕组 △ 接时，线电动势与相电动势相等。所以在一次侧、二次侧相电动势的相位关系确定之后，线电动势的关系也随之确定，由此便可根据线电动势的相位关系来确定连接组标号。连接组标号有两层含义：一方面一次侧、二次侧线电动势相位差都是 30°的整倍数，该倍数即为连接组标号；另一方面代表着时钟的整点数，如果规定一次侧线电动势作为分针始终指向 12 点不动，二次侧绕组的线电动势作为时针，按顺时针转动，指向几点，则连接组标号就是几，这就是所谓的钟表法。

1. 由三相变压器的接线图确定连接组

在已知三相变压器接线图的情况下，可以按如下步骤来确定其连接组：首先画出一次侧绕组相电动势的相量图，并根据其连接方式求出线电动势；然后把 U 点当作 u 点，根据同名端，确定二次侧绕组相电动势与一次侧相电动势的相位关系，画出二次侧相电动势的相量图，再由其连接方式求出二次侧的线电动势；最后根据相量图所示的一次侧、二次侧线电动势相位差，得到连接组标号。

下面就以 Y/y 连接组、Y/d 连接组为例来说明如何确定三相变压器连接组标号，在以下分析中，如无特殊说明，都认为一次侧绕组所接电源的相序为：U→V→W。

（1）Y/y 连接组。图 2.28～图 2.33 给出了所有 Y/y 连接组的接线图和相量图。

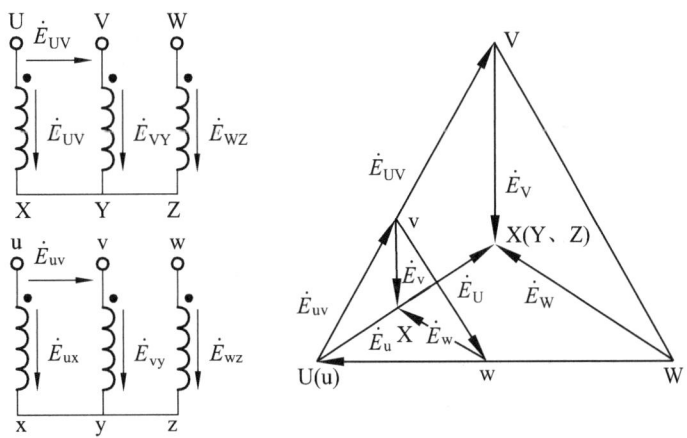

图 2.28 Y/y-12 连接组

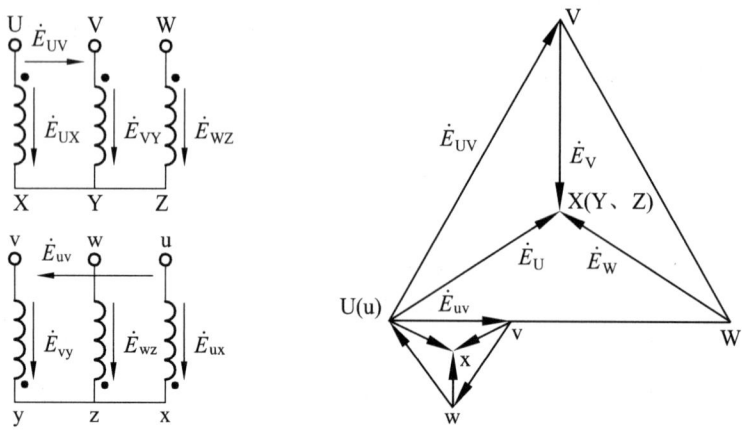

图 2.29　Y/y-2 连接组

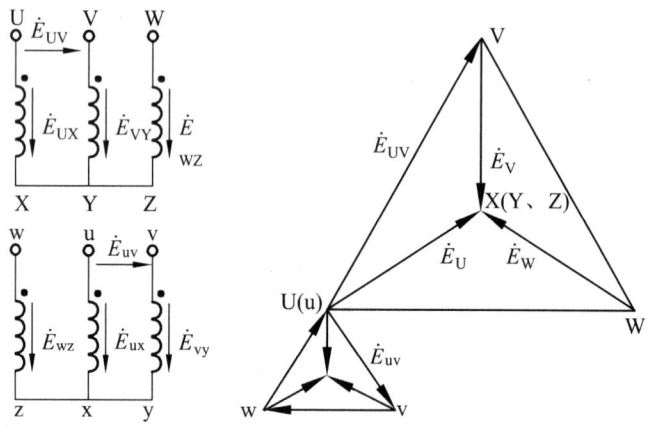

图 2.30　Y/y-4 连接组

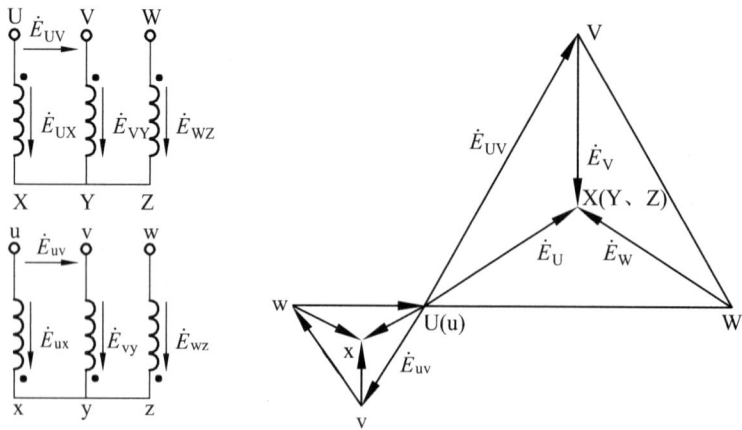

图 2.31　Y/y-6 连接组

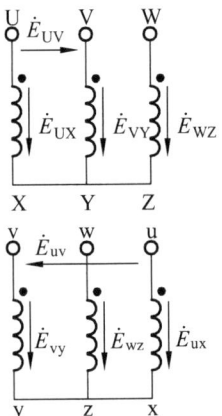
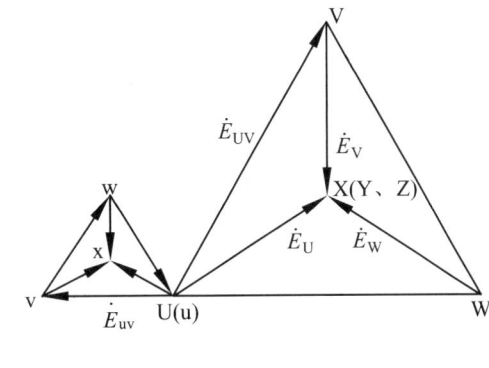

图 2.32　Y/y-8 连接组

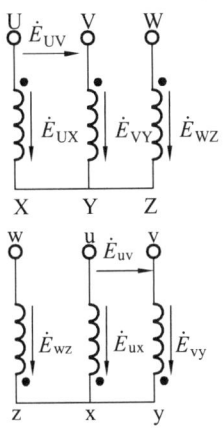
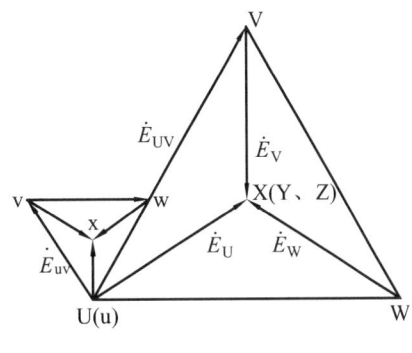

图 2.33　Y/y-10 连接组

（2）Y/d 连接组。图 2.34～图 2.39 给出了所有 Y/d 连接组的接线图和相量图。

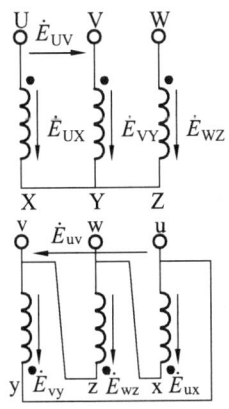
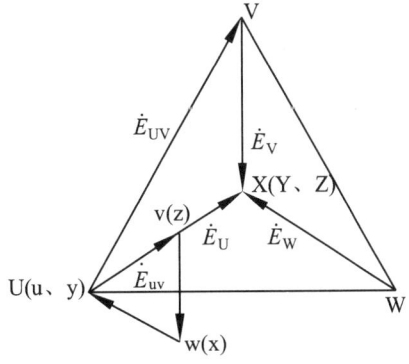

图 2.34　Y/d-1 连接组

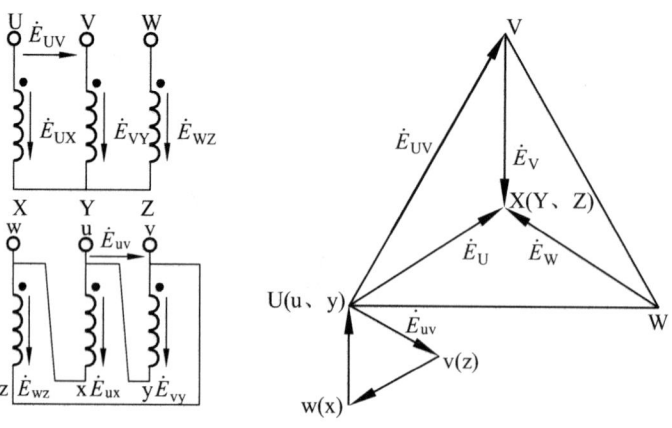

图 2.35 Y/d-3 连接组

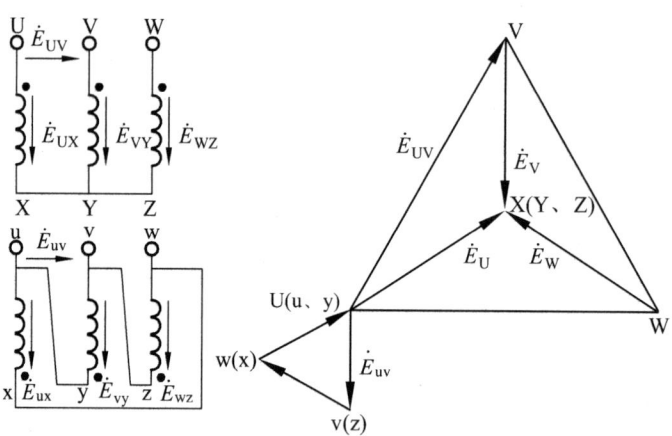

图 2.36 Y/d-5 连接组

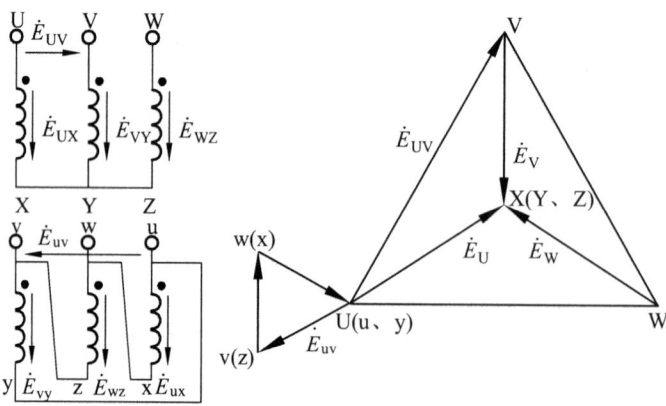

图 2.37 Y/d-7 连接组

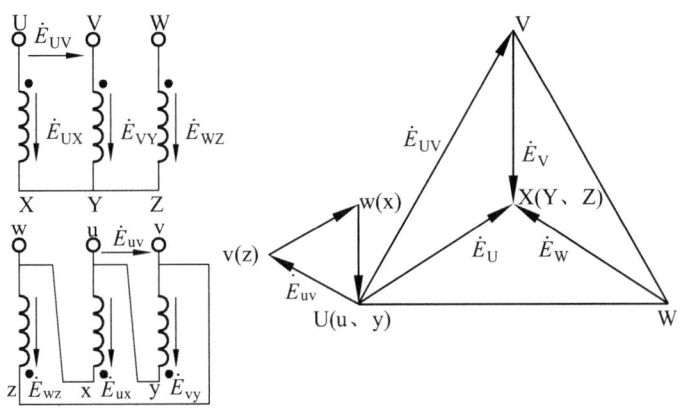

图 2.38　Y/d-9 连接组

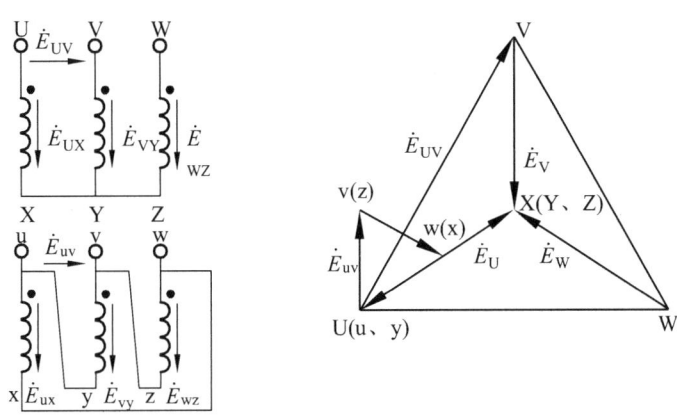

图 2.39　Y/d-11 连接组

由此可见，当一次侧、二次侧绕组采用相同的连接方式时，连接组标号均为偶数，并且一次侧、二次侧绕组感应电动势的相序一致，标号的改变并不会影响到相序。当一次侧、二次侧绕组采用不同的连接方式时，连接组标号均为奇数。

2. 由三相变压器的连接组确定接线图

这可以看成是上一过程的逆过程。其步骤如下：首先根据连接组所示的连接方法，初步画出一次侧、二次侧绕组的连线方式，并且按照常规，定义一次侧绕组的出线端标志及相电动势、线电动势，在此基础上，画出一次侧绕组相量图；然后把 U 点当作 u 点，根据连接组标号，在相量图中画出二次侧绕组的线电动势、相电动势；最后根据一次侧、二次侧线电动势的相位关系，确定二次侧绕组的出线端标志及同名端。

三、磁路结构及连接组对电动势波形的影响

变压器的铁心是由铁磁材料构成的，铁磁材料的磁化曲线是一条呈饱和特性的曲线。在铁心处于饱和状态时，如果磁通 Φ_m 为正弦波，则励磁电流 i_0 为尖顶波，除基波电流外，以三

次谐波电流分量最大；如果励磁电流 i_0 为正弦波，则磁通 Φ_m 为平顶波，除基波磁通外，以三次谐波磁通分量最大。如果忽略影响不大的其他高次谐波，绕组中的电动势主要由基波磁通和三次谐波磁通感应产生。三相变压器的磁路结构与连接组会影响磁通的流通路径，因而也会对感应电动势的波形有直接影响。下面以 Y_N/y、Y/y 以及 Y/d、D/y 为例对其进行研究。

（一）Y_N/y、Y/y 连接的三相变压器

励磁电流 i_0 中三次谐波分量的幅值、相位均相同，故可构成零序对称组。在一次侧绕组有中线（Y_N/y 连接）的情况下，三次谐波电流会以中线作为自己的回路。由于三次谐波电流的存在，励磁电流呈尖顶波，所对应磁通及绕组感应电动势接近于正弦波。但当一次侧绕组没有中线（Y/y 连接）时，三次谐波电流由于没有回路而无法存在，因此励磁电流呈正弦波，所对应磁通便是含有三次谐波分量的平顶波。磁通的三次谐波分量的流通路径与三相变压器的磁路结构有关。

1. 三相组式变压器

构成三相组式变压器的 3 个单相变压器磁路彼此独立，所以在每个单相变压器的铁心中，三次谐波磁通分量都可以流过。每相绕组的电动势由基波磁通和三次谐波磁通共同感应产生，以一次侧绕组感应电动势 $\dot{E}_1$ 为例，$\dot{E}_1$ 是由基波磁通的感应电动势 $\dot{E}_{11}$ 和三次谐波磁通的感应电动势 $\dot{E}_{13}$ 组成，即 $\dot{E}_1 = \dot{E}_{11} + \dot{E}_{13}$，式中 $E_{11} = 4.44 f_1 N_1 \Phi_{1m}$，$E_{13} = 4.44 f_3 N_1 \Phi_{3m}$。虽然，三次谐波磁通 Φ_{3m} 比基波磁通 Φ_{1m} 要小，但三次谐波磁通的交变频率为基波磁通频率 f_1 的 3 倍，故 $\dfrac{E_{13}}{E_{11}} = 3\dfrac{\Phi_{3m}}{\Phi_{1m}}$。该比值有时可达到 45%～60%，甚至更大。相电动势的波形会发生畸变而成尖顶波。这种现象会引起危险的过电压，严重时有可能击穿绕组绝缘。但在线电动势中，由于相电动势的三次谐波分量相互抵消，因而仍呈正弦波。

2. 三相心式变压器

三相心式变压器的磁路彼此关联，励磁电流的三次谐波分量由于没有回路而无法在铁心中流通。虽然它仍可以通过油路或空气形成闭合回路，但由于该磁路的磁导率小、磁阻大，所以其总量是不大的。因此可以忽略三次谐波磁通所产生的感应电动势，认为绕组中的电动势单独由磁通的基波分量感应产生，呈正弦波。但以三倍于基波频率交变的三次谐波磁通，会在油箱中产生涡流损耗，致使油箱局部过热，降低变压器的效率。

（二）Y/d、D/y 连接的三相变压器

在 Y/d 连接的三相变压器中，一次侧绕组采用没有中线的星形（Y）连接，所以励磁电流便呈正弦波，而不存在三次谐波电流分量。铁心中会出现三次谐波磁通 $\dot{\Phi}_{3m}$，每相绕组中便会感应出三次谐波电动势 $\dot{E}_3$。由于二次侧绕组采用三角形（d）连接方式，自身形成一闭合回路，因此便会有 $\dot{E}_3$ 产生的三次谐波电流 $\dot{I}_3$ 流通。一次侧绕组中不存在三次谐波电流，无法抵消 $\dot{I}_3$ 对铁心中磁通的影响，$\dot{I}_3$ 便会在铁心中产生三次谐波磁通 $\dot{\Phi}'_{3m}$。因为绕组的电抗远大于电阻，致使 $\dot{I}_3$ 在相位上滞后 $\dot{E}_3$ 近 90°，即 $\dot{\Phi}'_{3m}$ 滞后 $\dot{E}_3$ 近 90°，而 $\dot{\Phi}'_{3m}$ 在相位上超前它所产生的感应电动势 $\dot{E}'_3$ 90°。由此可见，三次谐波电流 $\dot{I}_3$ 所产生的 $\dot{\Phi}'_{3m}$ 会抵消铁心中原先存在的

三次谐波磁通 $\dot{\Phi}_{3m}$，从而大大削弱绕组中的三次谐波电动势，使其趋近于正弦波。

在 D/y 连接的三相变压器中，一次侧绕组采用三角形（D）连接方式，可以流过三次谐波电流，从而使励磁电流呈正弦波，致使铁心中的磁通为正弦波，绕组中的感应电动势也为正弦波。

由以上的分析可以看出，为了改善绕组中感应电动势的波形，最好至少使一次侧、二次侧绕组中的一个为三角形连接。

四、变压器的并联运行

（一）变压器并联运行的意义

在发电厂或变电站中，通常都会有多台变压器并联运行来共同承担传输电能的任务，其意义在于：

（1）可以提高供电的可靠性。在同时运行的多台变压器中，如果有变压器发生故障，可以在其他变压器继续工作的情况下将其切除，并进行维修，不会影响供电的连续性和可靠性。

（2）可以提高供电的经济效益。变压器所带负载是随季节、气候、早晚等外部情况的变化而改变的，可以对变压器的负载进行监控，来决定投入运行的变压器的台数，以提高运行效率。

（二）变压器理想并联运行的条件

1. 变压器并联运行的理想情况

并不是任意变压器都可以组合在一起并联运行的，为减少损耗，避免可能出现的危险情况，希望并联运行的变压器能实现以下的理想情况：

① 空载时，为减少绕组铜耗，应保证并联运行的各变压器之间无环流。
② 负载时，为使各变压器都能得到充分利用，每台变压器应该按其容量成比例地承担负载。
③ 负载时，为了提高带载能力，并联运行的各变压器的二次侧绕组电流相位应相同。

2. 理想并联运行的条件

① 各台变压器的额定电压相等，并且各台变压器的电压比应相等。
② 各台变压器的连接组别必须相同。
③ 各台变压器的短路阻抗（或短路电压）的标幺值 Z_k^*（或 U_k^*）要相等。
④ 并联运行的变压器最大容量与最小容量之比应小于 3∶1。

第七节　其他用途的变压器

一、自耦变压器

自耦变压器也有单相和多相之分，它与普通双绕组变压器的区别在于：自耦变压器只有一个绕组，二次侧绕组是一次侧绕组的一部分，因此，一次侧、二次侧绕组之间不但有磁的耦合，还有电的联系。下面就以单相自耦变压器为例来对其进行分析。

（一）自耦变压器的工作原理

图 2.40 所示为一台单相降压自耦变压器的工作原理图。二次侧绕组 N_2 为一次侧绕组 N_1 的一部分，并且与铁心中的磁通 Φ_m 同时交链。与普通变压器一样，根据电磁感应定律可知，绕组的感应电动势与匝数成正比，所以一次侧、二次侧绕组的感应电动势分别为

$$E_1 = 4.44 f N_1 \Phi_m$$
$$E_2 = 4.44 f N_2 \Phi_m$$

自耦变压器一次侧、二次侧的电动势比为

$$k = \frac{E_1}{E_2} = \frac{N_1}{N_2} = k$$

在忽略漏阻抗压降时，有

$$\frac{U_1}{U_2} \approx \frac{E_1}{E_2} = \frac{N_1}{N_2} = k$$

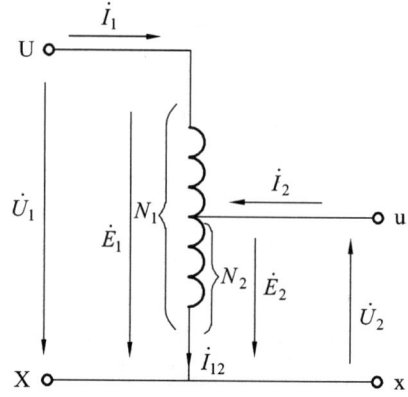

图 2.40 自耦变压器的工作原理图

自耦变压器与普通变压器有着相同的磁动势平衡方程式，即

$$\dot{I}_1 N_1 + \dot{I}_2 N_2 = \dot{I}_m N_1$$

如果忽略影响不大的励磁电流 $\dot{I}_m$，上式可以变成

$$\dot{I}_1 N_1 + \dot{I}_2 N_2 = 0$$

即

$$\dot{I}_1 = -\frac{\dot{I}_2}{k}$$

上式说明 $\dot{I}_1$ 与 $\dot{I}_2$ 反相，并且 $I_2 > I_1$。

由于一次侧、二次侧绕组为同一绕组，存在电的联系，在二次侧绕组的抽头处可以看成是电路的一个节点。

自耦变压器的输出功率为

$$U_2 I_2 = U_2 I_1 + U_2 I_{12}$$

普通变压器是以磁场为媒介，通过电磁感应作用来进行能量传输的。自耦变压器的一次侧、二次侧绕组既然有了电的联系，它的能量传输方式也必然有着与普通变压器的不同之处。从上式可以看出，自耦变压器的输出功率由两部分组成：一部分为 $U_2 I_1$，由于 I_1 是一次侧电流，在它流经只属于一次侧部分的绕组之后，直接流到二次侧，传输到负载中去，故 $U_2 I_1$ 称为传导功率；另一部分为 $U_2 I_{12}$，这部分功率显然要受到负载电流和一次侧电流的影响，所以 I_{12} 可以看成是由于电磁感应作用而产生的电流，这一部分功率也相应地称为电磁功率。

另外，自耦变压器也通常设计成一次侧、二次侧容量相等，即 $S_N = I_{1N} U_{1N} = I_{2N} U_{2N}$。

（二）自耦变压器的优、缺点

（1）通过以上的分析可以看出，自耦变压器从一次侧传递到二次侧的能量中，一部分是

由于电磁感应作用,一部分是由于直接传导作用。而对普通变压器而言,输出功率只有电磁功率。所以,在同样容量的前提下,自耦变压器要比普通变压器所用材料少、体积小、重量轻,效率也要高一些,从而可以降低成本、提高经济效益。但当电压比 k 较大时,经济效益就不明显,一般自耦变压器电压比 k 设计为 1.25~2。

（2）自耦变压器由于二次侧绕组为一次侧绕组的一部分,两绕组之间存在着电的联系,低压侧容易受到高压侧过电压的影响,所以绝缘和过电压保护要加强。

（3）自耦变压器由于只有一个绕组,漏电抗较普通变压器要小,因此,短路阻抗小,短路电流就大,要加强短路保护。

二、仪用互感器

仪用互感器是配电系统中供测量和保护用的设备,分为电流互感器和电压互感器两类。它们的工作原理和变压器相似,其作用是把高电压设备和母线的运行高电压、大电流（即设备和母线的负荷或短路电流）按规定比例变换成测量仪表、继电保护及控制设备的低电压和小电流。

（一）电压互感器

电压互感器又称仪表变压器,也称 PT 或 TV,工作原理、结构和接线方式都与普通变压器相同。其原理图如图 2.41 所示。电压互感器一次侧绕组并接于被测量线路,二次侧接有电压表,相当于一个二次侧开路的变压器。电压互感器按其绝缘结构形式,可分为干式、浇注式、充气式、油浸式等几种；根据相数可分为单相和三相；根据绕组数可分为双绕组和三绕组。

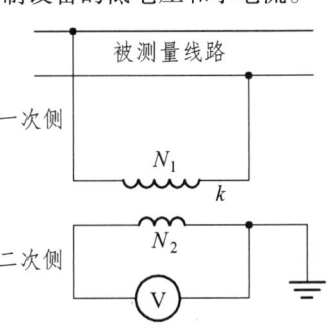

图 2.41　电压互感器原理图

电压互感器的特点如下：

（1）与普通变压器相比,容量较小,类似一台小容量变压器；

（2）二次侧负荷比较恒定,所接测量仪表和继电器的电压线圈阻抗很大,因此,在正常运行时,电压互感器接近于空载状态。

电压互感器的一次侧、二次侧绕组额定电压之比,称为电压互感器的额定电压比,即 $k = U_{1N}/U_{2N}$,其中一次侧绕组额定电压 U_{1N} 是电网的额定电压,且已标准化,如 10 kV、35 kV、110 kV、220 kV 等,二次侧电压 U_{2N} 则统一定为 100 V（或 $100/\sqrt{3}$）,所以 k 也就相应地实现了标准化。为安全起见,二次侧绕组必须有一点可靠接地,并且二次侧绕组绝对不能短路。

（二）电流互感器

电流互感器也是按电磁感应原理制成的,也称 CT 或 TA。其一次侧绕组串接于被测线路中,二次侧绕组与测量仪表或继电器的电流线圈串联,二次侧绕组的电流按一定的变比反应一次侧电路的电流。其原理图如图 2.42 所示。与电压互感器的情况相似,电流互感器的二次侧绕组也必须有一点接地。由于作为电流互感器负载的电流表或继电器的电流线圈阻抗都很小,所以,电流互感器在正常运行

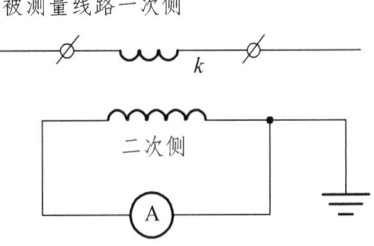

图 2.42　电流互感器原理图

时接近于短路状态。

电流互感器的种类很多，根据安装地点可分为户内式和户外式；根据安装方式可分为穿墙式、支持式和套管式；根据绝缘结构可分为干式、浇注式和油浸式；根据一次侧绕组的结构形式可分为单匝式和多匝式等。

电流互感器的特点如下：

（1）一次侧绕组串联在被测线路中，并且匝数很少，因此，一次侧绕组中的电流完全取决于被测电路的负荷电流，而与二次侧电流无关。

（2）电流互感器二次侧绕组所接电流表或继电器的电流线圈阻抗都很小，所以正常情况下，电流互感器在近于短路状态下运行。

电流互感器一次侧、二次侧额定电流之比，称为电流互感器的额定互感比，即 $k = I_{1N}/I_{2N}$，因为一次侧绕组额定电流 I_{1N} 已标准化，二次侧绕组额定电流 I_{2N} 统一为 5 A（或 1 A、0.5 A），所以电流互感器额定互感比也标准化了。

为安全起见，电流互感器二次侧绕组在运行中绝对不允许开路，为此，在电流互感器的二次侧回路中不允许装设熔断器，而且当需要将正在运行中的电流互感器二次侧回路中的仪表设备断开或退出时，必须将电流互感器的二次侧短接，保证不致断路。

第八节　变压器的维护与维修

变压器的维修是保证其安全运行的重要工作，包括运行前的检查和运行中的监视及维护。在运行前应对变压器进行检查，以保证在投入运行前查出存在的问题并及时加以处理，防止事故发生和保证运行安全，因此应做好此项工作。运行前检查项目如下：

（1）检查变压器的额定电压和容量是否符合要求。

（2）检查变压器内、外是否清洁，各部螺丝是否完好，安装是否牢固，硅钢片是否夹紧。

（3）检查分接头调压板是否安装牢固，分接头的选定是否与所需电压相适应。

（4）检查高、低压绕组接线是否正确，引线有无破裂或断股情况，绝缘是否包扎完好。

（5）用 1 000 V 兆欧表测量绕组间绝缘电阻及绕组对地绝缘电阻。如线圈受潮，应进行干燥处理。

（6）检查变压器接地线是否连接完好。

（7）检查变压器的断路器是否符合要求。

在运行中进行监视和维护，是及早发现问题、保证安全运行的重要工作，也是防止事故发生和扩大的有效措施。运行中检查内容如下：

（1）检查变压器有无异常声音。

（2）检查各引线接头有无松动及跳火情况。

（3）检查断路器是否完好。

（4）检查变压器的温升是否符合规定标准。

变压器在运行中的不正常状态及原因如下：

（1）变压器的嗡声很大，主要是铁心硅钢片未夹紧所致。

（2）在正常的负荷和冷却条件下，变压器过热、冒烟和局部发生弧光，原因有：铁心穿通螺栓绝缘损坏、铁心硅钢片间绝缘损坏、高低压绕组间短路、匝间短路、引出线混线及过负荷等。

（3）变压器断路器脱扣，应先检查变压器本身有无短路等异常情况，再查找外部故障，待故障排除后，再投入运行。

复习思考题

1. 变压器由哪些基本结构构成？
2. 变压器的作用有哪些？
3. 为什么变压器铁心要用硅钢片叠成？能否用整块的铁心？
4. 变压器的铁心有什么作用？不用铁心可以吗？
5. 变压器的额定值都有哪些？如何选用变压器？
6. 哪些因素影响变压器的运行？
7. 变压器负载电流的变化对其铁心中的主磁通有何影响？
8. 为什么说电压变化率和效率是表征变压器运行性能的主要指标？
9. 变压器中的过电流和过电压是怎样产生的？对变压器有哪些危害？
10. 一台单相变压器，额定电压为 220 V/110 V，若不慎将低压侧误接至 22 V 电源，将发生什么情况？
11. 如果将变压器的一次侧接至与额定电压相同的直流电源，会发生什么情况？
12. 一台 220 V/110 V 的变压器，能否用来把电压 440 V 降至 220 V，或把 220 V 电压升至 440 V？为什么？
13. 一台 1 000 V/400 V 的变压器，一次侧有三个抽头可改变绕组匝数，当电源电压为 1 100 V 时，要使二次侧端电压仍为 400 V，应怎么办？
14. 一台单相变压器，$S_N = 5\ kV \cdot A$，$\dfrac{U_{1N}}{U_{2N}} = \dfrac{220}{6}$，求一次侧、二次侧绕组的额定电流。
15. 有两台变压器，一台的变压比为 5，另一台为 10，在同名端并联和非同名端并联运行时各有什么情况？
16. 三相变压器有哪些特点？
17. 三相变压器的一次侧、二次侧绕组都有哪几种接法？如何根据同名端的连接来确定二次侧绕组相电动势与一次侧相电动势的相位关系？
18. 如何根据相电动势的相量图，来确定变压器的连接组标号？
19. 为什么要采用电流互感器？
20. 电流互感器与普通变压器相比，有何不同？
21. 使用电流互感器应注意些什么？为什么？
22. 变压器的日常检修项目有哪些？

第三章 交流稳压器

信号设备的电源由外电网供电,电网电压的波动和负荷的变化都会引起电压的不稳定,往往会超过规定的电压波动范围,进而影响信号设备的正常工作,甚至造成错误工作。因此,必须对交流电源进行稳压,以保证供电电压的稳定。交流稳压器的种类很多,大体上可分为两大类,它们的框图如图3.1所示。

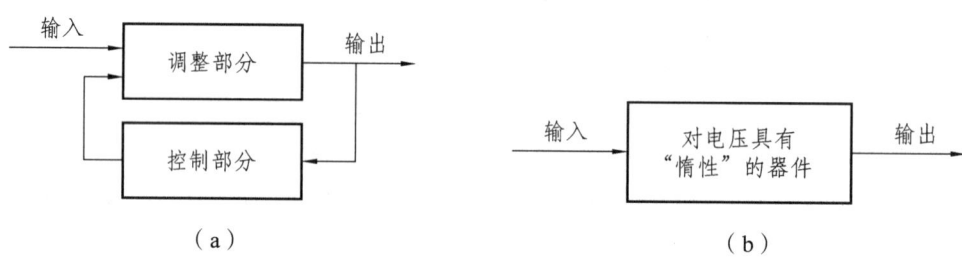

图 3.1　交流稳压器框图

图3.1(a)图所示的第一类稳压器包括调整部分和控制部分。当输出电压发生变动时,则通过控制部分控制调整部分进行调压,以保持输出电压的稳定。由于它是对输出电压进行采样控制,因此无论是对于电网电压的波动还是对于因负荷的变化所引起的输出电压的变动,均具有稳压作用。其稳压精度可通过调节控制部分的灵敏度来进行控制,稳压精度通常可达到1%~3%。调整部分常用饱和电抗器、晶闸管元件、自耦变压器、感应调压器、正弦能量分配器等,分别称为饱和电抗式、晶闸管移相调压式、自耦变压器式、感应调压器式、正弦能量分配器式交流稳压器。控制部分大多采用晶体管等构成的比较放大电路,有的还使用继电器控制电路。这类稳压器稳压精度高且可调节,除晶闸管式外,输出波形畸变小,稳压性能较理想,但结构复杂,检修较困难。

图3.1(b)所示的第二类交流稳压器采用对电压具有"惰性"的设备,由于它的"惰性"作用,使输出电压不随输入电压的波动而变动。但对于因负荷变化而引起的输出电压变动则不能起稳压作用。目前广泛采用的"惰性"设备大多是输出绕组所在铁心处于磁饱和状态的特殊变压器,因此其效率较低,输出波形有失真。稳压变压器和参数稳压器(统称铁磁谐振式)属于这一类。虽然第二类交流稳压器的稳压性能欠佳,但因其具有设备简单、运行可靠、维修方便等突出优点,因此在负荷变动不剧烈、对于输出电压的波形要求不高的场合得到广泛的应用。

目前,在铁路信号电源设备中采用了感应调压器式稳压器、自动补偿式交流稳压器、稳压变压器、参数稳压器和采用电子技术的AC/AC或DC/AC变换器。

第一节　感应调压器

感应调压器有单相和三相之分。它的结构类似于一般的绕线式电动机，即由定子和转子组成，但又不同于电动机，它的转子被一套蜗轮蜗杆卡住，在交流电源作用下不能自由旋转，只有在电压不稳定需要调整时才由蜗轮传动机构使转子转动。这样转子相对于定子产生了角位移，对于单相感应调压器只改变转子绕组的电压值，而不改变其相位；对于三相感应调压器则会改变定子绕组和转子绕组的感应电压之间的相位差。借助定子绕组和转子绕组的自耦式连接，可使输出电压获得平滑无级的调节，所以它的工作原理又类似于自耦变压器。

感应调压器的定子绕组和转子绕组之间既有电的联系，又有磁的联系，它们共处于一个磁场中，很像一个自耦变压器，但两绕组的相对位置是可以改变的。

感应调压器按冷却方式，可分为干式和油浸式两种，信号电源设备中所用的都是干式的。感应调压器式交流稳压器的功率可达数百千伏安，这是其他各类交流稳压器无法达到的。它的稳压范围宽，稳压精度可进行调节，输出电压波形几乎无畸变，稳压性能是理想的。但是，它的体积庞大、价格较贵、功耗较大。

一、单相感应调压器

单相感应调压器由公共绕组 g 和二次串联绕组 C 组成。通常 g 置于定子上，C 置于转子上。单相感应调压器的绕组连接有正接和反接两种接法，如图 3.2 所示。正接法仅有一个励磁绕组和由它产生的单一磁场，励磁电流和由它产生的磁场不是恒定的，是随电源电压的变化而变化的，因此它的空载电流和空载损耗不是恒定的，是在一定范围内变化的。反接法有两个励磁绕组和由它们共同产生的磁场，该磁场也是随着电源电压而变化的，但变化范围较小，因此空载电流和空载损耗变化范围较小。感应调压器按正接法或反接法设计，应视具体情况而定。

单相感应调压器的公共绕组平面与串联绕组平面在空间有一定的夹角，如图 3.3 所示。

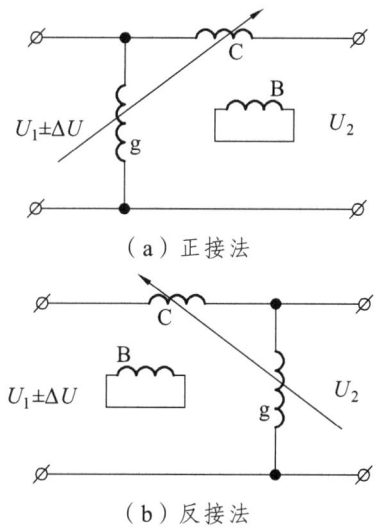

图 3.2　单相感应调压器的绕组连接

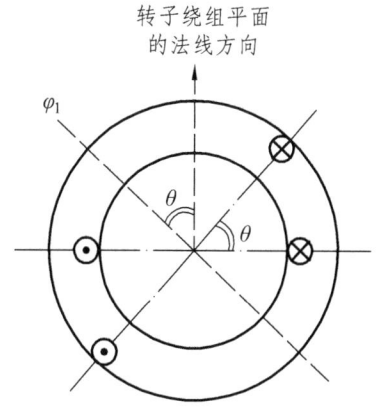

图 3.3　单相感应调压器公共绕组与串联绕组的空间位置

公共绕组 g 的励磁磁势产生一个单相脉动磁场，即在串联绕组 C 中产生感应电势。当 C 的线圈平面和 g 的线圈平面重合时，C 绕组中的感应电势为最大值 E_{Cmax}。当转子旋转 θ 角度时，与 C 绕组所交链的磁通量相应发生变化，E_C 的大小随之变化，其方向与 g 绕组的感应电势 E_g 相同或相反（视其连接方式以及 θ 角的大小而定）；而此时感应电势不随角位移的变化产生相位的变化，因为磁场是脉动的。空载输出电压为：$U_{20} \approx \pm E_{Cmax}\cos\theta$，正接法取"+"，反接法取"-"。当 θ 在 0°~180°变化时，U_{20} 在 $U_1 \pm E_{Cmax}\cos\theta$ 到 $U_1 \mp E_{Cmax}\cos\theta$ 间变化。改变角位移 θ 的大小，即可调节输出电压而达到稳压的目的。

在正接法中，输入电压降低时，输出电压也会降低，当输出电压低于额定下偏值的整定值时，转子将被控制向着一个方向旋转，使得公共绕组和串联绕组之间的夹角减小，使输出电压上升至额定值；输入电压上升，输出电压也上升，当输出电压高于额定值的上偏整定值时，转子被控制向另一个方向旋转，公共绕组和串联绕组之间的夹角增大，使输出电压下降到额定值，如图 3.4（a）所示。

在反接法中，若输入电压降低，则输出电压也下降，当输出电压低于额定值的下偏整定值时，转子被控制向一个方向旋转，公共绕组和串联绕组之间的夹角增大，使输出电压回复到额定值；输入电压上升，输出电压也上升，当输出电压高于额定值的上偏整定值时，转子被控制向着另一个方向旋转，公共绕组和串联绕组之间的夹角减小，使输出电压回复到额定值，如图 3.4（b）所示。

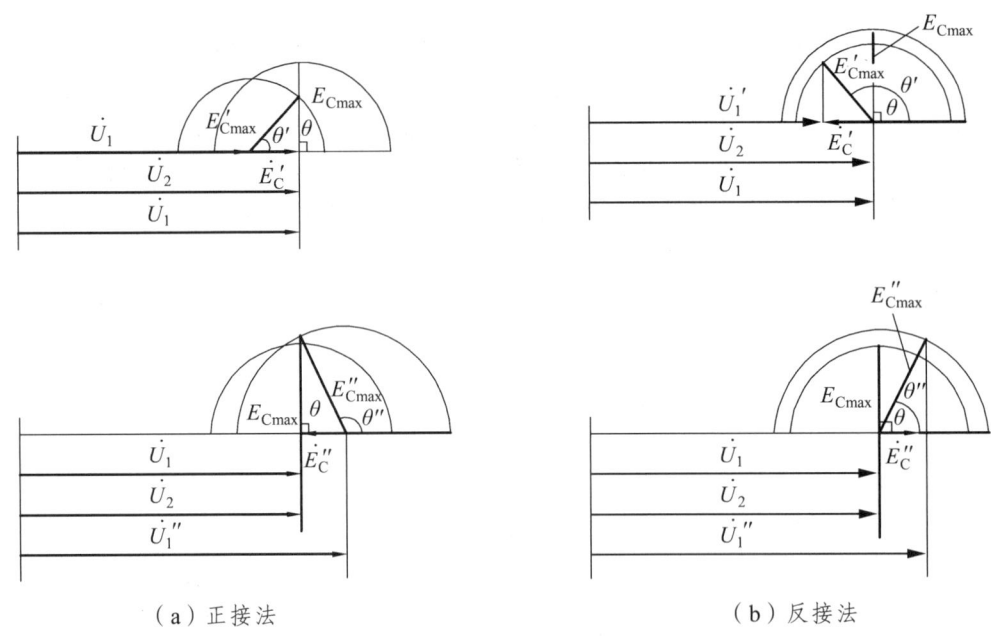

（a）正接法　　　　　　　　　　　　（b）反接法

图 3.4　单相感应调压器空载压调相量图

单相感应调压器负载运行时，负载电流在 C 绕组中产生磁势，当 g 绕组与 C 绕组的轴线重合时，这个磁势将被 g 绕组所产生的磁势相平衡；而当两绕组的轴线不重合时，这个磁势的垂直分量不能被 g 绕组产生的磁势所平衡，于是就会在铁心中产生很大的磁通过 C 绕组，使 C 绕组的电抗增大而降低输出电压，特性变坏，附加损耗增加。为了消除这一影响，在 g 绕组的同侧必须设置一个自身短路且轴线又与 g 的轴线相垂直的补偿绕组 B，用来补偿负载电流产生的磁势,以免负载运行时有较大的电压降落。此时横轴磁势分量所产生的磁通会在 B 绕组中产生横轴磁势分量。单相感应调压器的磁势平衡用下式表示:

$$I_g K_g W_g + I_2 K_C W_C \cos\theta = I_0 K_g W_g$$
$$I_B K_B W_B + I_2 K_C W_C \cos\theta = 0$$

式中 I_0 —— 励磁电流;

K_g、K_C、K_B —— g、C、B 绕组的系数;

$K_g W_g$、$K_C W_C$、$K_B W_B$ —— g、C、B 绕组的有效匝数。

单相感应调压器的输入、输出线都装在机壳的接线端子上,输入为 AX,输出为 ax。

二、三相感应调压器

三相感应调压器通常采用自耦式连接方法。图 3.5 所示为正接法接线图。因为三相感应调压器在结构上是对称的,所以只需讨论其中一相的调压情况。图 3.6 所示为 A 相电路图,输入电压接入转子绕组 W_Z,定子绕组 W_D 与 W_Z 串联后输出。旋转磁场由 W_Z 产生。接通电源后,在 W_Z 中产生感应电势 E_1。W_D 中由于磁场的作用也产生了感应电势 E_2。E_2 和 E_1 的大小与各绕组的有效匝数成正比,且 $E_2 = \dfrac{E_1}{n_{12}}$,式中 n_{12} 为 W_Z 和 W_D 的匝数比。

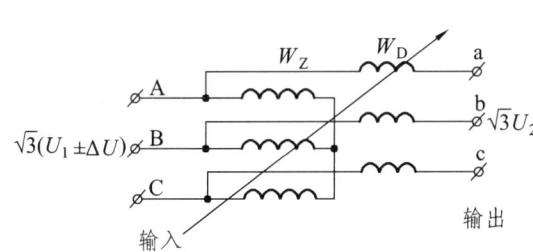

图 3.5 三相感应调压器正接法接线图

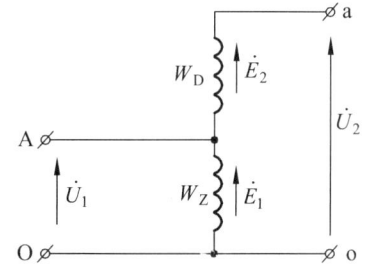

图 3.6 单相等效电路图

当转子绕组平面和定子绕组平面相垂直(与其法线相重合)时,两绕组的感应电势同时达到最大值。若将转子绕组逆着旋转磁场的转向由重合位置转动一个角度 θ,则 $\dot{E}_2$ 滞后 $\dot{E}_1$ 一个同样的角度 θ,见图 3.7。

若不考虑绕组间的漏阻抗及励磁电流等因素,根据电势平衡,可得

$$\dot{U}_1 = \dot{E}_1, \quad \dot{E}_2 = \dfrac{\dot{E}_1}{n_{12}} e^{-j\theta}$$

$$\dot{U}_2 = \dot{E}_1 + \dot{E}_2 = \dot{E}_1 + \dfrac{\dot{E}_1}{n_{12}} e^{-j\theta}$$

$$= \dot{E}_1 \left(1 + \dfrac{1}{n_{12}}\right) e^{-j\theta} = \dot{U}_1 \left(1 + \dfrac{1}{n_{12}}\right) e^{-j\theta}$$

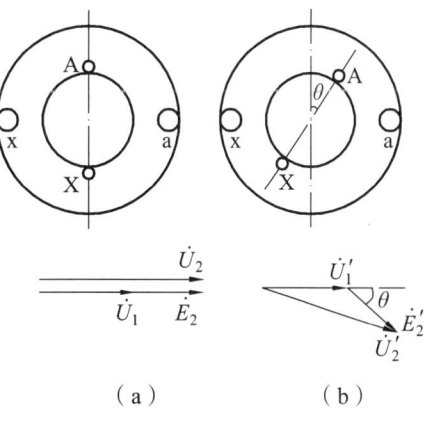

图 3.7 相位差角的形成

根据余弦定理，输出相电压的有效值为

$$U_2 = \sqrt{E_1^2 + E_2^2 + 2E_1 E_2 \cos\theta} = U_1 \sqrt{1 + \frac{1}{n_{12}} + \frac{2}{n_{12}^2}\cos\theta}$$

图 3.8 为三相感应调压器正接法空载调压相量图，从图中可看出输出电压与定、转子绕组间夹角 θ 的关系。输入电压 $\dot{E}_1$ 变化时，可改变定、转子绕组间相对角位移的大小，使输出 $\dot{E}_2$ 电压获得平滑无级的调节而达到稳压的目的。

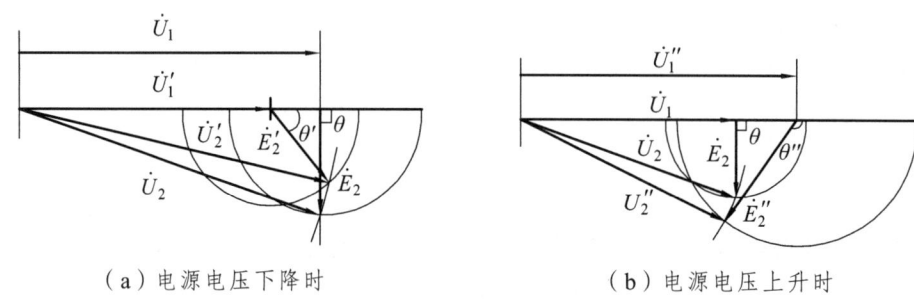

（a）电源电压下降时　　　　　　（b）电源电压上升时

图 3.8　三相感应调压器正接法空载调压相量图

若电源电压降低，则输出电压也随之降低，当输出电压降到低于额定值的下偏整定值时，转子被驱动电机带动向一个方向旋转，两绕组间的夹角减小，使输出电压上升回复到额定范围内。

若电源电压上升，则输出电压也上升，当输出电压升到高于额定的上偏整定值时，转子被驱动电机带动向另一个方向旋转，两绕组间的夹角增大，输出电压则降低直到回复到额定范围内。

三相感应调压器的反接法连接如图 3.9（a）所示。这时，旋转磁场由定、转子绕组共同产生。它的单相等效电路如图 3.9（b）所示。输出电压 $\dot{U}_2 = \dot{U}_1 - \dot{U}_D$。同样的，在输入电压变化时，可通过改变两绕组间的相对角位移的大小，使输出电压稳定在额定范围内。

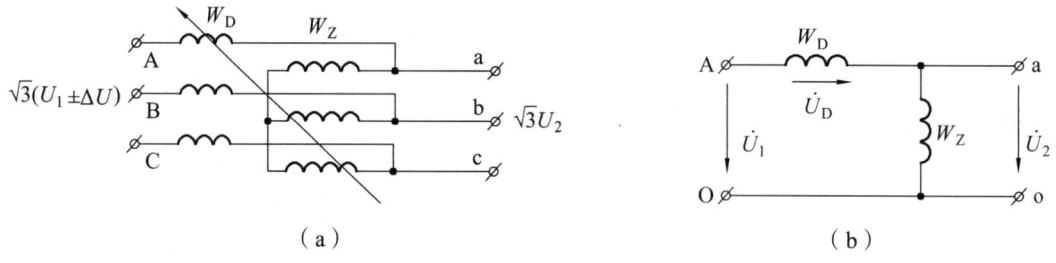

（a）　　　　　　　　　　　　（b）

图 3.9　三相感应调压器反接法接线图

图 3.10 所示为三相感应调压器反接法的空载调压向量图。在反接法中，若电源电压降低，则输出电压也降低，当输出电压降至低于额定值的下偏整定值时，转子被带动向着一个方向旋转，两绕组间的夹角增大，使输出电压升至额定范围内。若电源电压升高，则输出电压也升高，当输出电压升到高于额定值的上偏整定值时，转子被带动向着另一个方向旋转，两绕组间的夹角减小，使输出电压降低直至回复到额定范围内。

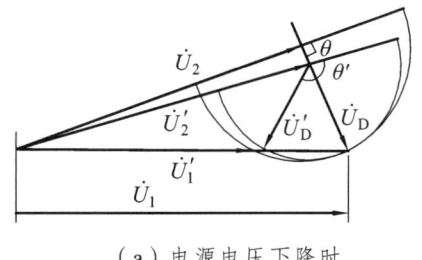 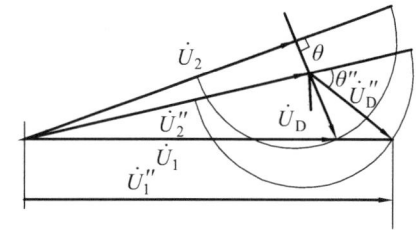

（a）电源电压下降时　　　　　　　　　（b）电源电压上升时

图 3.10　三相感应调压器反接法空载调压相量图

三相感应调压器运行时，由于负载变化而引起的输出电压波动，也可以通过改变两绕组间的夹角来使输出电压回复到额定范围内。

经三相感应调压器稳压后的输出电压与输入电压不再同相位，但保持了正弦波形，频率也未改变，这对使用没有影响。

三相感应调压器的输入、输出线均接在机壳接线盒内的接线板上，输入为 A、B、C，输出为 a、b、c。

感应调压器的传动控制为电动/手动两用式，并有标明"升压""、降压"传动方向的指示牌。

手轮传动可用作电压调节，当驱动电机发生故障时，仍可进行调压。

电动/手动两用式传动装置由两对蜗轮蜗杆、离合器（平齿轮）、手轮、驱动电机、行程开关及限位器组成。第一对蜗轮蜗杆与驱动电机装在一起，用来降低转速及传动第二对蜗轮蜗杆。第二对蜗轮蜗杆与感应调压器转子装在一起，不调压时对转子起制动作用，调压时带动转子旋转。手轮传动则借平齿轮与长键导向第二对蜗杆连接。从手轮传动转为电动时，将平齿轮推入啮合机构；由电动转为手动时，则将平齿轮向外拉出。行程开关用作电气限位，即限制感应调压器的输出电压在最高、最低极限时自动断开驱动电机电源，保护设备不受损坏。这时就无法再进行电动调整，必须用手轮摇回工作区域。限位器用作机械限位，限制转子在规定的机械角度内转动。

感应调压器转子轴端的蜗轮为扇形（一般为 180°），它与转子转轴大多采用保险销联结，当感应调压器过载或短路时，保险销被切断，使蜗轮蜗杆不致损坏。如果保险销被切断，感应调压器的转子失去制动而自转，限位器既可限制它的转动，防止转子绕组引出线被卷断，又可起缓冲作用，避免转子的猛力撞击。

三、使用感应调压器时的注意事项

（1）新安装或长期不用的感应调压器在投入运行前，应用 500 V 兆欧表测量绕组间绝缘电阻和绕组对地绝缘电阻，不低于 0.5 MΩ 时方可使用，否则要进行干燥处理，方法如下：

① 用电热器或其他热源加热，但必须有良好的通风条件，注意使其不致过热，防止热源触及绕组和其他导电部分，绕组温度不超过 120 ℃。

② 在感应调压器的输入端接上调压设备，输出端短接，在输入端加上 10% 左右的额定电压，使输出端短路电流稍低于额定电流，热烘驱出潮气。

（2）感应调压器的机座应接地良好，以保证安全。

（3）传动装置应保持灵活，转子在180°内转动，正、反方向应注意均衡，当输出电压达最高或最低极限时，行程开关应保证切断驱动电机电源。

（4）感应调压器的负载不得超过额定值，如超过时间较长，易使感应调压器烧毁或缩短寿命。

（5）应保持感应调压器的清洁，不许水滴、油污及尘土落入感应调压器内部；应定期停电拆下网罩除去调压器内积存的尘土。感应调压器周围应留有适当空间，以利通风散热。

（6）经常检查感应调压器的轴承有无漏油及发热等情况，定期补充滑动轴承的润滑油，调换滚动轴承的润滑油。

（7）感应调压器的保险螺栓被切断后，应立即查明原因，再换上同样材料同样尺寸的保险螺栓，方可继续使用。

（8）感应调压器不能与其他变压器、调压器并联运行。

其余维修内容与交流电动机和变压器相同。

第二节 自动补偿式交流稳压器

一、自动补偿式交流稳压器的结构和工作原理

自动补偿式交流稳压器由线性变压器和自耦变压器组成，如图3.11所示。将线性变压器的次级绕组串联在主电路中，控制其初级电压的大小和极性，利用其次级线圈电压对输入电压进行补偿，以实现稳压的目的。自耦变压器有两个滑动触点，改变触点的位置，即可改变线性变压器初级电压的大小和极性。触点由伺服电机驱动。伺服电机由控制电路予以控制。

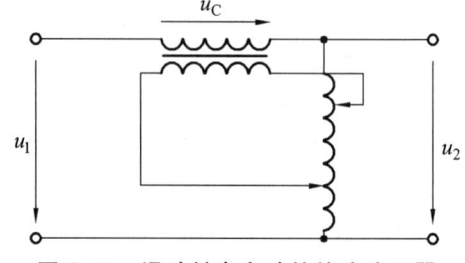

图3.11 滑动触点自动补偿式稳压器原理示意图

由于调压方式是机械式的，且有碳刷滑动触点，因而就存在着两个致命的缺点：一是动态响应性能差；二是机械传动和滑动触点的可靠性差，故障率高，易引起电弧、火花，增加了使用和维护的难度。后引进国外技术，将滑动摩擦改为滚动摩擦，或者加大滑动触点的接触面，虽性能有所改善，但未根本解决问题。根本解决问题的办法是无触点化。无触点补偿式交流稳压器的主电路如图3.12所示。由线性变压器T_1、T_2、T_3和晶闸管SCR_1~SCR_8构成组合式全桥电路。由控制电路控制晶闸管实现不同的组合导通，进而决定各线性变压器的升压、降压、直通等不同状态和组合，可以构成15种不同的组合状态，可以在不同输入电压情况下实现输出电压的稳定。补偿变压器的数量和二次侧电压值决定了稳压器的稳压精度和稳压范围。根据需要，用控制电路控制各晶闸管的导通或截止，就能实现自动稳压。

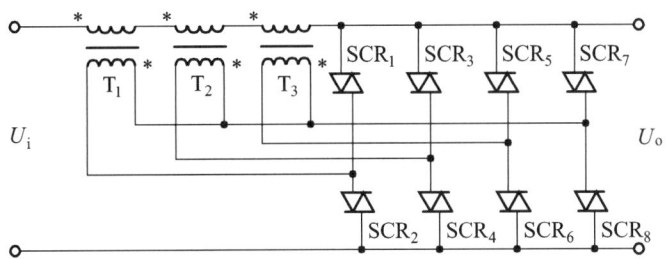

图 3.12　无触点补偿式交流稳压器的主电路原理图

无触点补偿式交流稳压器采用 3 个变压器次级串联的方式，将 3 个变压器的次级线圈串联在输入端与输出端电压之间，通过改变变压器次级线圈两端的电压与输入端电压之间的相位关系，使得变压器次级线圈两端电压与输入电压成相加或相减的关系，以使输出电压保持在规定的范围之内。3 个变压器的初级通过晶闸管组合全桥接在输出电压上。3 个变压器的变换关系如果为 $n_1 : n_2 : n_3 = 1 : 2 : 4$，其调整幅度为 3%、6%、12%。控制晶闸管的导通与截止，即可改变变压器次级电压的相位。通过调整各个变压器的升压、降压或直通等状态，使输出电压在规定的精度和范围内保持稳定。

SCR_1 与 SCR_2、SCR_3 与 SCR_4、SCR_5 与 SCR_6、SCR_7 与 SCR_8 构成四个桥臂，SCR_1 与 SCR_2 对应 3% 的变压器 T_1，SCR_3 与 SCR_4 对应 6% 的变压器 T_2，SCR_5 与 SCR_6 对应 12% 的变压器 T_3，SCR_7 与 SCR_8 为公共桥臂。每个桥臂中的两只晶闸管不可以同时导通，否则会损坏晶闸管。当公共桥臂的 SCR_8 导通时，电路处于升压状态。其余 3 个桥臂中的 SCR_1 或 SCR_3 或 SCR_5 导通，则其对应的变压器处于升压状态，如果 SCR_2 或 SCR_4 或 SCR_6 导通，则其所对应的变压器处于不升不降即直通状态。当公共桥臂的 SCR_7 导通时，电路处于降压状态，其余三个桥臂中的 SCR_2 或 SCR_4 或 SCR_6 导通，则其对应的变压器处于降压状态；如果 SCR_1 或 SCR_3 或 SCR_5 导通，则其对应的变压器处于直通状态。当 SCR_1、SCR_3、SCR_5、SCR_8 导通时，变压器全升压，补偿量为 +21%。当 SCR_2、SCR_4、SCR_6、SCR_7 导通时，变压器全降压，补偿量为 -21%。当 SCR_1、SCR_3、SCR_5、SCR_7 导通或 SCR_2、SCR_4、SCR_6、SCR_8 导通时，所有变压器均处于直通状态，补偿量为 0。

8 个晶闸管导通排序与补偿电压的关系如表 3.1 所示。

表 3.1　晶闸管导通排序与补偿电压的关系

晶闸管导通排序				补偿电压
1	3	5	8	+21%
2	3	5	8	+18%
1	4	5	8	+15%
2	4	5	8	+12%
1	3	6	8	+9%
2	3	6	8	+6%
1	4	6	8	+3%
2	4	6	8	0
1	3	5	7	0

续表 3.1

晶闸管导通排序				补偿电压
2	3	5	7	-3%
1	4	5	7	-6%
2	4	5	7	-9%
1	3	6	7	-12%
2	3	6	7	-15%
1	4	6	7	-18%
2	4	6	7	-21%

二、自动补偿式交流稳压器的电气特性

APC 系列无触点交流稳压器的电气特性如下：
（1）输入电压范围：165~275 V；
（2）输入频率范围：47~63 Hz；
（3）稳压精度：≤±3%；
（4）输出波形附加失真度：≤1%；
（5）输出频率与市电同步；
（6）反应时间：≤4 ms/V；
（7）输入功率因数：0.95~1；
（8）输出功率因数：0.7~1；
（9）满载效率：≥95%；
（10）噪声：≤45 dB；
（11）具有过载保护、过高/欠压保护、异常自动旁路功能。

三、自动补偿式交流稳压器的特点

（1）性能好，效率高，各项指标和效果均优于电源屏中常用的参数稳压器、感应调压器式交流稳压器。

（2）输入功率因数高，在输入电压和负载变化的整个范围内，稳压器本身不会产生非线性电流成分，为净化电网环境提供了可靠保证。

（3）输出负载适应能力强，对各种非线性（强容性、强感性、冲击性等）负载都能可靠无误地供电。

（4）动态性能好，对输入电压的突然变化，输出电压的调整时间因为电路中不存在铁磁谐振非线性电路环节，因而无附加波形失真。

（5）当输入电源频率变化以及输入电压或输出负载电流存在非线性成分时，输出电源受到的影响小于其他类型电源。

（6）无机械传动和触点磨损，可靠性高，噪声低。
（7）成本低。

第三节　稳压变压器

稳压变压器是一种基于铁磁谐振原理的交流稳压器，依靠铁磁谐振使输出线圈所在的铁心处于磁饱和状态而达到稳压的目的。稳压变压器兼有稳压、变压双重功能。由于结构简单、维护方便、投资较省，因而得到广泛应用。

一、铁磁谐振

在线性电路中，线性电感和电容相串联或并联，在一定的频率下能使电路发生谐振。固定电源频率和电容量，调节线性电感，是调谐的方法之一。线性电感的改变只能通过改变线圈的匝数或铁心的位置来实现，在线圈匝数和铁心位置固定的条件下，改变电感线圈两端的电压不会使电感量发生变化。如果电感线圈的铁心工作于饱和状态，那么线圈两端电压的改变将会引起电感量的改变，这种电感称为非线性电感。由非线性电感与线性电容器所组成的串联或并联电路，可通过改变外加电压使电路达到谐振。通常把这种谐振称为铁磁谐振。

图 3.13（a）所示的电路中，调压变压器的输出端并接一个带铁心的电感线圈 L 和电容器 C，它们组成了并联谐振电路。在电源频率一定的情况下，调节变压器次级线圈的电压时，L 支路和 C 支路中的电压、电流的变化关系如图 3.13（b）所示。在 L 支路中，当 $I_L = 0$ 时，$U_L = 0$。逐渐增大 I_L，U_L 也随着升高。当 U_L 升高到一定值时，尽管 I_L 再增大，U_L 几乎不再升高，这是因为铁心已趋于饱和。而 C 在支路中，只要在电容器的耐压范围内，U_C 与 I_C 总是成正比变化。

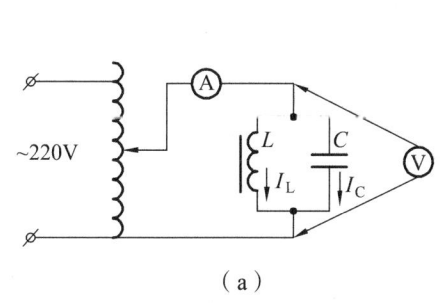
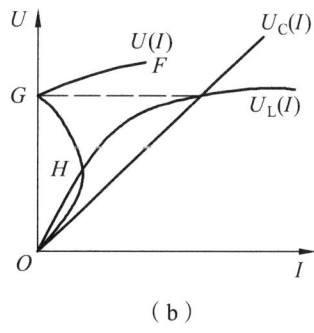

（a）　　　　　　　　　　　　（b）

图 3.13　并联铁磁谐振电路

在并联谐振电路中，总电流 I 和电压 U 的变化关系如图 3.13（b）中 $U(I)$ 的曲线所示。I 和 U 都由零开始逐渐增加，如图 3.13（b）中的 OH 段曲线所示。但再继续升高电压 U 时，电流 I 反而减小，如图 3.13（b）中的 HG 段曲线所示。当电压调至 U_G 时，$I_G = 0$，即图中的

G 点。此时 LC 并联电路的总电流为零,即处于该电路的阻抗达到最大值时的谐振状态,称为并联铁磁谐振。

如果再继续调节电压,使 U 高于 U_G,此后电流即使有较大的变化,L、C 并联电路两端的电压也几乎不再发生变化,如图 3.13(b)中 GF 段。

以上是在不计铁心的铁耗与线圈的铜耗(即设线圈的等值电阻 $r=0$)时的情况,由于实际电路总存在着功率损耗,即 $r\neq 0$,实际的伏安特性曲线要比图 3.13(b)所示的曲线右移一些。

同样,非线性电感与线性电容器串联,通过改变外加电压,也能产生串联铁磁谐振。不论是并联还是串联谐振,一旦电路谐振之后,线圈的铁心就处于深度饱和状态,对于外加电压的变动十分"迟钝",利用这种"惰性"即可进行稳压,制成铁磁谐振式交流稳压器。

二、稳压变压器

稳压变压器在单一铁心上同时实现稳压和变压双重功能,既不同于普通的电源变压器,又不同于一般的磁饱和电抗器。稳压变压器具有较大的时间常数,因此对外来冲击干扰具有缓冲能力;它的主磁路是封闭的,所以漏泄较小,效率较高,对附近电子设备的干扰较小;它结构简单、工作可靠、维护方便、经济耐用,是一种性能优越的稳压设备,广泛用于各种自动化系统中。在信号电源设备中,小站电源屏采用了稳压变压器。

信号电源设备中的稳压变压器多采用外铁式结构,是用"日"字形铁心增加磁分路后构成的,如图 3.14 所示。磁分路将原有两个窗口再一分为二,使铁心整体形成"田"字形,通常上、下窗口容积之比约为 1∶4。

在中间的铁心(主铁心)上绕着初级绕组、谐振绕组和次级电压输出绕组(负载绕组)。初级绕组位于上部,接入输入电压。谐振绕组和负载绕组位于下部,谐振绕组和电容器组成谐振串路,负载绕组和负载连接,供给输出电压。初级绕组和次级绕组(包括谐振绕组和负载绕组)间有磁分路,磁分路由硅钢片

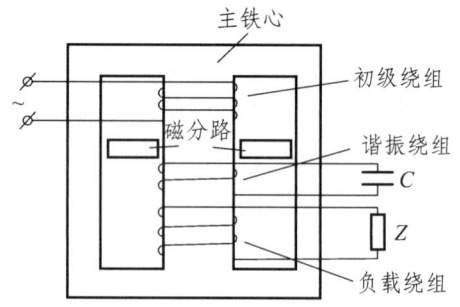

图 3.14 稳压变压器结构图

叠成,截面积通常为主铁心的 60%~80%,与主铁心内壁间保持 0.1~0.2 mm 的间隙。磁分路用以分路过剩的磁通。这样,磁路就分为三个回路,一个连接着初、次级绕组,另一个连接着初级绕组,还有一个只连接着次级绕组。后两个回路是互相隔离的。

在初级绕组上还绕有与负载绕组反向连接的补偿绕组,它的感应电压与输出电压反向叠加,以进一步提高稳压精度。当输入电压较高时,负载绕组两端的电压略有升高,补偿绕组两端的电压也有所升高,因它们反向串联,只要配合恰当,负载绕组两端升高的电压几乎被补偿绕组两端升高的电压相抵消,使输出电压保持不变,以达到稳压的目的。

上述磁分路放在内部,称为内磁分路。磁分路中的磁通方向与主磁路垂直,特别是磁分路中的磁通垂直穿过主磁路铁心叠片时,相当于在磁分路和主磁路间增设了多道气隙,使等效的漏磁电感明显下降。为解决这一问题,将磁分路附加在铁心两侧,如图 3.15 所示。这样,通过改变磁分路与主磁路之间的气隙,可按设计要求得到合适的等效的漏磁电感。

外铁式结构虽然加工工艺性强，但漏磁少。此外，还有内铁式结构，它的绕组绕在两侧铁心柱上，磁分路在中间。

稳压变压器不同于一般的变压器，有其独特的工作特点，即它的初级工作在非饱和状态，而次级工作在饱和状态。次级之所以饱和，是因为谐振绕组与谐振电容器产生并联铁磁谐振所致。磁分路为部分初级绕组产生的磁通提供了直接返回初级的通路，而不与次级相交链，同时也为部分次级磁通返回次级提供回路而不与初级相交链。

铁磁并联谐振电路的伏安特性如图3.16所示。起初，次级电压随着输入电压的升高而升高，次级绕组中超前电压的电容性电流也相应增大。而当次级铁心饱和时，谐振绕组中滞后电压的电感性电流增大，但谐振电路总电流较小，使初级电流减小。当输入电压继续升高时，容性电流与感性电流的绝对值相等，初级电流最小，此时的次级电压称为"谷点"电压，为稳压器的最佳工作点。

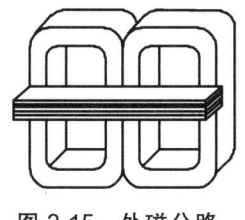

图3.15　外磁分路

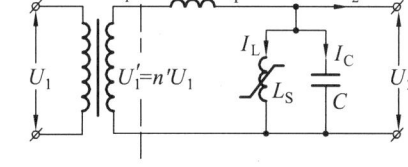

图3.16　稳压变压器的简化等效电路图

在图3.16中，虚线左边的部分起"变压"作用，但初级电压 U_1 与次级电压 U_2 的数值比不遵循匝比关系，为

$$U_1/U_2 = nB_{m1}/B_{m2} = n'$$

式中　n ── 初、次级匝数比；

　　　n' ── 稳压变压器的内压比，它取决于磁路特性与匝数比，n' 比 n 小；

　　　B_{m1} ── 初级铁心的最大磁通密度；

　　　B_{m2} ── 次级铁心的最大磁通密度。

次级铁心饱和后，就成为一个常数，而不随着输入电压而变化，因此，n' 也就不再是一个常数，而是随着输入电压的变化作相应变化。

虚线右边的部分与并联式铁磁谐振稳压器完全相同，具有明显的稳压作用。L_S 是初级绕组和磁分路折算到次级的电感值；L_P 为一等效电感，它取决于磁路特性（磁分路的气隙长度、截面等）和绕组匝数。这样，因输入电压变化而引起的磁通变化主要表现在磁分路上。可见，稳压变压器兼具了变压、稳压双重功能。它与普通变压器一样具有初级和次级隔离、变压、多组输出等功能，可做成低压多组输出的形式来代替普通的电源变压器。然而，它具有普通变压器所没有的稳压功能。

稳压变压器的电压电流相量图如图3.17所示。假设等效电路的各点电压均为正弦波，如以输出电压 $\dot{U}_2$ 为基准，$\dot{I}_2$ 与之同相，$\dot{I}_C$ 超前，$\dot{I}'_1$ 滞后，则 $\dot{I}'_1 = \dot{I}_C + \dot{I}_L + \dot{I}_2$。由 $\dot{I}'_1$ 产生的电压 $\dot{U}_{LP}$ 比 $\dot{I}'_1$ 超前90°，$\dot{U}'_2$ 是 $\dot{U}_2$ 和 $\dot{U}_{LP}$ 的相量和。在输入电流发生变化时，只引起 $\dot{I}_1$ 和 $\dot{I}_C$ 的变化，输入电压的变化完全作用在 L_P 上，从而使输出电压保持恒定。

当负载电流超过额定值或短路时，将在 L_P 上产生很大的压降，使加在并联谐振电路上的电压不足以维持次级铁心饱和，从而破坏谐振状态，使得输出电压阶跃下降。当输出端完全短路时,输出电压为零,输出电流约为额定电流的 1.5~2 倍。稳压变压器的输出电压随着过载电流的增大而下降的特性称为下垂特性,亦即保护特性,如图 3.18 所示。图中,I_{2N} 为额定输出电压,I_{S0} 为短路电流。

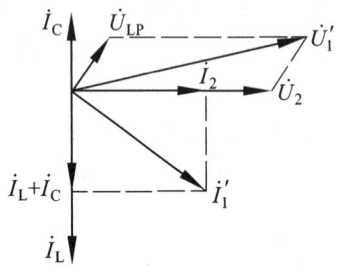 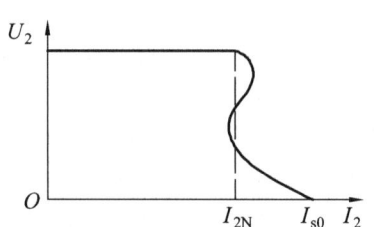

图 3.17　稳压变压器电压、电流相量图　　　　图 3.18　稳压变压器的保护特性

稳压变压器由于初级和次级由磁分路隔开,相互间有一定距离,其间的分布电容很小,所以从电源引入的干扰信号不易耦合到次级。谐振电容器对于干扰信号的旁路作用及饱和工作状态,则进一步抑制了干扰,因此,稳压变压器具有一定的抗干扰能力。

稳压变压器的输出负载性能较差,当负载由空载到满载变化时,输出电压变化 3%在左右。它的输出波形有较大失真,特别是输入电压偏高和轻载时,输出波形近似梯形波。它的输出电压对频率极敏感,当输入电源频率变化 1%时,输出电压变化 2%左右,这就限制了它在电网频率变化较大的场合下使用,解决的方法是采用电压反馈来控制频率变化使输出电压保持稳定。相对普通变压器来说,稳压变压器的温升高,噪声大。

稳压变压器的输出电压波形严重畸变,是因为其工作在磁饱和状态,输出电压中包含着丰富的奇次谐波。它的基波和各次谐波有效值与整个波形有效值的比例是:基波 90%~95%,三次谐波 25%~35%,五次谐波 7%~10%,七次谐波 3%~5%。可见,高次谐波的幅值很小,只要滤除三次、五次谐波后,就能得到较好的正弦波形。为此,可增设三次、五次谐波滤波电路,如图 3.19 所示。此时,谐振电容 C 分成两部分,$C = C_3 + C_5$,C_3 与 L_3 组成三次谐波滤波电路,C_5 与 L_5 组成五次谐波滤波电路。在基波条件下,由于 $3\omega L_3 = \dfrac{1}{3\omega C_3}$,$\omega L_3 = \dfrac{1}{9} \cdot \dfrac{1}{\omega C_3}$;$5\omega L_5 = \dfrac{1}{5\omega C_5}$,$\omega L_5 = \dfrac{1}{25} \cdot \dfrac{1}{\omega C_5}$,可忽略不计。铁磁谐振电路由($C_3 + C_5$)与 W_C 组成。

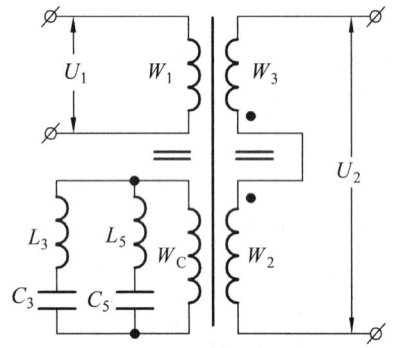 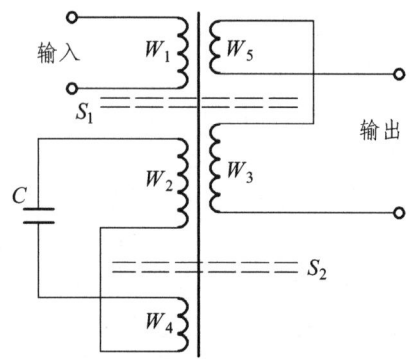

图 3.19　带滤波电路的稳压变压器　　　　图 3.20　双磁分路结构的稳压变压器

另外，还可采用双磁分路结构的稳压变压器来改变输出波形。其结构如图 3.20 所示。它有两个磁分路，其中磁分路 S_2 和波形补偿绕组 W_4 对输出波形起补偿作用。波形补偿绕组 W_4 与谐振绕组 W_2 反向串联，然后接到谐振电容上。在波形补偿绕组的铁心中有两部分磁通流过：一部分来自初级，这部分磁通在波形补偿绕组中感应出基波电压；另一部分是输出绕组的部分漏磁通，这部分磁通在波形补偿绕组中感应出几乎与输入电压中的高次谐波相同的谐波电压。由于两绕组反向串联，谐振绕组中的高次谐波与波形补偿绕组中的高次谐振相抵消，使得次级铁心中磁通的高次谐波分量大大减小，从而可得到接近正弦波的输出电压。波形失真度不大于 10%。

第四节　参数稳压器

参数稳压器是一种新型的交流稳压器，它集隔离变压、稳压、抗干扰、净化功能于一体，具有稳压范围宽、精度高、响应速度快、抗干扰能力强、负载短路自动保护、可靠性高、寿命长等一系列优点，尤其是能有效滤除电网及负载所产生的各种频率的正负脉冲和浪涌电压，输出正弦波。

参数稳压器的结构如图 3.21 所示，也是由铁心、绕组和电容器组成的，但其铁心结构、能量传递方式、稳压原理与稳压变压器大相径庭。

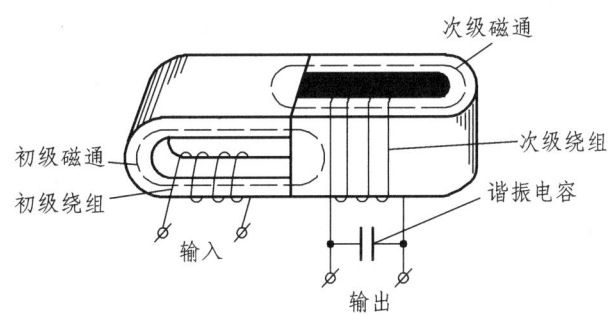

图 3.21　参数稳压器的结构

参数稳压器的主要部件是参量变压器，磁路由两只 C 形铁心组成。在两铁心上分别绕有初级绕组和次级绕组。

稳压变压器传递能量的形式与普通变压器相同，是经磁通链耦合初级与次级绕组的。由于磁耦合，来自初级的干扰和瞬变可产生次级的干扰和瞬变。除了磁耦合外，实现初级、次级间的电能传递还有电磁辐射、电容耦合和参量耦合，但在低频条件下，只能是后者。

在参数稳压器中，初级绕组的电流对次级绕组的电感进行调制。这是因为铁磁材料在磁化时存在着饱和、磁滞现象，它的磁导率取决于磁化程度和磁化过程，即随着磁化电流的不同而变化。它不是一个定值，而是磁路中磁通密度的函数。初级的一部分磁通通过次级铁心，使得次级绕组的电感不是一个定值，而是随着初级绕组电流的大小而改变，成为非线性电感。

次级绕组的两端又接有电容器，它们构成谐振回路。当次级电感达到一定数值时，谐振回路即产生振荡，输出稳定的正弦波。

谐振回路产生振荡及负载均需要能量，这些能量是由初级绕组经参量耦合提供的。它与稳压变压器不同,两个绕组的磁路不是互相耦合,而是单独存在的。

实际的参数稳压器电路如图 3.22 所示。W_a、W_b 为初级绕组,W_c 为次级绕组,W_d 为补偿绕组。

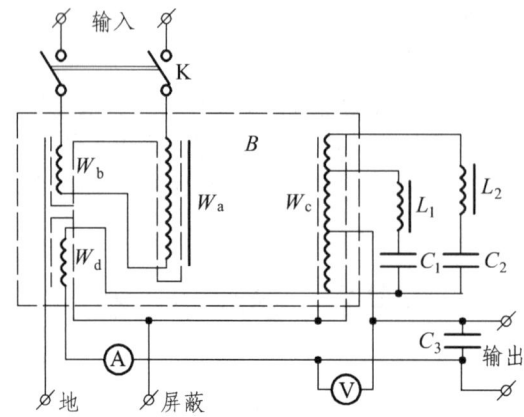

图 3.22　参数稳压器的电路

W_a 为 W_c 提供参量耦合的能量,W_b 为 W_d 提供磁耦合的能量。C_1 和 C_2 合起来为谐振电容,和 W_c 构成谐振回路。W_c 和 W_d 反向串联后输出。C_1 和 L_1 以及 C_2 和 L_2 构成滤波电路,用来滤除谐波。

参数稳压器具有满载起振、软启动功能,限制了启动电流,减小了对电源的冲击。参数稳压器稳压范围特别宽,单相为 120 ~ 300 V,三相为 260 ~ 460 V,这是其他类型的交流稳压器所不及的。电压稳定度为 -7% ~ +2%。对干扰的抑制能力也是目前各类稳压器中最好的。如尖峰抑制,常模输入 2 kV 尖峰信号时,输出不大于 40 U_{PP},常模噪声抑制不小于 25 dB(10 kHz ~ 2 MHz)。这种抑制对两个方向都起作用,由初级电源侧的噪声和瞬变产生的次级噪声及瞬变实际为零,负载产生的瞬变也不会传入初级。这样,次级只能得到初级电压的正弦分量。即使初级电压为方波时,参数稳压器仍具有带通滤波作用保持正弦波形输出,相对谐波含量不大于 3.5%。

它具有较强的过载能力,当负载短路或内部元件损坏时具有自动保护特性,此时谐振电路失谐,输出电压自动降至零。短路消除后能自动恢复工作,总恢复时间 10 ~ 90 ms。输入过电压时,即使两倍电源电压冲击,也不会出现过压输出。其功率因数高,$\cos\varphi \leqslant 0.95$。机内无有源器件,故障率低,寿命长。平均无故障工作时间 MTBF ≥ 80 000 h。

参数稳压器的缺点是温升较高、噪声较大、频率特性较差,初级空载电流较大。使用参数稳压器时,屏蔽、铁心接地端子应连接后由专用地线(接地电阻小于)接地。当有负载地线时,可连接于负载系统地线。当负载短路时,虽有自动保护功能,但仍须关机检查,消除短路后再开机。

复习思考题

1. 交流稳压器有哪两大类?各有什么优缺点?
2. 简述单相感应调压器的结构和稳压原理。

3. 单相感应调压器的转子转动一角度后，为什么只改变其感应电压的数值，而不改变其相位？

4. 单相感应调压器的补偿绕组有何作用？

5. 简述三相感应调压器的结构和稳压原理。

6. 三相感应调压器的定、转子绕组间的夹角改变后，它们的感应电压的相位差为什么会改变？感应电压的幅值如何变化？

7. 比较单相感应调压器和三相感应调压器的异同点。

8. 交流感应调压器和交流电动机有什么异同？

9. 交流感应调压器和自耦变压器有什么异同？

10. 使用感应调压器要注意哪些事项？

11. 简述补偿式交流稳压器的结构和稳压原理。

12. 补偿式交流稳压器有何特点？它与感应调压器有何异同？

13. 何谓铁磁谐振？为什么能利用铁磁谐振原理来进行交流稳压？

14. 为什么频率的变化会影响铁磁谐振式稳压器的输出电压？

15. 简述稳压变压器的结构。磁分路起什么作用？

16. 稳压变压器的补偿绕组与单相感应调压器的补偿绕组有何不同？

17. 为什么稳压器的输入电压和输出电压的数值比不遵循匝数比？为什么稳压变压器具有保护特性和抗干扰特性？

19. 交流稳压变压器与普通变压器有什么异同？

20. 简述参数稳压器的结构和稳压原理。它有什么特点？

21. 比较参数稳压器与稳压变压器的异同。

第四章　低压电器

低压电器广泛用于各部门的电力输配与电气传动自动控制设备中，对电能的产生、输送、分配与应用起着开关、控制、保护与调节作用。根据所控制的对象可分为配电电器和控制电器两大类。配电电器主要用于低压配电系统及动力设备中，兼有保护的职能，如断路器、转换开关等。控制电器主要用于电力传动自动控制系统中，如接触器、控制继电器、手动电器等。在城轨控制电源设备中，为构成供电电路和保护电路，也使用低压电器设备。

第一节　电气开关

电气开关具有对各种电路实现控制和保护的作用。电气开关的种类很多，可分为自动开关和非自动开关。自动开关是按控制信号或某电量的变化而自动动作的，如交流接触器、断路器等。非自动开关是通过手动操纵而动作的，如开关、按钮等。

电气开关按它们的职能可分为控制电器和保护电器。交流接触器、组合开关和按钮等用来组成控制电路，称为控制电器。断路器用来保护电源设备，称为保护电器。

一、交流接触器

（一）交流接触器简介

接触器是常用的电气开关，它广泛应用于供电系统中，既可以接通和断开电路，也可以实现远距离控制。绝大多数接触器都是电磁式的。根据所控制的负载不同，可分为直流接触器和交流接触器。信号电源设备中使用的是空气自冷式的交流接触器。

交流接触器在按钮、开关或继电器控制下接通和切断带负载的主电路或大容量的控制电路，由于控制大电流电路，所以其接点都装有灭弧装置。交流接触器由静铁心（轭铁）、动铁心（衔铁）、线圈、触头、释放弹簧、灭弧罩、支架与底座等部分组成。交流接触器的结构如图 4.1 所示。

静触头支架带动动触头移动，于是动、静触头接触，控制接通电路。线圈断电，电磁吸引力消失，弹簧的反向作用力使衔铁恢复原位，断开电路。为减小涡流损耗，交流接触器的铁心用电工硅钢片叠成，在片间涂以绝缘漆。

给交流接触器的线圈通上交流电后，静铁心对动铁心就会产生电磁力，在电磁吸引力的作用下，带动动铁心向静铁心方向吸合，主触头和常开的辅助触头闭合，常闭的辅助触头断开。由于交流接触器产生的电磁力的方向不变，但其大小是在零和最大值间作周期性变化的，在交流电的一个周期内两次为零，因此衔铁将发生两次分离和返回。这样衔铁将会出现颤动现象。

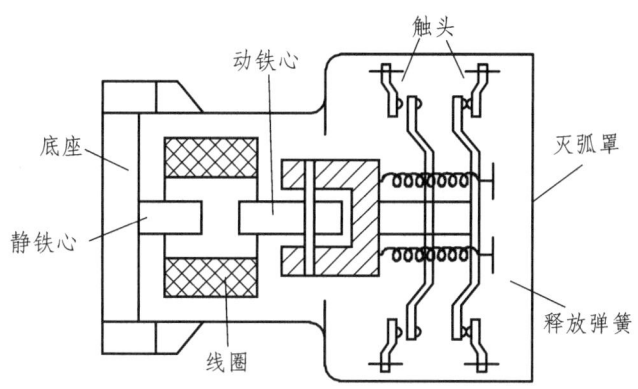

图 4.1 交流接触器结构示意图

衔铁的颤动会破坏触头的工作，使之烧损并产生剧烈的噪声。为此，在一部分铁心的磁极端面上嵌套一个短路铜环。穿过短路铜环的交变磁通在环中产生感应电流，该电流形成的磁通总是阻碍原磁通的变化，这样在电流为零时两磁通不同时为零，使得电磁吸引力不致消失。只要短路环的大小和位置考虑得适当，铁心就能牢靠地吸住而不会发生颤动。

交流接触器线圈中的电流与铁心间的气隙有密切关系。气隙越大，磁阻越大，线圈中的电流也越大。所以在刚通电时线圈中的电流很大，可达到正常值的几倍到几十倍。随着衔铁的移动，气隙不断缩小，电流逐渐减至正常值。如果衔铁被卡住吸不动，往往会造成线圈过电流而烧毁。过于频繁的动作也会使线圈多次受到大电流冲击而造成损坏，使用时务必注意。

接触器有两种触头，一种是带灭弧装置的加强接点，称为主触头，一个交流接触器共三组主触头，常开状态；另一种是普通接点，称为辅助触头，辅助触头分常开触头和常闭触头两种，每种各两组。

主触头一般用来通断电流很大（可达几十安甚至几百安）的主电路，因此主触头必须做得较大，触头间的开口大，压力也大。主触头断开时，其间产生电弧，会烧坏触头，并使切断时间拉长。因此用来断开较大电流的接触器，必须装有使电弧迅速熄灭的装置，常用的是灭弧栅。灭弧栅是一排钢片，嵌装在陶土或石棉水泥罩内，罩在主触头上，如图4.2所示。主触头断开时，利用电磁互相作用原理，因栅片中磁阻小而将电弧拉入栅片分割成许多小段，每段短弧产生一定的压降，使总的电弧压降增大，电源电压就不能维持电弧继续燃烧而

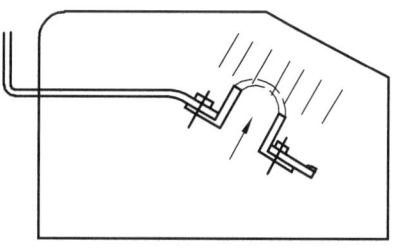

图 4.2 灭弧栅

使电弧熄灭。为保证灭弧以保护触头，使用时不许打开灭弧罩。触头均采用双断点式。主触头用铜嵌银片或铜嵌氧化镉制成，要求导电好，散热快，接触电阻小，不致在灭弧过程中熔接以及不产生氧化膜而增加接触电阻。底座一般用塑料压制，大容量接触器的底座也有采用铝合金等的。接线端子采用瓦形弹簧垫圈，不同线径的单根或双根导线均可插入。

接触器的图形符号如图4.3所示。在供电系统的电路图中，接触器的状态均为无电状态。在无电时闭合的触头称为常闭触头，励磁后闭合的触头称为常开触头。3TF型交流接触器的主触头用 L_1-T_1、L_2-T_2、L_3-T_3 表示，都是常开触头。常闭辅助触头用 11-13 表示，常开辅助触头用 21-22 表示。线圈用 A_1-A_2 表示。

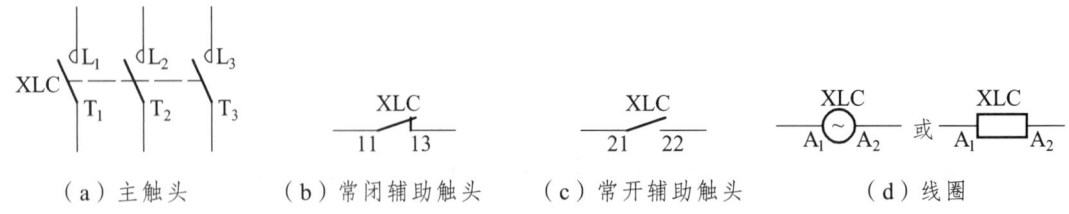

（a）主触头　　　（b）常闭辅助触头　　（c）常开辅助触头　　　（d）线圈

图 4.3　交流接触器的图形符号

（二）交流接触器的检查和维护

交流接触器应用广泛，又易发生故障，故应加强维护，必须作定期检查，检查内容有：

（1）检查触头压力是否符合有关规定。

（2）检查触头位置是否正确，不应歪扭，须保持接触面积有三分之二以上紧密接触。

（3）检查触头的磨损、烧伤程度，严重者需更换。

（5）检查主触头是否同时闭合和断开。

（6）检查接触器在额定电压的85%以上时是否可靠吸合。

（7）检查轭铁、衔铁接触面的接触情况，接触不良者应磨平。但铁心中心柱上要留有适当的间隙，以防止断电后因剩磁而使接触器不能释放。

（8）检查灭弧罩是否完好。

（9）检查运动部分是否灵活。

（10）检查各部件是否清洁。

（三）交流接触器的常见故障及其分析

（1）触头过热：一般是由于接触电阻增大而引起的。造成接触电阻增大的原因很多，如弹簧变形或烧损使触头压力不足；触头表面氧化或有杂质；触头磨损太甚；触头支架等运动部分变形；短路环断裂使铁心吸合不牢等。

（2）触头烧毛甚至熔化：弹簧损坏使触头压力减小造成闭合时烧毛；灭弧罩损坏造成分断烧毛。烧毛的凸出部分，可用细锉锉平，但切勿锉得太多。

（3）噪声过大：正常情况下衔铁会发出均匀轻微的工作声。如果发出很大的嗡嗡声，则可能是由于铁心端面接触不良，短路环断裂，电压过低，运动部分发生卡阻。

（4）线圈过热或烧毁：电压过高或线圈受潮；动作过于频繁，铁心端面有灰尘、油垢等杂质。

（5）衔铁不动作：线圈损坏；线圈的励磁电路断路；控制按钮或接点上有污垢或损坏；运动部分卡阻；电压过低等。通电后不动作，应立即切除电源，以免烧毁线圈。

（6）断电后不释放衔铁：运动部分卡阻；铁心端面被黄油等粘住；磁路中气隙过小；铁心剩磁过大等。

二、交流电源转换接触器

JHJ-40型交流电源转换接触器是一种新型大功率继电器型接触器，它克服了交流接触器所存在的弹簧疲劳后失去平衡、易发生卡阻、工作不可靠且噪声大等严重缺陷，具有动作灵活、无卡阻、工作电压范围宽等特点，而且实现了插接化，便于更换，完全可以取代交流接触器，用于控制两路电源的转换。

JHJ-40 型交流电源转换接触器主要由磁路系统、触头、插接件三部分组成，如图 4.4 所示。为了动作灵活，消除运动卡阻现象，JHJ-40 型交流电源转换接触器采用了转动Π形拍合式结构，其动作类似于电磁继电器。

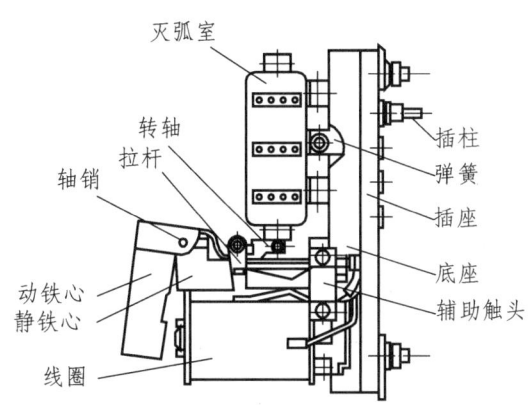

图 4.4　交流电源转换接触器结构

在动触头上加了弹簧和弹片，以保证动触头压力调整的一致性。触头为面面接触方式，采用抗熔焊、耐电弧、耐磨损的银氧化镉合金材料，触头固定采用焊接工艺。主触头容量大，拉弧现象较严重，必须采取灭弧措施。灭弧方式为多纵缝灭弧室，使电弧在空气中被分割而消弧。选用的灭弧材料耐电弧、阻燃性能好。

主触头为三组常开触头，额定值为交流 50 Hz、380 V、40 A。辅助触头两组，额定值为交流 50 Hz、220 V、1 A。线圈额定电压为 50 Hz、220 V，波动范围为 176～253 V，吸起时间小于 0.03 s，释放时间小于 0.05 s。插接件为对中性较好的针孔插接方式，其零件结构简单，具有双向接触连接功能，接触电阻小，可靠性高。

第二节　手动开关

非自动切换开关又称手动开关，是用手直接操作以通断或切换控制电路的。手动开关有开关和按钮两类。

一、开　关

开关有组合开关和闸刀开关。闸刀开关已经被隔离器所代替。组合开关是手动开关的一种，为左右旋转操作。将静接点装在胶木盒内，使开关向立体发展而减小面积。组合开关能根据电路的不同要求组成各种不同接法的开关,在供电设备中应用广泛。

HZ10 系列组合开关是目前的代表性产品,适用于交流 50 Hz/380 V 及以下、直流 220 V 及以下的配电设备,用来通断电路、换接电源。它由数层动、静接点分别装于绝缘件内,动接点固定在附有手柄的转轴上,随转轴旋转而变更其通断位置。它采用了扭簧储能,使开关能快速闭合和分断,这样接点转换的速度就与手柄的旋转速度无关,从而提高了它的电气性能。

系列组合开关有单极、双极和三极三种,额定电流为 10～100 A。它具有体积小、安装方便、维修简便等优点。

组合开关的型号表示法及意义如图 4.5 所示。组合开关通常为单投的,即只有一个接通位置。而闸刀开关则既有单投的,又有双投的,但一般只有二极和三极的。

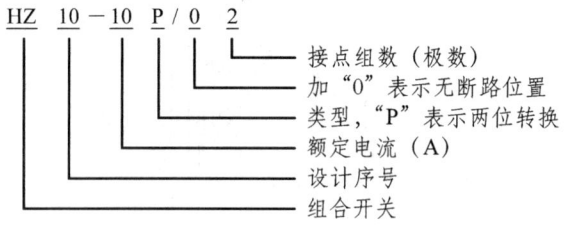

图 4.5 组合开关的型号表示法

手动开关的图形符号如图 4.6 所示。其中(a)、(b)为单极单投组合开关;(c)为二极双投闸刀开关;(d)为三极双投闸刀开关。

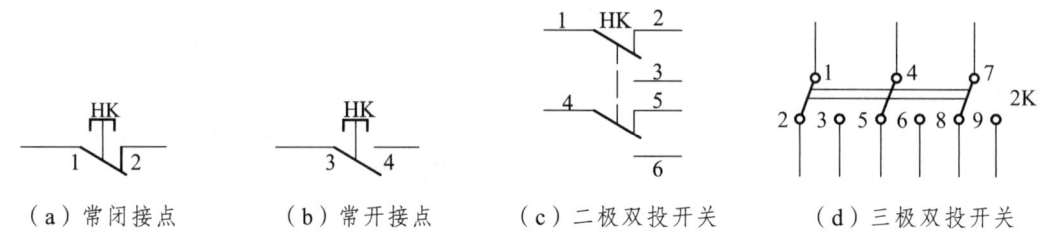

图 4.6 手动开关的图形符号

二、按 钮

按钮也是一种手动的电气开关,用来操纵其他电器。LA18 系列按钮是代表性的产品,具有外形小巧、造型美观、规格齐全、生产简单等优点。它采用积木式两面拼接的装配基座,接点数量可按需要拼接,一般有两组常开接点和两组常闭接点,接点通断电路的能力较强。按钮可做成多种形式以满足不同的需要。信号电源设备中仅采用掀钮式(用手掀压操作)。为便于辨认,有红、绿等色。按钮的图形符号如图 4.7 所示,其型号表示法及意义如图 4.8 所示。

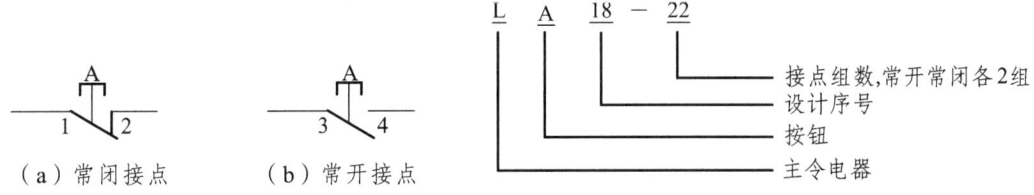

（a）常闭接点　　（b）常开接点

图 4.7　按钮的图形符号　　　　图 4.8　按钮的型号表示法及意义

三、空气开关

空气开关如图 4.9 所示，又名空气断路器，是断路器的一种，是一种只要电路中电流超过额定电流就会自动断开的开关。空气开关是低压配电网络和电力拖动系统中非常重要的一种电器，它集控制和多种保护功能于一身，除能完成接触和分断电路外，还能对电路或电气设备发生的短路、严重过载及欠电压等进行保护，同时也可以用于不频繁地启动电动机。

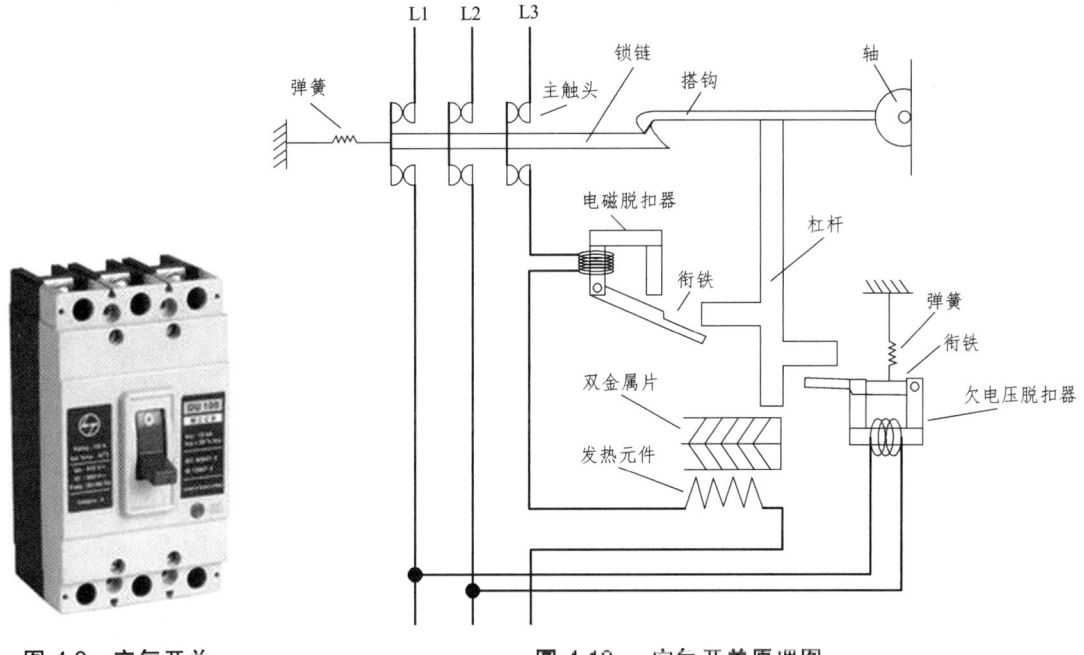

图 4.9　空气开关　　　　图 4.10　空气开关原理图

空气开关的脱扣方式有热动、电磁和复式脱扣 3 种。当线路发生一般性过载时，过载电流虽然不能使电磁脱扣器动作，但是能使热元件产生一定热量，促使双金属片受热向上弯曲，推动杠杆使搭钩与锁扣脱开，将主触头分断，切断电源。当线路发生短路或严重过载电流时，短路电流超过瞬时脱扣整定电流值，电磁脱扣器产生足够大的吸力，将衔铁吸合并撞击杠杆，使搭钩绕转轴座向上转动与锁扣脱开，锁扣在反力弹簧的作用下将三副主触头分断，切断电源。

如图 4.10 是空气开关的原理图，在正常情况下，过电流脱扣器的衔铁是释放着的；一旦发生严重过载或短路故障，与主电路串联的线圈就将产生较强的电磁吸力把衔铁往下吸引而顶开锁钩，使主触点断开。欠压脱扣器的工作恰恰相反，在电压正常时，电磁吸力吸住衔铁，主触点才得以闭合；一旦电压严重下降或断电，衔铁就被释放而使主触点断开。当电源电压恢复正常时，必须重新合闸后才能工作，从而实现了失压保护。

（一）空气开关的组成

空气开关除主要部件外，还有辅助触头、报警触头、分励脱扣器、欠压脱扣器、电动操作设备等。

1. 辅助触头

辅助触头是空气开关主电路分、合机构机械上连动的触头，主要用于空气开关分、合状态的显示，接在空气开关的控制电路中，通过空气开关的分合，对其相关电器实施控制或联锁，例如向信号灯、继电器等输出信号。塑壳空气开关壳架等级额定电流100 A为单断点转换触头，225 A及以上为桥式触头结构，约定发热电流为3 A；壳架等级额定电流400 A及以上可装两常开、两常闭，约定发热电流为 6 A。辅助触头操作性能次数与空气开关的操作性能总次数相同。

2. 报警触头

报警触头是用于空气开关事故的报警触头，且此触头只有当空气开关脱扣分断后才动作，主要用于空气开关的负载出现过载短路或欠电压等故障时而自由脱扣，报警触头从原来的常开位置转换成闭合位置，接通辅助线路中的指示灯或电铃、蜂鸣器等，显示或提醒空气开关的故障脱扣状态。

空气开关发生因负载故障而自由脱扣的几率不太大，因而报警触头的寿命是空气开关寿命的1/10。报警触头的工作电流一般不会超过 1 A。

3. 分励脱扣器

分励脱扣器是一种用电压源激励的脱扣器，它的电压可与主电路电压无关。分励脱扣器是一种远距离操纵分闸的附件。当电源电压等于额定控制电源电压的70%～110%之间的任一电压时，就能可靠分断空气开关。分励脱扣器是短时工作制，线圈通电时间一般不能超过1 s，否则线会被烧毁。塑壳空气开关为防止线圈烧毁，在分励脱扣线圈串联一个微动开关，当分励脱扣器通过衔铁吸合时，微动开关从常闭状态转换成常开，由于分励脱扣器电源的控制线路被切断，即使人为地按住按钮，分励线圈也不再通电，从而就避免了线圈烧损情况的产生。当空气开关再扣合闸后，微动开关重新处于常闭位置。

4. 欠电压脱扣器

欠电压脱扣器是在它的端电压降至某一规定范围时，使空气开关有延时或无延时断开的一种脱扣器。当电源电压下降（甚至缓慢下降）到额定工作电压的70%～35%范围内，欠电压脱扣器应运作，欠电压脱扣器在电源电压等于脱扣器额定工作电压的35%时，欠电压脱扣器应能防止空气开关闭合；电源电压等于或大于85%欠电压脱扣器的额定工作电压时，在热态条件下，应能保证空气开关可靠闭合。因此，当受保护电路中电源电压发生一定的电压降时，能自动断开空气开关切断电源，使该空气开关以下的负载电器或电气设备免受欠电压的损坏。使用时,欠电压脱扣器线圈接在空气开关电源侧,欠电压脱扣器通电后,空气开关才能合闸,否则空气开关合不上闸。

5. 电动操作机构

电动操作机构是用于远距离自动分闸和合闸的空气开关的一种附件。电动操作机构有电动机操作机构和电磁铁操作机构两种,电动机操作机构适用于塑壳式空气开关壳架等级额定电流 400 A 及以上空气开关,电磁铁操作机构适用于塑壳空气开关壳架等级额定电流 225 A 及以下空气开关。无论是电磁铁或电动机,它们的吸合和转动方向都是相同,仅由电动操作机构内部的凸轮的位置来达到合、分。空气开关在用电动机构操作时,在额定控制电压的 85%~110%之间的任一电压下,应能保证空气开关可靠闭合。

6. 转动操作手柄

转动操作手柄适用于塑壳空气开关。在空气开关的盖上装转动操作手柄的机构,手柄的转轴装在它的机构配合孔内,转轴的另一头穿过抽屉柜的门孔,旋转手柄的把手装在成套装置的门上面所露出的转轴头,把手的圆形或方形座用螺钉固定的门上,这样的安装能使操作者在门外通过手柄的把手顺时针或逆时针转动,来确保空气开关的合闸或分闸。同时转动手柄能保证空气开关处于合闸状态时,柜门不能开启;只有转动手柄处于分闸或再扣状态,开关板的门才能打开。在紧急情况下,空气开关处于"合闸"状态而需要打开门板时,可按动转动手柄座边上的红色释放按钮。

加长手柄:是一种外部加长手柄,直接装于空气开关的手柄上,一般用于 600 A 及以上的大容量空气开关上,进行手动分、合闸操作。

7. 手柄闭锁装置

手柄闭锁装置是在手柄框上装设卡件,手柄上打孔然后用挂锁锁起来。主要用于空气开关处于合闸状态时,不容许其他人分闸而引起停电事故;或空气开关负载侧电路需要维修或不允许通电时,以防被人误将空气开关合闸,从而保护维修人员的安全或用电设备的可靠使用。

(二)空气开关的接线方式

空气开关的接线方式有板前、板后、插入式、抽屉式。用户如无特殊要求,均按板前接线供货,板前接线是常见的接线方式。

1. 板后接线方式

板后接线最大特点是在更换或维修空气开关时,不必重新接线,只须将前级电源断开。该结构特殊,产品出厂时已按设计要求配置了专用安装板和安装螺钉及接线螺钉。需要特别注意的是,由于大容量空气开关接触可靠与否将直接影响空气开关的正常使用,因此必须严格按制造厂要求进行安装。

2. 插入式接线

在成套装置的安装板上,先安装一个空气开关的安装座,安装座上 6 个插头,空气开关的连接板上有 6 个插座。安装座的面上有连接板或安装座后有螺栓，安装座预先接上电源线和负载线。使用时，将空气开关直接插进安装座。如果空气开关坏了，只要拔出坏的换上一只好的即可，从而节省了维修和更换时间。由于插、拔需要一定的人力，目前我国的插入式产品其壳架电流最大限制为 400 A。安装插入式空气开关时，应检查空气开关的插头是否压紧，并应将空气开关安全紧固，以减少接触电阻，提高可靠性。

3. 抽屉式接线

空气开关进出抽屉是由摇杆顺时针或逆时针转动的，在主回路和二次回路中均采用了插入式结构，省略了固定式所必需的隔离器，做到一机二用，提高了使用的经济性，同时给操作与维护带来了很大的方便，增加了安全性、可靠性。特别是抽屉座的主回路触刀座，可与 NT 型熔断器触刀座通用，这样在应急状态下可以直接插入熔断器供电。

（三）空气开关的工作条件

周围空气温度：周围空气温度上限为 +40 ℃；周围空气温度下限为 -5 ℃；周围空气温度 24 h 的平均值不超过 +35 ℃。

海拔：安装地点的海拔高度不超过 2000 m。

大气条件：大气相对湿度在周围空气温度为 +40 ℃ 时不超过 50%；在较低温度下可以有较高的相对湿度；最湿月的月平均最大相对湿度不超过 90%，同时该月的月平均最低温度为 +25 ℃，并应考虑到因温度变化发生在产品表面上的凝露。

污秽等级：3 级。

（四）常规检测

在检测空气开关是否正常的时候，应该请专业人员用漏电相位检测仪检测。如果空气开关处于正常保护状态，检测的时候，每条电路的空气开关都会单独跳闸，漏电保护器也跟着一起跳闸。如果空气开关处于不正常的状态，那么只是总开关跳闸，单独的空气开关不跳闸，漏电保护器也不跳闸。

（五）常见故障

空气开关的常见故障就是跳闸。当出现跳闸现象时，首先要判断跳闸的空气开关是总开关还是分路出线开关。

如果总开关未跳闸，只是分路开关跳闸，则说明大功率电器供电线路接线有问题，即多件大功率电器接在同一分路开关上，此类情况，将大功率电器线路调整至负荷轻的分路开关即可（建议大功率电器使用单独的分路开关）；如果分路开关没有跳闸而是总开关跳闸，则要计算用电设备的功率之和是否超出供电允许容量，并检查总开关容量是否与供电允许容量匹配。如果用电设备功率之和未超出供电允许容量，但总开关容量小于供电允许容量，则必须更换与供电允许容量匹配的总开关。

第三节 断路器

由于螺旋式熔断器和闸刀开关存在可靠性差、易损坏、熔芯更换不便、动作不可靠以及闸刀开关带负载操作时易出现拉弧等缺点，因此供电系统中应用了断路器。液压电磁式断路器是引进产品，其结构和工作原理与通用的空气开关完全不同，具有不受环境温度变化影响、工作稳定可靠、寿命长及维修量小等特点，特别适用于对可靠性要求很高的信号电源屏。

断路器结构如图 4.11 所示。其主要部分是具有过载、短路保护功能的脱扣器。脱扣器的主要部件是一个外面绕有线圈的密封金属筒，筒内装有一些起阻尼作用的液压油、一根弹簧和一个铁心。线圈的一端接移动触头，另一端接负载终端，固定触头接输入终端。其他部件还有衔铁、极靴及与通断机构联动的人工操作手柄。断路器通过输入终端和负载终端串接在被保护电路中。输入终端和负载终端均是接线端子，前者接电源侧，后者接负载侧。

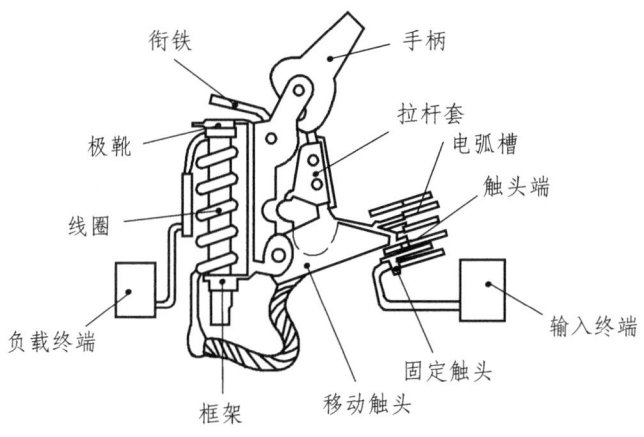

图 4.11　断路器结构

当流过断路器的电流不大于其额定电流时，铁心受到的电磁吸引力不能克服弹簧弹力，衔铁不动，移动触头和固定触头接通，如图 4.12（a）所示。

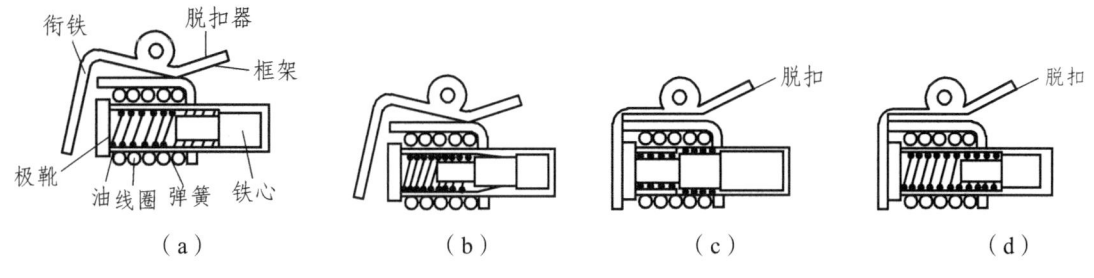

图 4.12　断路器的工作原理

过载时，流过线圈的电流大于断路器的额定电流，线圈对铁心产生的吸引力足以克服弹簧弹力，即吸引铁心朝极靴方向移动，如图 4.12（b）所示。在铁心移动时，液压油的阻尼作用可调节铁心的移动速度，产生延迟时间，该时间与电流的大小成反比。如果过载时间很短，铁心尚未到达极靴过载电流即消除，铁心就会在弹簧弹力作用下返回原位置。如果过载持续存在，则铁心继续移动，经一定的延迟时间被极靴吸住，使断路器脱扣，移动触头和固定触头不接通，如图 4.12（c）所示。此时断路器断电，铁心靠弹簧弹力返回原位置。

负载短路时，流过线圈的电流很大，其产生的吸引力足以使衔铁不等铁心移动就立即被吸引到极靴而脱扣，分断电流，如图 4.12（d）所示。

断路器的脱扣点不受环境温度影响，脱扣后可立即再闭合，无须冷却。但脱扣后其不能自动恢复使用，此时必须人工扳动手柄使之复位。

灭弧栅为消灭触头分断时产生的电弧用，是一组与弧柱成直角配置的 U 形钢质栅片。分断电路时触头断开，所产生的电弧由于电磁互相作用被拉入栅片间，被分割成一系列短弧而被拉断。

HY-MAG 液压电磁式断路器规格很多，有 SA、SH、SF、SX 等系列，适用于信号电源屏的小型断路器是 SA 和 SF 系列。SF 系列的额定分断能力是 3 kA，最大额定电流是 50 A，脱扣时间短，体积小，成本低。SA 系列的额定分断能力是 6 kA，最大额定电流是 100 A，脱扣时间较长，体积大，成本高。因此，信号电源屏中基本上采用 SA 系列，只有在工作电流大和要求脱扣时间较慢的场合（例如电动转辙机动作和电源屏转换）才采用 SF 系列。

HY-MAG 产品除断路器外，还有隔离器（隔离开关）。隔离器与断路器的区别在于没有脱扣器。一般，断路器与隔离器配套使用，断路器亦可作隔离器用。此种产品的外形相同，可以不同的手柄颜色来区别。白色的是断路器，绿色的是隔离器，红色的是负载限制断路器，橙色的是分断能力大、脱扣时间短的断路器。信号电源屏所用断路器、隔离器简况如表 4.1 所列。

表 4.1 断路器、隔离器简况

型　　号	品　　种	额定电流/A
SA2—G3	二极小型断路器	1—5—10—15—20—25—30—35—40—45—50
SA3—G3	三极小型断路器	1—5—10—15—20—25—30—35—40—45—50
SA2—G0	二极隔离器	60
SA3—G0	三极隔离器	60
SF2—G3	二极小型断路器	1—5—10—15—20—25—30—35—40—45—50—60—70—80—90—100
SF3—G3	三极小型断路器	1—5—10—15—20—25—30—35—40—45—50—60—70—80—90—100

还有的电源屏采用其他型号的断路器。断路器、隔离器的图形符号如图 4.13 所示。

(a)断路器　　　　　　　　　　(b)隔离器

图 4.13　断路器、隔离器的图形符号

复习思考题

1. 城轨控制电源设备中都使用哪些种类的低压电器？
2. 交流接触器由哪些部件构成？工作原理如何？
3. 比较交流接触器与继电器的异同点。
4. 交流接触器有哪几种触头？在电路中如何使用？
5. 交流接触器灭弧装置的作用是什么？为什么要装灭弧装置？
6. 交流接触器常见的故障有哪些？使用中如何维护？
7. 交流转换接触器与交流接触器相比有哪些优点？
8. 空气开关有哪几种接线方式？
9. 简述断路器的结构和工作原理。

第五章 电 机

电机分为静止电机（变压器）和旋转电机（电动机）。在城轨控制电源设备中常用的电动机有三相异步电动机、单相异步电动机和直流电动机，本章将重点介绍这些电动机。

第一节 三相异步电动机

一、异步电动机概述

异步电动机分为三相和单相两种，尤以三相异步电动机应用最为广泛。异步电动机结构简单、制造方便、运行可靠、价格较低，和同容量的直流电动机相比，异步电动机的重量约为直流电动机的一半，价格仅为直流电动机 1/3。但异步电动机也有一些缺点，主要是：不能经济地实现范围较宽的平滑调速，必须从电网吸取滞后的励磁电流，使电网的功率因数降低。然而，由于大多数机械并不要求大范围的平滑调速，而电网的功率因数又可采取其他办法来进行补偿，因此异步电动机的应用极其广泛。

1. 异步电动机的应用

在铁路信号设备中，异步电动机得到较多的应用。S700K 型电动转辙机和 ZYJ-7 型交流电-液转辙机采用的都是三相异步电动机。大站电源屏等也采用三相异步电动机来驱动三相感应调压器进行稳压。

2. 交流电动机的铭牌数据

异步电动机的机座上都有一个铭牌，铭牌上标注着额定值和有关技术数据。电动机按铭牌所规定的条件和额定值运行的状态就称为额定运行状态。

（1）型号：型号中的字母选用产品名称中有代表意义的汉字，按其汉语拼音的第一个字母来表示，如 R 代表"绕"线式转子，S 代表"双"笼式转子等。但习惯留用的文字符号仍采用，如 J 代表异步电机，O 代表封闭式等。但微型交流电动机的型号则采用不同的方法表示。

微型交流电动机的型号由系列代号、设计序号、机座代号、特征代号和特殊环境代号等组成如图 5.1 所示。

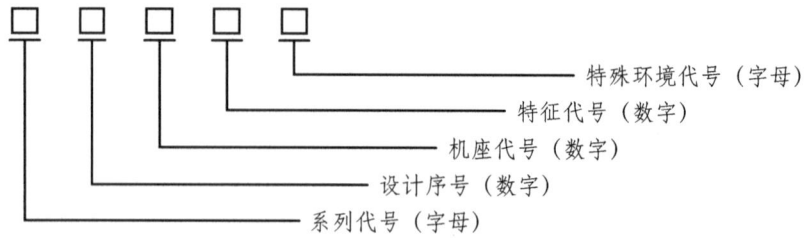

图 5.1 微型交流电动机的型号表示法

微型交流电动机的转子均为单笼铸铝，定子分 A、B、C、D、E 等种类，A 代表三相单笼式；B 代表单相分相启动；C 代表单相电容启动，带离心开关；D 代表单相电容启动，不带离心开关；E 代表单相电容启动和运转。

例如，大站电源屏的驱动电机采用 AO2—6324，其型号意义如如图 5.2 所示。

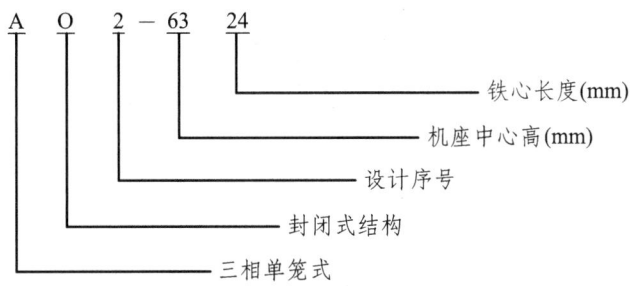

图 5.2　驱动电机型号的意义

（2）额定功率：指电动机在额定运行时输出的机械功率，单位为 W 或 kW。
（3）额定电压：指额定运行情况下，电网加在定子绕组上的线电压，单位为 V。
（4）额定电流：指电机在额定电压下使用输出额定功率时，定子绕组中的线电流，单位为 A。
（5）额定频率：指电动机所接的交流电源的频率，我国规定标准工业频率为 50 Hz。
（6）额定转速：指电动机在额定频率和额定功率下的转速，单位为 r/min。
（7）相数：是单相还是三相。
（8）接法：指电动机在额定电压下，定子三相绕组应采用的连接方式，一般有星形和三角形两种接法，使用时不得接错。
（9）绝缘等级：指电动机所用绝缘材料的绝缘等级。由它可确定电动机运行时绕组绝缘能长期使用的极限温度，从而规定了电动机的容许温升。有的铭牌标注温升，就不标绝缘等级。绝缘等级和允许温升可查阅有关资料获得。
（10）定额：指连续工作还是断续工作。

绕线式电动机的铭牌上还标明转子绕组的开路电压（额定电势）和转子电流，作为配用启动电阻的依据。

表 5.1 所示为大站电源屏调压屏所用驱动电机的铭牌。

表 5.1　异步电动机的铭牌

型号 AO2-6324	E 级
编号	50 Hz
定额　　连续	180 W
△/Y　　220/380 V	1.12/0.65 A
1 400 r/min	年　　月
××电机厂	

二、三相异步电动机的结构

三相异步电动机由定子和转子两大部分组成。定子和转子间有气隙。其结构如图 5.3 所示。

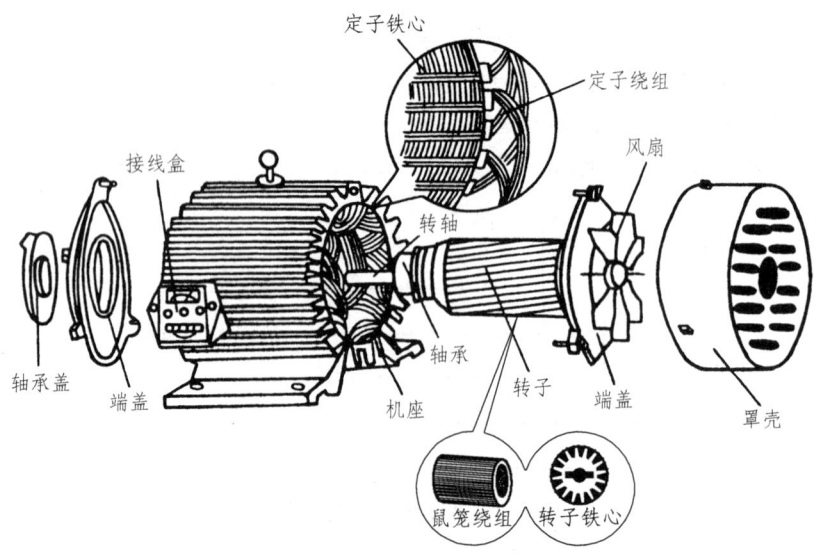

图 5.3 三相异步电动机的结构

异步电动机的结构主要由两个基本部分组成,即定子(静止部分)和转子(旋转部分)。

(一)定 子

定子由定子铁心、定子绕组和机座等部分组成。

(1)定子铁心。它是电动机磁路的一部分,由 0.35～0.5 mm 厚的表面涂有绝缘漆或氧化膜的薄硅钢片叠压而成,固定在机座内。定子铁心的内圆冲有均匀分布的槽口,用来嵌放三相定子绕组。绕组与铁心之间是互相绝缘的。

(2)定子绕组。定子绕组是能量转换的"枢纽",因而又称为电枢绕组。它是异步电动机的电路部分,通入三相电源后,就会产生三相旋转磁场。三相定子绕组是 3 个彼此独立、按一定方式连接的对称绕组,它们按一定的空间角度依次嵌在定子槽内。为了便于变换接法,绕组 6 个端头都引到接线盒内。

(3)机座。机座一般由铸铁或铸钢制成。其作用是固定定子铁心和定子绕组。机座两端有两个端盖,以支承转子轴。

(二)转 子

转子是异步电动机的旋转部分,电动机的工作转矩就是从转子轴上输出的。它由转子铁心、转子绕组和转轴 3 部分组成。

(1)转子铁心。转子铁心是电动机磁路的一部分,是由圆形薄硅钢片叠装而成。在硅钢片外圆上冲有均匀分布的槽口,用来嵌放转子绕组。转子铁心压装在轴上。

(2)转子绕组。转子绕组又分为笼型和线绕式两种。目前中小型异步电动机的笼型转子,一般都用熔化的铝浇入转子铁心槽内,并将两个端环(短路环)与冷却用风扇浇铸在一起而成。由于转子绕组形状像鼠笼,故称为笼型异步电动机。线绕式转子绕组和定子绕组相似,也是三相对称绕组,一般都接成星形。3 个出线端通过转轴内孔分别接到与转轴固定的 3 个铜制的互相绝缘的滑环上(集电环),滑环靠电刷与外接变阻器电路相连接,接入变阻器主要是为了改善电动机的启动性能或调节电动机的转速。

（3）转轴。它的主要作用是支承转子及传递转矩，并保证定、转子之间各处均匀的空气隙。空气隙也是电机磁路的一部分，空气隙越小，功率因数越高，空载电流越小。一般中小型电动机的气隙为 0.2~1.5 mm。

三、三相异步电动机的工作原理

三相异步电动机的工作原理是基于电磁感应的基础上的。因此在具体讨论工作原理之前，先分析讨论三相异步电动机的旋转磁场的概念。

（一）旋转磁场的建立

在三相异步电动机中，定子三相对称绕组中通入三相对称电流，从而在电机中产生了旋转磁场。

如图 5.4 所示定子三相对称绕组是三个外形、尺寸、匝数等完全相同的绕组 A—X、B—Y、C—Z，其中 A、B、C 分别是三个绕组的首端，X、Y、Z 则分别是三个绕组的末端。同时将它们对称地放置在圆筒状铁心的内表面，三个绕组在空间的位置差是 120°电角度。为了简化说明单相绕组的连接方式，定子三相绕组接成星形。

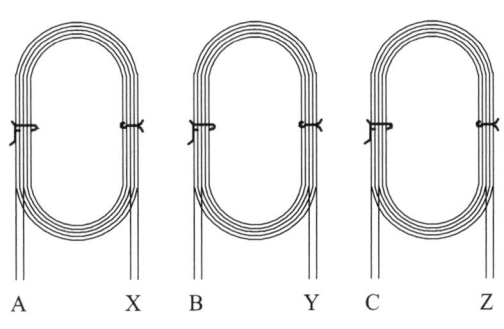

图 5.4 定子三相对称绕组

为分析方便，规定每相绕组中电流的正方向都是从首端指向末端，如图 5.5 中所示。现将三相绕组的首端 A、B、C 分别接到对称三相电源上，由于三个绕组完全相同，故产生对称三相电流，电流波形如图 5.6 所示。

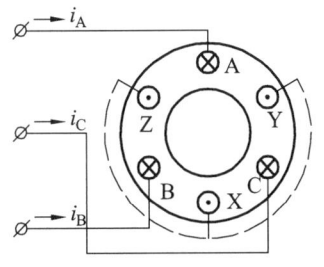

图 5.5 三相定子绕组布置图

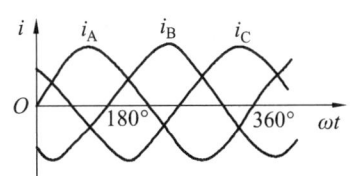

图 5.6 三相交流电

电流流经绕组，就会产生磁场。下面我们通过图解法分析对称三相交流电流通过三相绕组建立的合成磁场。我们选择 $\omega t = 0°$、$60°$、$90°$、$180°$ 等几个瞬时，根据该瞬时各相电流的真实方向，对三相电流所产生的合成磁场进行分析、综合，并推导出该合成磁场随时间变化的规律。

首先分析 $\omega t = 0°$ 瞬间合成磁场的分布情况。根据图 5.6 所示电流波形可知，此时 $i_A = 0$，i_B 是负值，表明 B 相电流的真实方向与原假定正方向相反，是从末端 Y 流向首端 B，在图 5.7（a）中 B 端电流方向用"⊙"表示，Y 端电流方向用"⊗"表示。C 相电流此时为正值，C 的真实方向与原假定正方向一致，是从首端 C 流向末端 Z。在图 5.7（a）中，C 端电流方向用"⊗"表示，Z 端电流方向用"⊙"表示。根据以上三相绕组中电流的真实方向，可以用右手螺旋定则判定合成磁场的方向如图 5.7（a）所示。磁力线方向由铁心内表面上方穿入、下方穿出，铁心上部相当于 N 极，下部是 S 极。这是一个两极磁场。磁场的轴线与 A—X 绕组的空间方位一致，处于垂直位置。

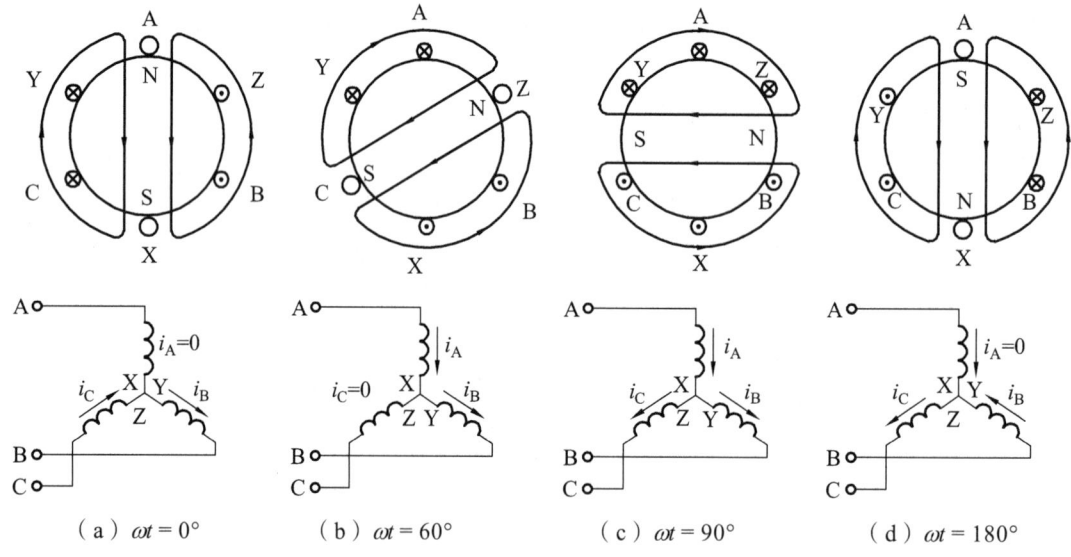

图 5.7 二极旋转磁场分析

图 5.7（b）所示是 $\omega t = 60°$ 瞬时的情况。此时 i_A 为正值，i_B 为负值，$i_C = 0$。根据三相绕组中电流的真实方向可判定合成磁场的方向如图 5.7（b）所示。这时仍为一个两极磁场，但磁场轴线与 C 相绕组的空间方位一致。与前一情况比较，磁场沿圆周顺时针方向转过 $60°$。

图 5.7（c）是 $\omega t = 90°$ 瞬时的情况，此时 i_A 为正值，i_B、i_C 均为负值。根据三相绕组中电流的真实方向，判定合成磁场的分布亦如图示。可见该两极磁场较 $\omega t = 0$ 时沿圆周顺时针方向总计转过了 $90°$。

图 5.7（d）所示是 $\omega t = 180°$ 瞬时的情况，采用同样的办法可以判定合成磁场的磁力线方向自铁心内圆周表面下方穿入、上方穿出。铁心下部是 N 极、上部是 S 极。可见该二极磁场轴线虽然仍与 A—X 绕组空间方位重合，但较 $\omega t = 0$ 时，已沿圆周内表面在空间总计转过了 $180°$。通过对以上几个特殊瞬时的三相绕组合成磁场的分析，不难推断出，在三相绕组中通入的交流电流变化一个周期时，产生的合成磁场也沿圆周铁心内表面的空间旋转一周。

通过分析可知：在对称三相绕组中通入对称三相电流后，所产生的合成磁场是随电流交变而在空间旋转的磁场，即为旋转磁场。

（二）旋转磁场的转速——同步转速

根据以上的分析可知，对 2 极电机，三相电流中电流变化一个周期，其 2 极旋转磁场在空间旋转一周。同样的分析方法可知，对 4 极（$p=2$）电机，当交流电流变化一个周期时，其 4 极合成磁场（$p=2$）将在空间转过半个圆周，与 2 极旋转磁场（$p=1$）比较，转速减慢了一半。

依此类推，有 p 对磁极的异步电机，其旋转磁场的转速 n_1 为

$$n_1 = \frac{60 f_1}{p} \tag{5.1}$$

n_1 又称为电机的同步转速，单位为转/分（r/min）。

可见，旋转磁场的转速 n_1 与电源频率 f_1 成正比，与磁极对数 p 成反比。我国的工频 f_1 为 50 Hz，若 $p=1$，则 $n_1 = 3\,000$ r/min；若 $p=2$，则 $n_1 = 1\,500$ r/min，依此类推。

最后还要指出的是，只要有多个绕组，它们在空间有位置差，并通入在时间上有相位差的多相电流，那么它们共同产生的合成磁场就是一个在空间旋转的旋转磁场。

（三）旋转磁场的旋转方向

旋转磁场的旋转方向是由通入三相绕组的三相电流的相序决定的。

在分析 2 极旋转磁场时，A—X 绕组电流首先达到正最大值，其次是 B—Y 绕组的电流、再次是 C—Z 绕组的电流达到正最大值。即定子绕组三相电流的相序是 A→B→C。这时旋转磁场的方向在空间是从 A 相绕组→B 相绕组→C 相绕组，按顺时针方向旋转。反之，我们若改变三相绕组通电的顺序，例如将 B、C 相绕组与电源的连线进行对调，则此时 C 相绕组通以电流 I_B，B 相绕组通以电流 I_C，即通入三相绕组的电流相序改变为 A→C→B。按上述方法进行分析，可以判断这时的旋转磁场是按逆时针方向旋转的。

改变旋转磁场的旋转方向有重要的实用意义。因为异步电动机电动状态下转子的转向是与旋转磁场的转向相一致的。所以工程上常采用对调两根电源线实现对异步电动机的反转控制。

（四）三相异步电动机的基本工作原理

如图 5.8 所示，三相异步电动机定子的三相绕组通入三相对称电流，产生了旋转磁场。旋转磁场在气隙中以同步转速 n_1 旋转。根据电磁感应定律，转子导体受到旋转磁场的磁力线切割，就会在导体中产生感应电动势。根据右手定则，可判断出转子导体感应电动势的方向。图 5.8 中标出顺时针方向旋转磁场以及感应电动势的方向。需要注意的是，此时是磁极（场）在运动。用相对运动的观点，可以认为磁极不动，转子导体沿着与磁极运动方向相反的方向运动。根据以上分析，可以判定位于 N 极下的导电转子导体中产生的感应电动势的方向是离开纸面指向外面的，用"⊙"表示；而 S 极下导电转子导体中感应电动势的方向是指向纸面的，用"⊗"表示。由于转子是一个闭合线圈，

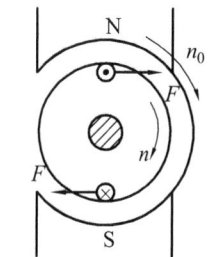

图 5.8 三相异步电动机原理分析

它已构成电流的闭合通路,故在感应电动势的作用下,在导体中产生了感应电流。

若忽略转子导体中感应电动势与感应电流之间的相位差,则可认为感应电流与感应电动势具有相同方向。根据电磁力定律可知,当载流导体在磁场中与磁力线垂直时,将受到电磁力的作用,电磁力的方向由左手定则确定。据此,可确定 N 极下的转子导体将受到向右方向的电磁力 F。S 极下的导体将受到向左方向的电磁力 F。电磁力将产生与旋转磁场方向相同的电磁转矩,转子在电磁转矩的作用下,以 n 转速克服阻力转动起来,转动方向与旋转磁场的旋转方向相同。

如果转子转速一旦等于旋转磁场的转速,则二者之间就没有相对运动了,当然也就不可能产生电磁力和电磁转矩。因而转子的转速必然要小于旋转磁场的转速,即二者的转速之间有差异,所以这种类型的电动机称为"异步"电动机。又因为其转子导体的电流是由于电磁感应作用产生的,所以又称为"感应"电动机。

(五)转差率

显然,对异步电动机转子导体中产生感应电动势、感应电流以及转矩,起决定作用的是磁场转速与转子转速二者之差,即磁场切割转子导体的速度。为了衡量异步电动机磁场转速与转子转速的差异程度,引出了转差率的概念。

设旋转磁场相对于静止空间的转速用 n_1 表示,该转速又叫同步转速;转子相对于静止空间的转速用 n 表示;则旋转磁场相对于转子的转速是 $\Delta n = n_1 - n$,这个转速差 Δn 与同步转速 n_1 之比称为异步电动机的转差率,用 s 表示。即

$$s = \frac{n_1 - n}{n_1} = \frac{\Delta n}{n_1} \tag{5.2}$$

转差率是分析和表示异步电动机性能的一个重要物理量。

当旋转磁场以同步转速 n_1 开始旋转时,转子此时因机械惯性尚未转动,即转子的瞬间转速 $n = 0$,这时转差率 $s = 1$。转子转动起来之后,$n > 0$,$(n_1 - n)$ 的值减小,电动机的转差率 $s < 1$。如果转轴上的阻转矩加大,则转子转速 n 降低,即异步程度加大,才能产生足够大的感应电动势和电流,产生足够大的电磁转矩,这时的转差率 s 增大。反之,若转子转轴上的阻转矩减小,则转子转速 n 升高,s 减小。在理想情况下,转轴上的阻转矩为零,转子转速等于同步转速,即 $n = n_1$,$s = 0$。这表明,异步电动机的转差率 s 在 $1 \sim 0$ 之间。在额定运行状态时,转差率 s_N 一般在 $0.015 \sim 0.06$ 之间。由于 s_N 很小,也就意味着额定运行状态下,电机的额定转速接近而小于同步转速的数值,所以一旦知道电机的额定转速 n_N,就能很快判断出电机的同步转速、极对数以及转差率。例如额定转速为 975 r/min 的电动机,则其同步转速为 1 000 r/min;若额定转速为 1 480 r/min 的电动机,则其同步转速为 1 500 r/min。

根据公式(5.2)可以得到电动机的转速常用公式如下:

$$n = (1-s)n_1 \tag{5.3}$$

【例】 有一台三相异步电动机,额定频率 $f_N = 50$ Hz,额定转速 n_N 为 975 r/min。试求出电动机的极对数 p 和额定转差率 n_N。

解 对应不同极对数有一系列固定的同步转速。由于电机的额定转速接近而小于同步转速的数值,显然与 975 r/min 最接近的同步转速 n_1 = 1 000 r/min。则极对数 p 为

$$p = \frac{60 f_1}{n_1} = \frac{60 \times 50}{1\,000} = 3$$

额定转差率 s_N 为

$$s_N = \frac{n_1 - n}{n_1} = \frac{1\,000 - 975}{1\,000} = 0.025$$

四、三相异步电动机的启动、反转和制动

1. 三相异步电动机的启动

电动机拖动的机械有不同的起始条件,有的机械启动时负载转矩很小,随着转速的增加而增加,启动时只有摩擦转矩;有的机械启动时的负载转矩和额定转速时一样大;有的机械在启动时接近空载,等转速稳定后再加负载;还有的机械启动频繁。这些都对电动机的启动性能提出了不同的要求。

绕线式电动机的启动有转子串接电阻和串接频敏变阻器两种方法。

2. 三相异步电动机的反转

由前述可知,三相异步电动机的旋转方向和旋转磁场的旋转方向始终一致,而旋转磁场的旋转方向则取决于通入定子绕组的三相交流电的相序,因此只要改变三相交流电的相序,就可改变三相异步电动机的旋转方向。

在图 5.9(a)中,定子绕组接至相序为 A→B→C 的三相电源,旋转磁场及转子转向为逆时针方向;只要任意对换两相,如 B 相和 C 相对换,如图 5.9(b)所示,定子电流的相序就变为 A→C→B,旋转磁场及转子转向将变为顺时针方向,电动机即可反转。

如果要经常改变电动机的旋转方向,就需经常改变定子绕组的接线,很麻烦。为此,可在电动机定子电路中接入一转换开关,如图 5.9(c)所示。要使电动机正转,把转换开关推向"正向"位置;要使电动机反转,则把转换开关推向"反向"位置。

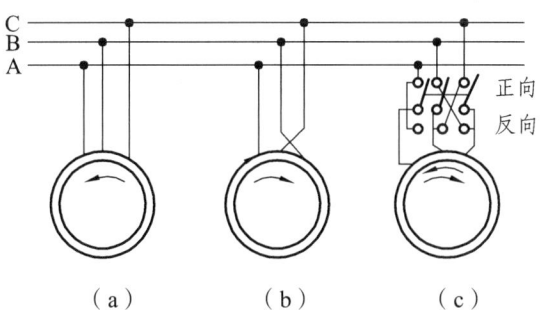

图 5.9 改变电动机的旋转方向

电动机的反向操作也可由交流接触器或继电器来完成。

3. 三相异步电动机的制动

在生产实践中,有时需要电动机迅速停转,有时需要在运行中加以一定的均匀制动转矩,并不要其立即停转。制动方法有电磁制动和机械制动两种,机械制动不如电磁制动平滑和易于调节,常作为辅助制动装置。三相异步电动机的电磁制动多采用能耗制动的方法。

能耗制动是切断异步电动机的三相交流电源后,立即在定子绕组中通入直流电流,如图 5.10(a)所示。流过定子绕组的直流电流产生一恒定的磁场,而转子由于惯性继续按原方转动,将产生感应电势和电流。该电流与恒定磁场相互作用,产生与转子旋转方向相反的制动转矩,如图 5.10(b)所示,从而使电动机很快停转。

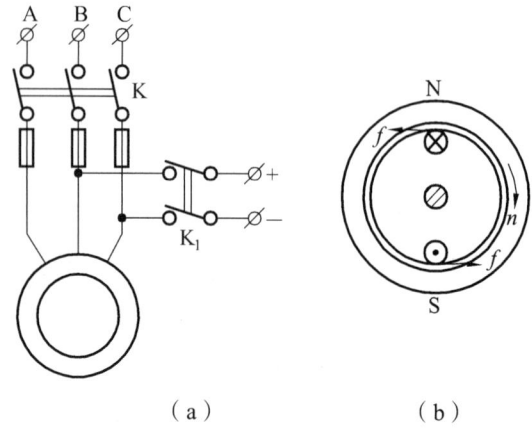

图 5.10 能耗制动

在制动过程中,转子的动能变为电能消耗在转子电阻上,所以称为能耗制动。制动时,定子的两相绕组串联,由整流器供给直流电。对于绕线式电动机,可通过调节转子电阻来控制制动时的转矩特性;而对于笼型电动机,则可通过调节直流电流的大小来进行控制。

能耗制动准确平稳,无冲击,但需要直流电流。在电动机功率较大时直流制动设备价格较贵,低速时制动转矩小,所以,能耗制动广泛用于小型电动机。

第二节 单相异步电动机

一、单相异步电动机的结构和工作原理

单相异步电动机由于使用的是单相交流电源,所以被广泛应用于各种电动工具和电器中,道岔转辙设备中就有 JD6 型单相交流电动转辙机。不同电动工具中的单相异步电动机在类型、结构上虽有差别,但是基本结构和工作原理是相同或相似的。

(一)单相异步电动机的基本结构

图 5.11 所示为单相异步电动机的结构,它是由定子、转子两大部分,以及机壳、端盖、轴承、风扇等部件组成的。

定子绕组是单相异步电动机的电路部分,由主绕组和副绕组组成。

转子以及机壳、前后端盖、风叶等其他部件与三相异步电动机基本相同,这里不再赘述。

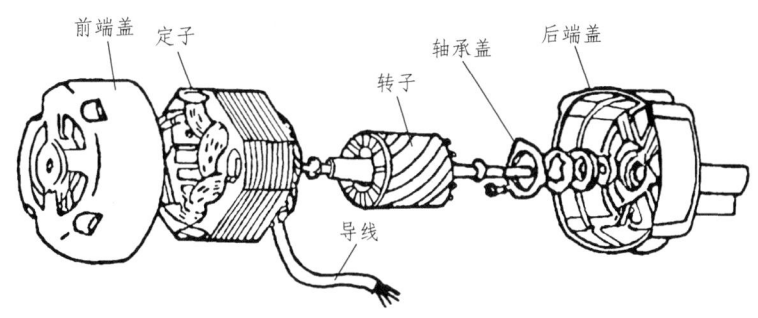

图 5.11 单相异步电动机的结构

（二）单相异步电动机的工作原理

单相交流绕组通入单相交流产生脉振磁动势，该磁动势可分解为两个幅值相等、转速相反的旋转磁动势，从而在气隙中建立正转磁场和反转磁场。这两个旋转磁场切割转子导体，并分别在转子导体中产生感应电动势和感应电流。该电流与磁场相互作用产生正、反电磁转矩。正向电磁转矩企图使转子正转；反向电磁转矩企图使转子反转。这两个转矩叠加起来就是推动电动机转动的合成转矩。

电机启动之前，合成转矩为零。由于电机自身没有启动转矩，因此转子必须借助其他外力转动。电机启动后，去除外力，转子仍按原方向继续转动。

二、单相异步电动机的分类

为了解决单相异步电动机的启动问题，必须在启动时建立一个旋转磁场，产生启动转矩。所以在电动机定子铁心上嵌放了主绕组（也有叫工作绕组或运行绕组）和副绕组（也叫启动绕组或辅助绕组），而且两绕组在空间上相差 90°电角度。

为了使两绕组在接同一个单相电源时能产生相位不同的两相电流，往往在副绕组中串入电容或电阻进行分相，这样的电动机称为分相式单相异步电动机。按启动、运行方式的不同，分相式异步电动机又分为电阻启动、电容启动、电容运转和电容启动运转四种类型。

还有一种结构简单的单相异步电动机，其定子与分相式电动机定子不同，根据它定子磁极的结构特点被称为罩极式电动机。

1. 电阻启动式异步电动机

电阻启动式异步电动机启动转矩较小，启动电流较大，适用于空载或轻载启动的场合。

电阻启动式异步电动机的副绕组电路中都接有启动开关，其作用是当转子转速上升到一定大小时，自动断开副绕组，避免副绕组长时间工作过热。这时只有主绕组通电，电动机在脉动磁场下维持运行。常用的启动开关有以下几种：

（1）离心开关。离心开关是根据离心原理制成的。将离心开关装在电动机的转轴上，当电动机静止或转速较低时，开关触点闭合，接通副绕组电路；当电动机启动后，转速上升到一定大小时，靠离心块的离心力使触点断开，切断副绕组电路。

（2）PTC 启动器。PTC 启动器实际上是一个正温度系数的热敏电阻，将其串联在副绕组电路中。电动机刚启动时温度很低，电阻很小，副绕组相当于被接通。当启动一段时间后，由于电流的热效应，温度升高，使PTC启动器的电阻变得很大，相当于副绕组被断开。

2. 电容启动式异步电动机

电容启动式异步电动机具有良好的启动性能，启动力矩较大，启动电流较小，适用于重载启动的场合。

3. 电容运转式异步电动机

电容运转式异步电动机与电容启动式异步电动机相似，只是绕组电路中不设启动开关。电容运转式异步电动机的副绕组不仅为了启动，而且也参与运行，实际上是一个两相电动机。

电容运转式异步电动机具有体积小、重量轻、噪声小、效率和功率因数较高、启动转矩低、运行性能好的特点。

三、单相异步电动机的反转和调速

（一）单相异步电动机的反转

单相异步电动机的转向与定子绕组产生的旋转磁场方向相一致，改变旋转磁场的方向就可以改变电动机的转向。

1. 分相式电动机的反转

改变单相异步电动机的主绕组或副绕组的电流方向，就可以改变旋转磁场的转向。主、副绕组基本相同的电容运转式电动机，可以通过交替更换主、副绕组实现电动机的正、反转。

主、副绕组不同的电阻启动式电动机，不能采用交替更换主、副绕组的方法实现电动机的正、反转。所以，电阻启动式异步电动机一般都用在不需要反转和调速的场合。此外，使用离心开关控制启动绕组的电动机一般也不能反转工作，因为离心开关的结构决定了它在反转时不能动作或者动作不可靠。

2. 罩极式电动机的反转

对于罩极式异步电动机，由于它的转向是由转子磁极的结构决定的，也就是由磁极的未罩部分转向被罩部分，因此不能用改变绕组接线的方法来改变电动机的转向。如果确实需要反转，只能把定子铁心从机座中抽出来，反向后再装入。这种方法只有在装配或修理时实施，在运行中是无法实现反转的。也有的罩极式电动机在定子槽中增加一套主绕组或者罩极线圈，用转换开关来切换，可使电动机反转。

（二）单相异步电动机的调速

单相异步电动机的转速同样与电机的磁极数以及电源的频率有关，更重要的是异步电动机的电磁转矩与电源电压平方成正比，所以电源电压将显著地影响电动机的转速。单相异步电动机多采用不同的方法改变定子电压来实现调速。由于降低电压将使转速和转矩都下降，所以这种调速方法只适用于转矩跟随转速下降的负载。常用的降压调速方法有两种：一是降低加到电动机上的电压，称为外电路降压法；另一种是加到电动机上的电压不变，通过改变定子绕组的匝数调速，称为绕组抽头法。

第三节　直流电动机

与交流电动机相比较，直流电动机结构复杂、价格昂贵、维护麻烦、故障较多，但直流电动机启动转矩大、可大范围内调速，是 ZD6 和 ZD7 电动转辙机的动力来源，在日常生活中使用十分方便，也应用于不同电动工具中。

一、直流电动机的结构

直流电动机的结构如图 5.12 所示，主要由定子、电枢两大部分和端盖、轴承、转轴、风扇、接线板、接线盒等组成。

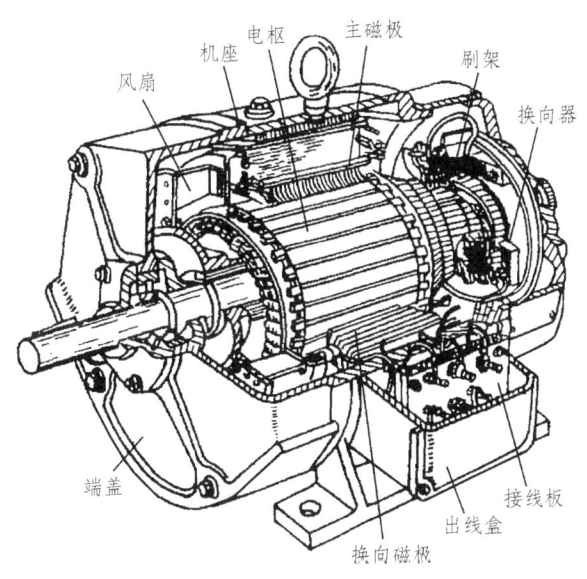

图 5.12　直流电动机的结构

定子由机座、主磁极、换向磁极、电刷组件组成。

电枢又称为转子，其作用是在励磁磁场作用下，产生感应电动势和电磁转矩，实现电能与机械能之间的转换。其结构如图 5.13 所示，主要包括电枢铁心、电枢绕组和换向器。

电枢铁心是电机磁路的另一部分，由硅钢片叠压而成。在电枢外缘有嵌放绕组的铁心槽，整个铁心固定在转动轴上，随轴一起转动。

电枢绕组由绝缘铜导线或扁铜线在模具上绕制成型后嵌放在转子铁心槽中，伸出铁心槽的端部，均用非磁性丝带扎紧，每个线圈的首、尾端均按一定规律焊接到换向片上。

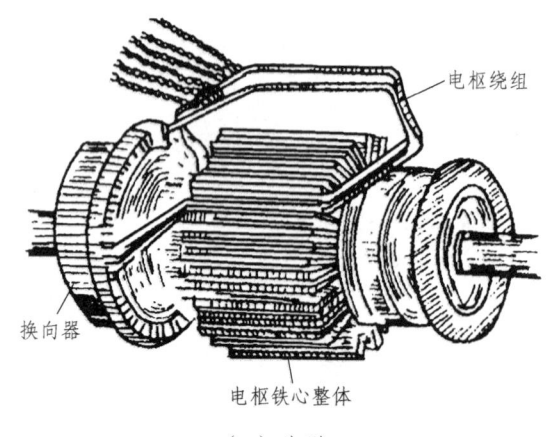
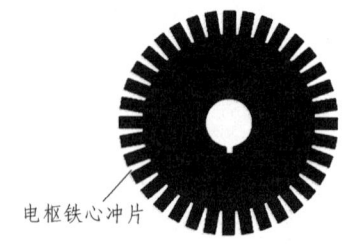

(a)外形　　　　　　　　　　(b)铁心冲片

图 5.13　直流电动机的电枢

换向器的作用是变换电枢电流方向并通过电刷将电枢绕组与电路接通。换向片与转轴之间又用塑料绝缘,固定在转轴的一端按照一定规律与电枢绕组连接。

二、直流电动机的工作原理

直流电动机的工作原理如图 5.14 所示。当给电枢 abcd 通以直流电时,通电导体在磁场中就会受力,转子就会旋转起来。

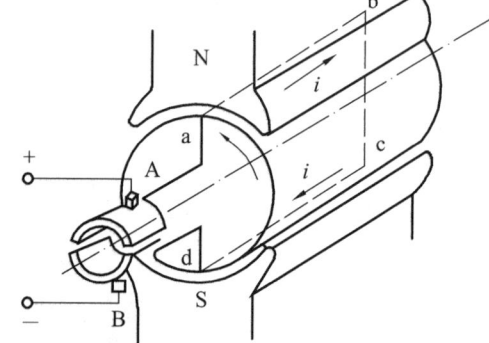

图 5.14　直流电动机的原理图

三、直流电机的励磁

直流电动机的励磁方式可分为四种,即并励、串励、复励、他励。

1. 并励电机

并励电机的励磁绕组与电枢绕组并联,共用一个直流电源供电,如图 5.15 所示。

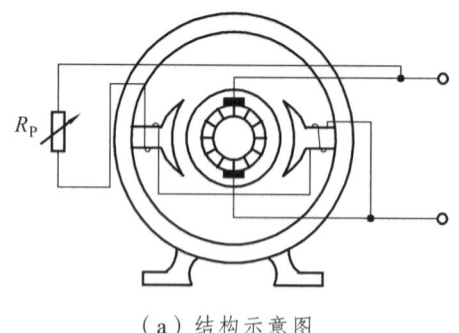
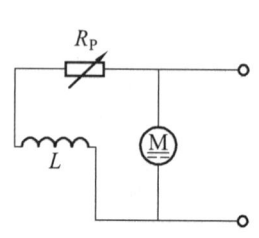

(a)结构示意图　　　　　　　　　　(b)电路原理图

图 5.15　直流并励电机

2. 串励电机

串励电机的励磁绕组与电枢绕组串联接于同一电源,如图 5.16 所示。ZD6 和 ZD7 转辙机采用的励磁方式就是串励。

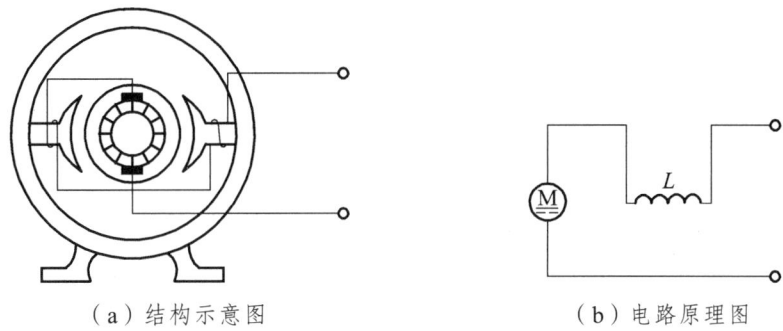

(a) 结构示意图　　　　　　(b) 电路原理图

图 5.16　直流串励电机

3. 复励电机

复励电机主磁极上嵌放两套独立的绕组,一套与电枢绕组并联,另一套与电枢绕组串联,如图 5.17 所示。

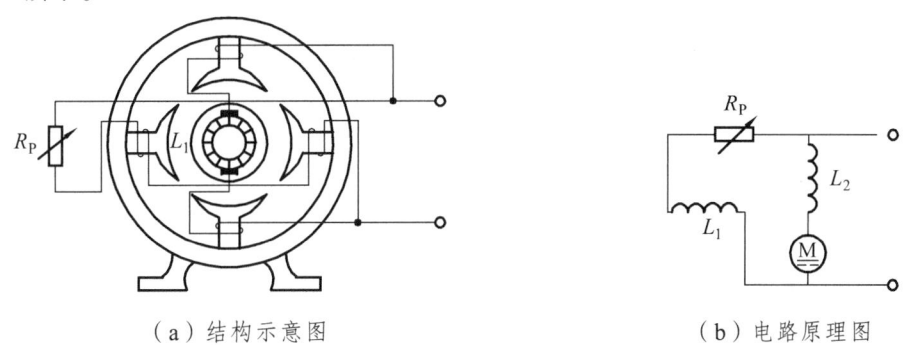

(a) 结构示意图　　　　　　(b) 电路原理图

图 5.17　直流复励电机

4. 他励电机

以上三种励磁方式的直流电机作发电机时,它们的励磁电流都是由自己发出的,所以通称为自励电机。

他励电机的励磁电流由另外的直流电源供给,如图 5.18 所示。

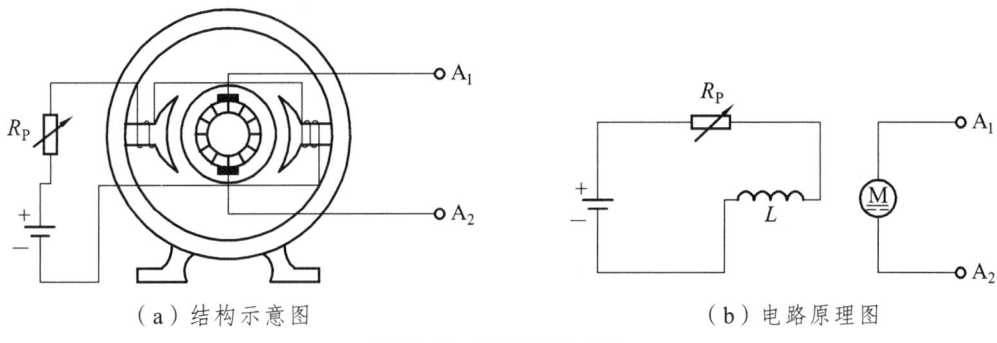

(a) 结构示意图　　　　　　(b) 电路原理图

图 5.18　直流他励电机

各种类型电动机比较见表 5.2。

表 5.2 各种电动机类型比较

电动机类型	磁场	运行原理	改变转向	调速	制动
三相异步	旋转	转子随磁场转动	换任意两相	变极,变频,变转差率	在断电瞬间通入直流
单相异步	脉动	转子靠启动绕组启动	改变启动方向	变极,变频,变转差率	在断电瞬间通入直流
直流	恒定	用左手的则判定	改变转子或定子方向	改变转子或定子参数	

复习思考题

1. 为什么直流电动机和交流电动机的铁心都用硅钢片绝缘后叠成？
2. 直流电机的励磁方式有哪几种？每种励磁方式的励磁电流或励磁电压与电枢电流或电压有怎样的关系？
3. 什么是交流异步电动机？单相异步电动机为什么不能自行启动？
4. 如果三相异步电动机采用的是星形接法，接入 380 V/220 V 的电源并空载运行后断掉一相电源，电动机还能继续运行吗？若断掉的是 A、B、C 三相中的 A 相，那么在电动机上测得的线电压 U_{AB}、U_{BC}、U_{CA} 分别是多少？
5. 交流接触器线圈通电后吸不起，试分析原因。用直流能否让交流接触器动作吸起，为什么？
6. 简述交流电动机的结构和工作原理。

第六章 开关电源

第一节 开关电源简述

开关电源也称为高频开关整流器、无工频变压器型开关整流器，具有高效、节能、功率密度大等优点，目前广泛应用于通信信号电源系统。

一、开关电源的组成

开关电源主要由三部分组成：主电路、控制电路和辅助电路组，如图 6.1 所示。主电路是主要部分，完成从交流输入到直流输出的全过程。控制电路是神经系统，它从输出端取样，与设定值进行比较，取出误差信号去控制主电路的相关部分，改变频率或脉宽，使输出达到稳定，同时，根据反馈信号对整机进行监控和显示。辅助电路提供辅助电源。

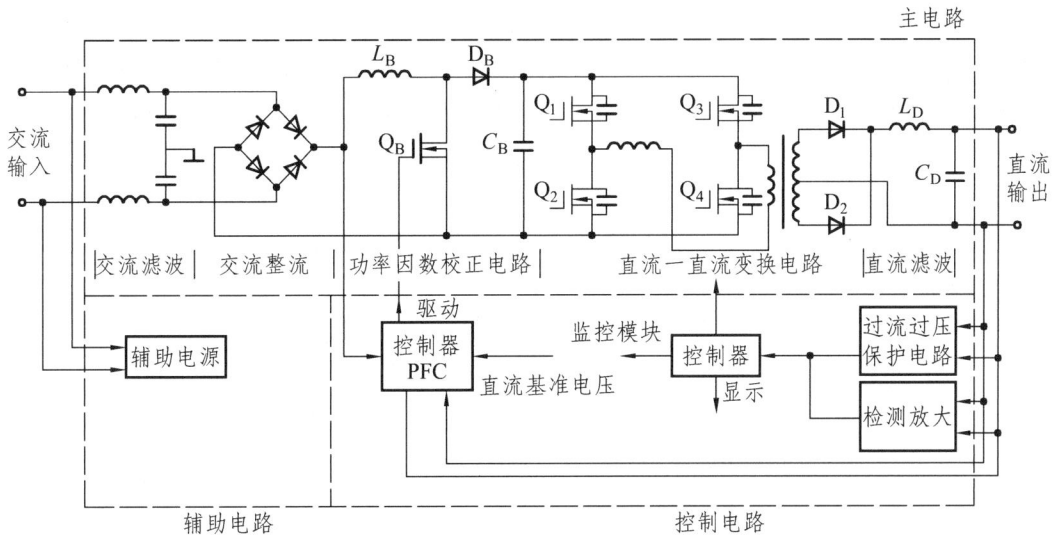

图 6.1 开关电源的组成

1. 主电路

开关电源主电路由交流滤波电路、整流电路、功率因数校正电路、直流变换电路、直流滤波电路等部分组成。

交流滤波电路处于整流模块的输入端口，这一部分包括低通滤波、浪涌抑制等电路，用于消除高次谐波电流浪涌电压以及外界射频的干扰。

工频整流电路采用桥式硅整流电路，它把单相或三相交流电变为直流电，并向功率因数校正电路提供稳定的直流电源。

功率因数校正电路的作用是消除由整流电路引起的谐波电流,减小功率损耗,提升功率因数。没有功率因数校正电路的整流模块,功率因数只有 0.65 左右。

直流变换电路由逆变和高频整流两部分组成,逆变部分将直流高压变换为高频低压。高频整流部分将高频电压变换为电信设备所需要的直流低压(-48 V,-24 V)。

直流滤波及输出电路在整流模块的输出端口,包括高频整流滤波及抗电磁干扰等电路,最后提供稳定可靠的直流电源。

2. 控制电路

控制电路包括检测放大电路、U/M(电压/脉宽)转换电路或 U/F(电压/频率)转换电路、时钟振荡器、驱动电路及保护电路等。

控制电路应为功率开关管提供激励信号,应能将主电路输出电压的微小变化转换成脉宽或频率变化,实现自动调整输出电压的目的,负载发生短路或过流时应有保护功能。

3. 辅助电路

辅助电路为控制电路提供必要电源。

二、开关电源原理

开关电源的工作原理是市电直接由二极管整流后,经功率因数校正电路、功率变换电路,把直流电源变换成高频率的交流电流,再经高频整流成电信设备需要的低电压直流电源。

采用高频换流技术可使变压器的体积、质量大为减小,这是高频开关整流器的技术核心,可用式(6.1)说明变压器电压与其他参量间的关系,即

$$U = 4BSfN \tag{6.1}$$

式中,U 为变压器电压(V);B 为磁通(T);S 为铁心截面面积(m^2);f 为频率(Hz);N 为绕组匝数。

从式(6.1)可以看出,在电压和磁通一定的情况下,频率高,铁心截面就小,绕组匝数也少。因此,提高变换器的频率,可使高频开关整流器成为体积小、质量小和效率高的电源设备。高频功率变换电路即直-交流逆变器是高频开关整流器中的核心部分,完成从直流变换到高频的功能。目前我国采用的整流模块,一般开关频率范围为 50~100 kHz,也有的达到 200~450 kHz。模块的开关频率与体积和质量的关系列于表 6.1。

表 6.1 开关频率与体积、质量的关系

序号	开关频率/kHz	48 V 模块电流/A	尺寸(宽×高×深)/mm	质量/kg	备注
1	200~450	50	143×347×275	8.5	风扇冷却
2	100	40	163×275×430	17	风扇冷却(风机装在机架内)
3	80	120	483×266×435	30	风扇冷却
4	80	100	482×132×535	22.5	风扇冷却
5	50	100	284×155×526	<30	风扇冷却

三、开关电源的特点

采用开关电源供电已成为现代电信系统主流。与传统的相控电源相比,开关电源具有如下特点:

(1)体积小、质量小。在相同功率条件下,开关电源的体积和质量比相控整流器减小很多,如 48 V/400 A 晶闸管整流器的质量约为 580 kg,而 600 A 高频整流器的质量仅为 237 kg。开关电源适宜于分散供电,可与电信设备和 VRIA 蓄电池同置一室。

(2)节能。效率大于 90%。

(3)开关电源功率因数高,一般大于 0.92,在有功率因数校正电路时,功率因数接近 1,因而对公共电网不会造成污染。而相控电源功率因数为 0.65 左右。

(4)模块可热备份冗余应用,可靠性高。

(5)装有监控模块,与计算机相结合组成智能化电源,便于集中监控。

(6)噪声低,当开关频率在 40 kHz 以上时,基本上无噪声。

(7)扩容容易,调试简单。

(8)维护方便,易于更换故障模块。

四、开关电源的分类

目前,在国内外有关高频开关整流器的文献和产品样本中,经常可以见到不同种类高频开关电源的名称,这是由于命名者力图反映所论高频开关整流器的特色,从不同角度按主要电路结构、控制方式和所采用的关键元器件不同而引起的。归纳起来,开关电源主要可以分为以下几类。

(1)按调制方式分,有脉冲宽度调制(PWM)、脉冲频率调制(PFM)及混合调制。脉冲宽度调制指在开关脉冲频率恒定的情况下,将二次整流后的输出电压的波动变换为脉冲宽度的变化,从而改变脉冲的占空比,驱动开关器件,使输出电压稳定。

如果将二次整流后的输出电压的变化变换为既改变脉冲宽度,又改变脉冲频率,就可在很宽的范围内调节输出电压,使其稳定,这就成为 PWM 和 PFM 的混合调制方式。

(2)按采用的开关技术分,有硬开关和软开关。

硬开关是指整流器中的功率开关器件,工作在电流不为零时的强迫关断,和电压不为零时的强迫导通;软开关是指整流中的功率开关器件,工作在零电流关断和零电压导通状态。

第二节 直流变换器

DC-DC 直流变换器是开关电源的主要组成部分,它是转换的核心,涉及频率、可靠性及整个技术指标。另外,通信设备通常需要 -48 V、±5 V、±12 V、±24 V 等直流电源。这些不同种类的电源要有 DC-DC 直流变换器来提供,因此,DC-DC 直流变换器也是通信电源的重要设备。

DC-DC 直流变换器电路分类如下：

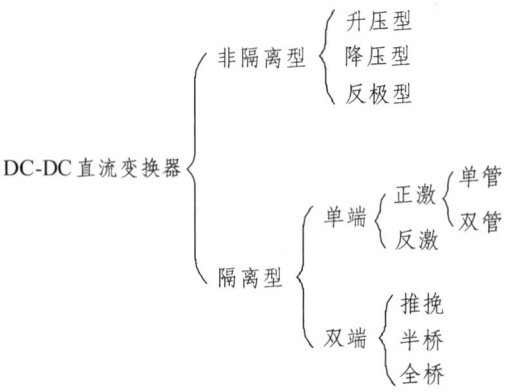

DC-DC 直流变换器主要采用的有非隔离型的升压变换器，隔离型的单端正激变换器及双端半桥、全桥变换器。

一、非隔离型的升压变换器

图 6.2 是升压型 DC-DC 变换器的主电路和它的有关波形。它是由功率开关管 K、储能电感 L 和续流二极管 D 所组成的。

这种 DC-DC 变换器的工作过程如下：当开关管受控导通时，U_I 加到储能电感 L 的两端，二极管 D 处于反偏而截止，电流通过储能电感 L 将电能转换成磁能，并存在储能电感 L 中。开关管受控截止时，储能电感 L 两端的电压极性颠倒，二极管 D 变为正偏，为储能电感 L 和电源 U_I 串联放电提供通路，电流流经二极管 D 至负载 R_L 和滤波电容 C_0。

这种 DC-DC 变换器在开关管导通时，储能电感 L 从整流电源 U_I 中获得能量。在此期间（即续流二极管 D 截止，开关管 K 导通期间）提供给负载的电能由滤波电容 C_0 放电来供给。故若要求输出电压 U_o 的脉动小，就要求它的放电时间常数 C_0R_L 很大。当开关管 K 截止，续流二极管 D 导通时，储能电感 L 就把储存在它上面的能量转移到负载 R_L 和滤波电容 C_0 上。此时，储能电感 L 和输入电源 U_I 串联，一起向负载 R_L 及滤波电容 C_0 提供能量。

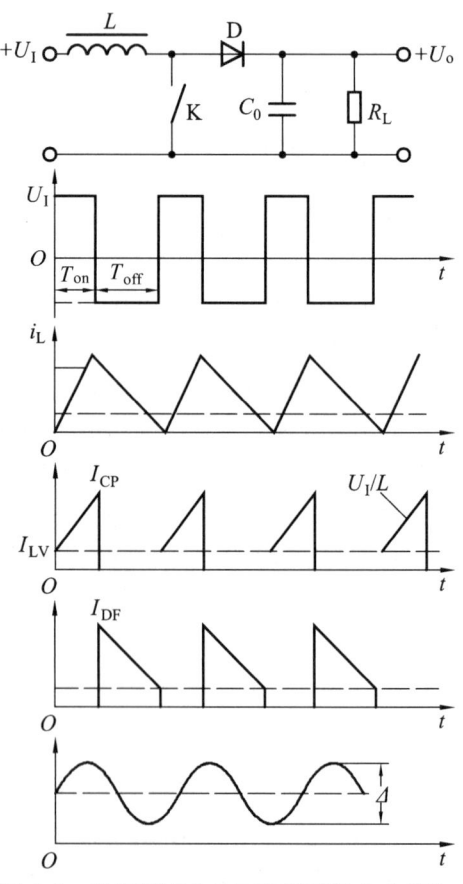

图 6.2 升压型 DC-DC 变换器的主电路和有关波形图

二、隔离型的单端正激变换器

1. 主电路

图 6.3 所示为单端正激型 DC-DC 变换器的主电路。当功率开关管 K 导通时,整流二极管 D_1 也同时导通,输入电能通过整流二极管 D_1 传递给负载,同时将部分能量存储在输出回路(即高频变压器二次侧回路)中的储能电感 L 中,故这种开关电源称为单端正激型 DC-DC 变换器。

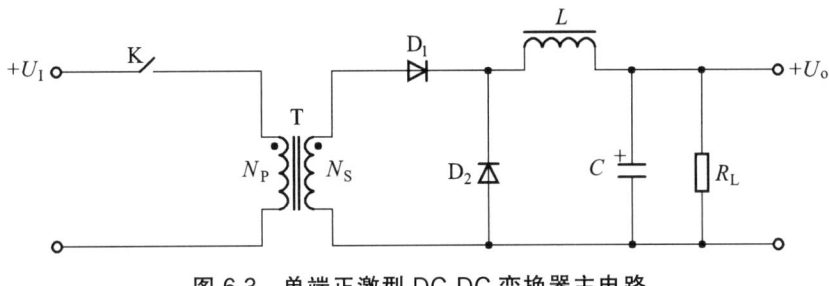

图 6.3 单端正激型 DC-DC 变换器主电路

在此电路中,当开关管导通时,若忽略开关管的导通压降,则高频变压器一次侧电压 U_P 的幅值 U_{PP} 为

$$U_{PP} \approx U_I$$

二次侧绕组电压 U_S 的幅值 U_{SP} 为

$$U_{SP} = \frac{N_S}{N_P} U_{PP} = \frac{U_{PP}}{n} \approx \frac{U_I}{n}$$

当开关管 K 截止时,高频变压器一次侧电压 U_P、二次侧电压 U_S 均反相。整流二极管 D_1 反偏截止。储能电感中的自感电势使续流二极管 D_2 正偏而导通。此时储能电感将储存的磁能变为电能,通过 D_2 继续向负载供电。

单端正激型 DC-DC 变换器中的高频变压器 T,其主要作用是电压变换、功率传递和实现输入、输出之间的隔离,其功能和普通电力变压器的功能相仿,故它可以套用普通电力变压器的设计方法进行设计。

图 6.3 所示的是单端正激型 DC-DC 变换器的原理电路,在实用中还有些问题。这是因为开关管 K 导通时,高频变压器 T 中有一定的励磁电流,存储有一部分能量,这一部分能量在开关管 K 截止时,无泄放回路,因而会在变压器中激起很高的电压,损坏开关管。因而,实用的单端正激型 DC-DC 变换器还必须加上泄放励磁电流所产生的能量的电路。下面介绍这种实用的单端正激型 DC-DC 变换器电路。

2. 实用电路

图 6.4 所示的单端正激型 DC-DC 变换器的实用电路,是在图 6.3 所示的高频变压器电路中增加一去磁绕组 N_3,再在 N_3 中串联接入一钳位二极管 D_3 组成的。这样在开关管 K 截止期间,高频变压器中励磁电流所储存的能量,便可以通过 D_3 回送给输入电源 U_I,同时将线圈 N_1 异名端产生的尖峰电压限制在允许的范围内。

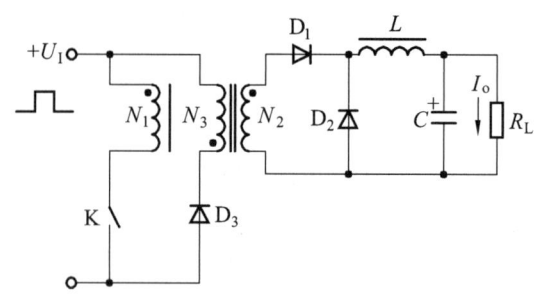

图 6.4 单端正激型 DC-DC 变换器实用电路

3. 优缺点

单端正激型 DC-DC 变换器除了具有电压调整率好、带负载能力强、输出电压中的纹波小等优点外,还具有下述优、缺点:

(1)正激型 DC-DC 变换器利用高频变压器一次侧、二次侧绕组隔离的特点,可方便地实现交流电网和直流输出端机架之间的隔离。

(2)仅需对正激型 DC-DC 变换器多设几组输出电路,就能获得不同极性、不同电压值的多路输出电压。

(3)在占空比 q 的变化范围不能改变的情况下,可方便地通过改变高频变压器的阻比 n 的方法,使之满足交流电网电压在一定范围内变化时稳压的要求。

(4)单端 DC-DC 变换器只需用一个功率开关管、一组驱动脉冲,因此对控制电路的要求比双端 DC-DC 变换器低。又由于单端 DC-DC 变换器中不存在共同导通问题,所以对功率开关管存储时间的一致性要求不高。

(5)单端正激型 DC-DC 变换器的主要缺点是高频变压器磁芯利用率和效率都低。

鉴于上述原因,单端 DC-DC 变换器一般只用于中、小功率的 DC-DC 变换。

三、隔离型半桥 DC-DC 变换器

1. 电 路

半桥型 DC-DC 变换器电路用两只容量、耐压都相同的电容器 C_1、C_2 和两只特性相同的开关管 K_1、K_2 组成一电桥,输入电源电压 U_1 加于电桥一对角线的两端点上,而高频变压器的一次侧绕组则接在电桥另一对角线的两端点上,如图 6.5 所示。

在图 6.5 中,电容 C_1 和 C_2 上的电压相等,而且等于输入电源电压的一半,即 $U_1/2$。注意,图 6.5 中两只功率开关管不共地,因此它们的驱动电路之间需要隔开,不能连在一起。在此电路中,当开关管 K_1 被驱动导通时,电容 C_1 两端电压便通过开关管 K_1 加到高频变压器一次侧绕组 N_1 两端。此时,变压器一次侧绕组 N_1 两端电压和电容 C_1 两端电压相等,都等于输入电源电压 U_1 的一半,其极性为 P_2 端为正。当开关管 K_1 截止、K_2 被驱动导通时,电容 C_1 两端的电压通过开关管 K_2 加到变压器一次侧绕组 N_1 的两端,使绕组 N_1 两端电压极性反向,即 P_1 端变为正端,其值也等于输入电源电压 U_1 的一半。因此,功率开关管 K_1、K_2 轮流导通、截止时,在高频变压器一次侧绕组 N_1 两端便产生一幅值为 $U_1/2$ 的正负方波脉冲电压。此脉冲电压通过高频变压器传递到二次侧,再经整流二极管整流、储能电感 L 及电容 C_0 滤波后向负载供电。

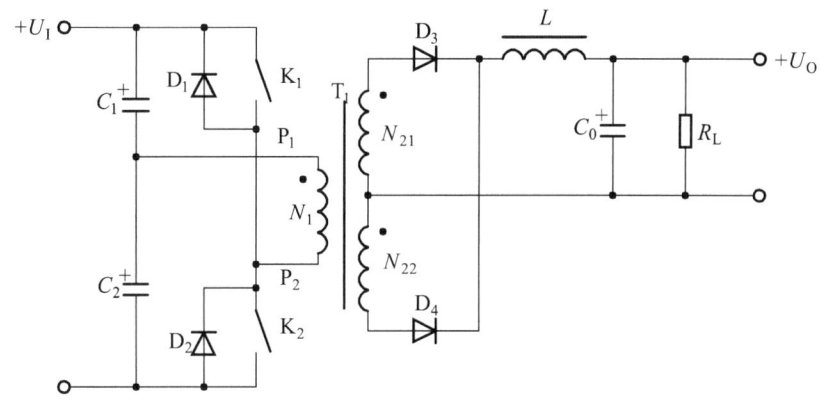

图 6.5　半桥 DC-DC 变换器电路

在图 6.5 中，和开关管 K_1、K_2 并联的两只二极管 D_1、D_2 称为换向二极管。它有两个作用：

（1）DC-DC 变换器在运行过程中，如果负载突然开路，则变压器的漏感和分布参数形成的自激振荡有可能在开关管的两端产生瞬间过压，使其反向击穿损坏。加入换向二极管后，两电极之间的电位最多只能高出 0.7 V 左右（换向二极管 D_1 或 D_2 的导通压降），这样就防止了开关管因反向击穿而损坏。

（2）当开关管刚截止时，换向二极管 D_1、D_2 能将开关管导通时变压器漏感所储存的能量回送到输入电源，同时还能消除漏感形成的尖峰电压。

换向二极管应选快速恢复型的二极管，其反向耐压应高于开关管所承受的最高电压。当电网电压为 220 V 时，无工频变压器半桥型 DC-DC 变换器中的换向二极管反向耐压一般应等于或高于 450 V。

图 6.5 所示的半桥型 DC-DC 变换器电路中，当开关管 K_1（或 K_2）导通时，加于变压器一次侧绕组上的电压是电容器 C_1（或 C_2）两端的电压。在电路中，若由于开关管 K_1 和 K_2 特性不一致，从而引起开关管 K_1 的导通时间比开关管 K_2 的长，则电容 C_1 两端的平均电压就会比电容 C_2 两端的低。故 K_1 导通时加于变压器一次侧绕组两端的电压幅值，就会比 K_2 导通时低，从而使加到变压器一次侧绕组两端正负方波的伏·秒积分始终维持相等。因此，这种电路的抗不平衡能力是比较强的。

2．优缺点

（1）高频变压器利用率高。

（2）高频变压器一次侧绕组在方波脉冲的正负半周都工作，故其变压器的利用率高。

（3）截止开关管极间承受的电压低。由图 6.5 可见，当开关管 K_1 导通、K_2 截止时，若忽略不计 K_1 的管压降，则加于开关管的极间电压就等于输入电源电压 U_I。同理，开关管 K_2 导通、K_1 截止时，开关管 K_1 极间承受的电压也是 U_I。而在推挽型开关电源中，截止开关管极间承受的电压为 $2U_I$。因此，半桥型开关电源仅需用 $U_{(BR)CEO}$ 大于等于 400 V 的开关管，就能构成电网电压为 220 V 的无工频变压器的开关电源。

（4）抗不平衡能力强。

（5）由于这种电路加到高频变压器一次侧绕组上的电压是电容 C_1 或 C_2 两端的电压，当 C_1 或 C_2 经变压器一次侧放电时，其电压要逐渐减小，所以输出脉冲电压的顶部呈倾斜状态。

（6）输出功率较小。由于变压器一次侧绕组上施加的方波电压幅值只是输入电源电压的一半，故与推挽型电路相比，在输出电流 I_o 相同的情况下，其输出功率要小一半。为了提高其输出功率，就需将半桥型中的电容 C_1、C_2 也换成开关管 K_3、K_4，从而把加到高频变压器一次侧绕组的方波电压幅值提高到等于输入电源电压 U_1。经这样改变后的电路称为全桥型 DC-DC 变换器。

四、全桥型 DC-DC 变换器

全桥型 DC-DC 变换器的主回路如图 6.6 所示。在此电路中，桥路相对边上的一对开关管 K_1、K_4 或 K_2、K_3 是同时导通和同时截止的。此电路既保持有半桥型 DC-DC 变换器中开关管截止时极间所承受的电压较低的特点，又具有推挽型电路所具有的输出电压高、输出功率大的优点。因此，全桥型电路在大功率 DC-DC 变换器中应用比较多。

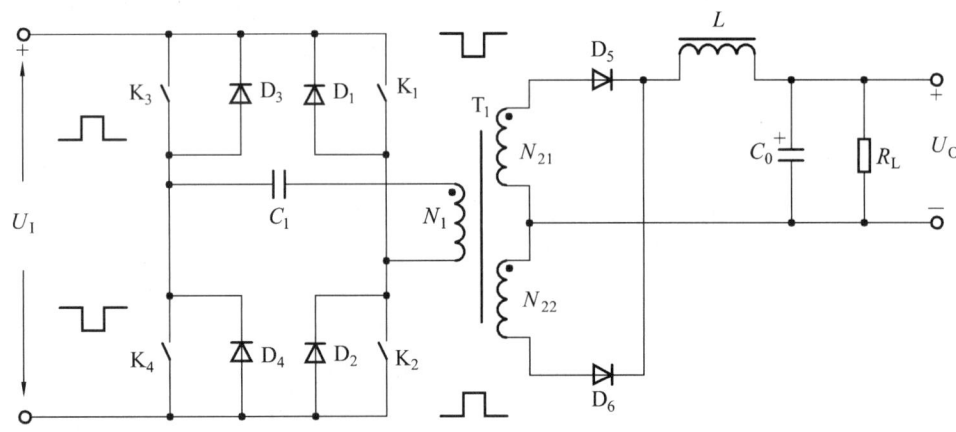

图 6.6　全桥型 DC-DC 变换器主电路

由于全桥型电路的输出回路整个结构都和半桥型电路相同，因此在半桥型电路导出的所有公式和其他元件的计算方法，同样适用于全桥型电路。

全桥型电路的缺点是需用四只开关管，还需要四组彼此隔离的基极驱动电路，比较复杂。

五、DC-DC 变换器控制

DC-DC 变换器对控制信号的要求如下：
（1）要有足够的增益，在 U_1、U_o 变化时，保证输出电压达到规定精度；
（2）获得规定的电压值及调节范围；
（3）具有软启动及过电压、过电流、过热保护的功能；
（4）远距离操作功能；
（5）程序供电功能；
（6）并联运行功能。

第三节　监控单元

监控单元在开关电源系统中负责协调系统其他模块单元的正常工作，日常对开关电源系统的操作一般也集中在对监控单元的操作上。对监控单元的日常操作也就是对其菜单的操作。下面对典型的监控单元菜单的形式加以介绍（其中列举的具体数据以输出直流 48 V 系统为例）。

一、监控单元的首页

一般在监控单元的首页会显示：系统输出电压、系统输出电流、交流输入电压、环境温度和系统状态等常规内容。例如，某开关电源系统监控单元正常时显示屏显示如下：

系统输出电压：535 V；系统输出电流：400 A；交流输入电压：220 V；环境温度：25 ℃；系统状态：浮充。

同时，首页一般还会提示有无告警信息以及进入下级子菜单的途径。常见的子菜单有以下几项：

（1）资料：包括蓄电池容量情况、下次均充时间等；系统输入交流情况、输出直流电情况等；各整流模块状态（告警、限流、关机、正常等）、地址配置（与监控单元通信所分配的地址）等；系统时间以及该监控单元软件版本信息等。

（2）参数：包括告警参数的设定、整流模块功能的设定、电池功能的设定、系统时间和语言选择的设定等。

（3）记录：记录系统工作时发生的事件，并有几十条甚至上百条的历史事件记录以备查询。

（4）告警：记录显示历史及当前告警事件的内容、时间和告警级别等。

二、参数子菜单的设定内容

监控单元操作中，参数子菜单的设定内容是最多的，而且要求有足够的开关电源系统专业知识才能够准确地操作设定相关参数。下面较详细地介绍常见参数的设定内容。

（1）直流高压告警电压设定：事先设定直流高压告警电压为 58 V，则当系统输出直流电压上升至 58 V 时，系统将会发出声光告警，显示系统输出高压告警。

（2）直流过压停机电压设定：事先设定直流过压停机电压为 59 V，则当系统输出直流电压上升至 59 V 时，整流模块停机并发出声光告警，显示系统输出过压停机告警。

（3）直流低压告警电压设定：事先设定直流低压告警电压为 47 V，则当系统输出直流电压下降至 47 V 时，系统将会发出声光告警，显示系统输出低压告警（一般是在电池单独放电的情况下发生）。

（4）交流高压告警电压设定：事先设定交流高压告警电压为 242 V，则当系统输入交流电压上升至 242 V 时，系统将会发出声光告警，显示系统输入交流高压告警。

（5）交流低压告警电压设定：事先设定交流低压告警电压为 187 V，则当系统输入交流电压下降至 187 V 时，系统将会发出声光告警，显示系统输入交流低压告警。

（6）系统时间和语言选择的设定：设定系统时间，为监控单元记录事件提供时间依据。同时，系统一般可提供多种操作语言供选择。

第四节　开关电源故障处理与维护

高频开关电源系统在通信电源系统中所处的重要地位，决定了对它的运行管理和维护工作是非常重要的。由于开关电源系统本身平均无故障运行时间的长短、日常维护质量的优劣、外界干扰强度和工作环境等因素的影响，因此设备发生故障是难免的，对故障的迅速、正确排除，减少故障所造成的损失是一项重要的基本任务。目前的高频开关电源系统具有一定的智能化，这不仅体现在高频开关电源系统具有智能接口能与计算机相连实现集中监控，而且当系统发生故障时，系统监控单元能显示故障事件发生的具体部位、时间等。维护人员利用监控单元的这些信息能初步判断故障的性质。但由于目前高频开关电源系统智能化程度还远远没有达到真正能代替人的所谓"人工智能"的程度，很多实际故障发生后的判断处理仍然需要有经验的电源维护人员根据故障现象，进行缜密分析，做出正确的检查、判断及处理。

当设备发生故障后，需进行维修。系统检查维修的基本步骤如下：

① 首先查看系统有无声光告警指示。由于开关电源系统各模块均有相应的告警提示，如整流模块故障后其红色告警指示灯点亮，同时系统蜂鸣器发出声音告警。

② 再看具体故障现象或告警信息提示。例如，观察具体故障现象与监控单元的告警单元提示是否一致，有无历史告警信息等，有时可能会出现无告警但系统功能不正常的现象。

③ 根据故障现象或告警信息，对本开关电源做出正确的分析及形成处理故障的检修方法，即可完成故障检修。

开关电源的故障多种多样，应根据系统的配置情况做出判断。故障现象的分类如图 6.7 所示。

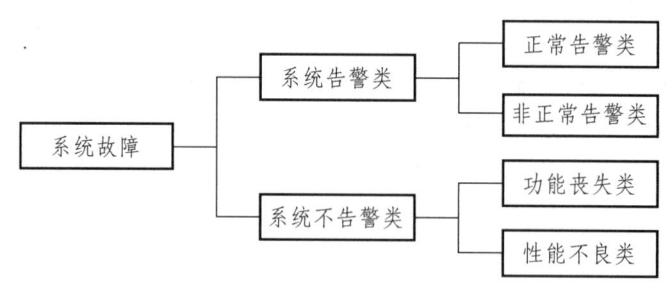

图 6.7　故障现象分类示意图

一、系统告警类故障

（1）正常告警类故障：发生这类故障时，系统配电模块、整流模块会有相应的故障指示，查看监控单元有相应的告警信息，各监控单元提示的故障信息与实际情况一致。

（2）非正常警告类故障：发生这类故障时，虽然会出现系统故障灯亮、告警声响等现象，但情况与监控单元告警信息不致或监控单元无相应告警信息。

发生系统告警类故障的特征是系统对应部位会发出声光告警。例如，交流配电发生故障时会出现配电故障灯亮，或有蜂鸣器告警；模块发生故障时会出现模块灯亮；监控有当前告警时监控单元灯亮，或有蜂鸣器告警。在处理系统告警类故障时，一般先按正常告警方法检修，查不出故障时按非正常告警检修方法检修。

在配电故障中，可依据监控告警信息，找出可能发生故障的部位。交流配电故障可分为交流电故障及交流输入回路（及后续电路引起交流输入回路）故障；直流配电故障可分为输出电压故障、电池支路及输出支路故障。

监控通信故障（监控单元告警，其他部位无告警）时，可依据交、直流屏通信中断，模块通信中断等方面去梳理。

模块故障时，可依据告警性质不同（红、黄灯不同）去分析属模块故障还是风扇故障。

二、系统不告警类故障

（1）功能丧失类故障：发生这类故障时，系统的功能发生异常或丧失，但系统没有任何告警提示。

（2）性能不良故障：发生这类故障时，系统检测的参数不符合系统性能指标，发生检测不准或参数不对等情况。

功能丧失或性能不良类故障，如交流配电中的指示灯损坏、电路板损坏以及当交流过压欠压时的保护等。以各整流模块之间均流不正常为例，其故障现象为：模块与模块之间输出电流不均衡，不均流度大于5%，或某一模块总是偏大或偏小。检修流程如图6.8所示。

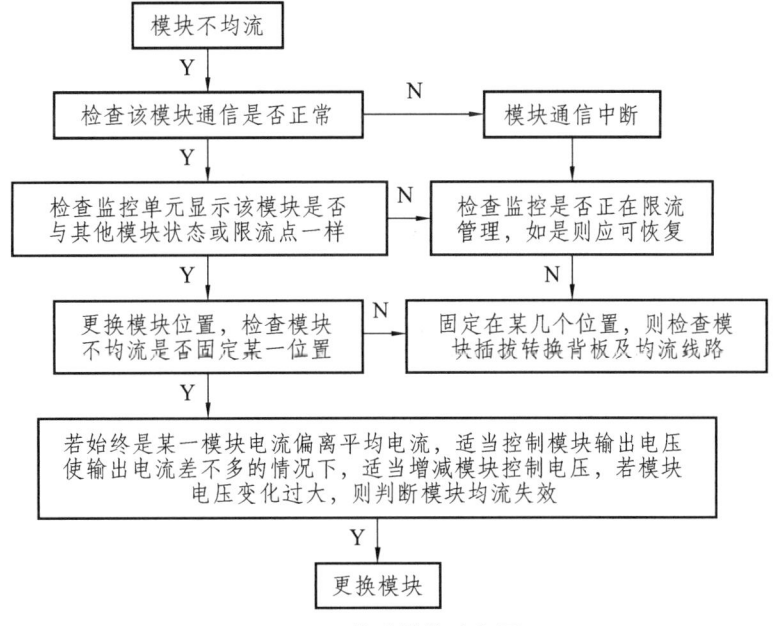

图6.8 故障检修流程图

在进行实际分析时，可以根据故障现象归入以上一种或多种情况，做出不同的检修流程图，再加以分析判断。

第五节　开关电源日常检查

开关电源系统日常检查项目内容和方法如下：

（1）用灰刷、干抹布和吸尘器清洁设备内部积灰；1次/月。

（2）检查设备的系统告警功能：采用模拟交流停电、直流熔断等模拟故障，系统应准确告警；1次/月。

（3）检查设备的系统显示功能：监控和整流模块的电压、电流显示误差应分别小于0.2 V和0.5 A；1次/月。

（4）检查系统内部通信功能：各模块间通信正常，同一模块无多次通信中断告警；1次/月。

（5）检查系统参数设置：系统所有参数设置正常，无漂移现象；1次/月。

（6）检查系统接地保护：直流工作接地、保护接地连接无松动；1次/月。

（7）用红外测温仪测量直流熔丝和熔丝接点温升，要求温升小于50 ℃；1次/月。

（8）检查继电器、断路器动作是否可靠、稳定，其接触点要求温升小于55 ℃；1次/月。

（9）检查散热风扇运行是否正常、无卡滞，滤网无积灰；1次/月。

（10）检查系统内部插件和电缆连接、固定是否良好，要求无挤压变形、无发热和老化；1次/月。

（11）检查系统防雷保护：避雷器工作是否正常，接线连接是否紧固；1次/月。

（12）检查开关电源系统的均流性能：观察并记录开关电源各模块输出电流，计算系统均流特性要求优于±5%；1次/季。

（13）检查接线端子的接触是否良好、连接有无松动；1次/季。

（14）用红外测温仪和或4位半万用表检查空气开关、接触器件，分析判断接触是否良好；1次/季。

（15）试验系统软启动性能：关闭开关电源模块5 min再开机（输出电流不进入限流），观察系统直流输出电压是否缓慢上升；1次/季。

（16）开关电源系统的输入谐波对比测试：使用电力谐波分析仪表检测开关电源交流输入电压、电流谐波，关闭所有开关电源交流输入，重复测试，前后所测数据之差为测试结果，要求小于5%；1次/季。

复习思考题

1. 简述开关电源的基本组成，并说明主电路各部分的作用。
2. 开关电源有哪些特点？
3. 直流变换器的作用有哪些？
4. 何谓软开关技术？
5. 简述谐振开关的基本原理。
6. 简述开关电源故障检修流程。

第七章 UPS 和蓄电池

第一节 UPS 概述

UPS 也称为不间断电源。初期的不间断电源装置是旋转型的，它是由整流器、蓄电池、直流电动机、柴（汽）油机、飞轮和发电机组成。在市电正常情况下，由市电给电动机供电，电动机带动飞轮和发电机给负载供电；当断电后，由于飞轮的惯性作用，会继续带动发电机的转子旋转，从而使发电机能持续给负载提供电源（电能—动能—电能），起到缓冲的作用，同时启动柴（汽）油机。当油机转速与发电机转速相同时，油机离合器与发电机相连，完成从市电到油机的转换。这是 UPS 的较早的形式。这种形式的 UPS 维护简单，也比较稳定，但系统庞大，操作控制不灵活，而且效率低，噪声大，电力品质不高。

随着计算机网络和精密仪器的不断涌现和大量应用，旋转式 UPS 已难以满足人们的实际需求。同时也随着电力半导体器件的发展，特别是可控硅制造工艺的不断改进，于是便开展了对静止型不间断电源装置的研制。

20 世纪 90 年代，出现了利用绝缘栅双极晶体管制成的实用的静止型不间断电源装置。绝缘栅双极晶体管是一种由双极晶体管和功率场效应晶体管组合而成的器件，既具有功率场效应晶体管的栅极电压可控的特性和快速开关的特性，又具有双极晶体管的大电流处理能力和低饱和压降的特点，因此，用它制成的不间断电源装置具有广泛的发展前途。

随着通信的发展和通信各专业的计算机化，通信用 UPS 的规模也在扩大，其重要性逐步提高，现在已经成为通信电源日常维护的一个重点。

一、电网的干扰及危害

由于计算机的普及和信息处理技术的广泛应用，越来越多的系统和部门对市电供电质量提出了更高的要求。而实际的市电电网本身难以满足这些要求，这是因为造成电网污染的因素除了众所周知的电压波动、频率变化外，还有来自电网外部、内部的各种噪声和干扰，主要有以下几种：

（1）电压浪涌。电压浪涌是指一个或多个周期电压超过额定电压值的110%。比如重型设备的关机，于电网中电流突然消失，其线路电感（分布参量）反电势造成电压上升；另一方面，线路电阻电压降的突然消失，也会造成电压上升。

（2）电压尖峰。电压尖峰是指持续时间从二分之一周期到 100 ms 期间内，峰值达 60 kV 的电压脉冲。这要由雷电、大型电器的开关操作、电弧放电和静电放电等因素造成。

（3）电压瞬变。电压瞬变是指在 10~100 ms 期间，叠加在市电电压上高达 2 kV 的脉冲电压。它的产生大致和电压尖峰差不多，只是在量上有区别。

（4）噪声电压。噪声电压是指叠加在工频电压上的幅值小但频率范围很宽的高频分量。这种现象在电网中很普遍，一般是由于电机电刷打火、继电器动作、广播发射、微波空中传播、电弧焊接和远距离雷电等原因造成的。

（5）过电压。过电压是指超过电网电压正常有效值一定百分比的稳定高电压。一般是由于接线错误，电厂或电站的误调整，附近重型设备关机等原因造成的。对单相电压而言，也可能是由于三相负荷不平衡或者是中线接地不良等原因造成。

（6）电压跌落。电压跌落是指一个或多个周期电压低于额定电压有效值的 85%。主要是由于附近重型设备的启动或者电动机器启动造成。

（7）持续低电压。持续低电压是指市电电压有效值低于额定值，并且持续较长时间。这主要是由于过负荷而造成电网电压的降低。

（8）电源中断。电源中断是指超过一个周期的无电状态。

以上污染或干扰对计算机类或其他敏感先进仪器设备所造成的危害不尽相同。如电源中断，可能造成硬件损坏；电压跌落，可能会使硬件提前老化、文件数据丢失；过压或欠压、浪涌电压等，可能会损坏驱动器、存储器、逻辑电路，还可能产生不可预料的软件故障；噪声电压和瞬变电压，可能损坏逻辑电路和文件数据等。

二、UPS 的功能

UPS 既能保证给负载连续供电，又能保证供电质量，其主要功能可以归纳为五个方面：

（1）双路电源之间的无间断相互切换功能，如图 7.1 所示。

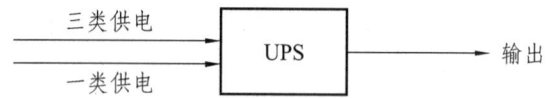

图 7.1　UPS 的双路电源无间断相互切换功能

（2）隔离功能，将瞬间间断、谐波、电压波动、频率波动以及电压噪声等电网干扰阻挡在负载之前，既使负载不对电网产生干扰，又使电网中的干扰不影响负载，如图 7.2 所示。

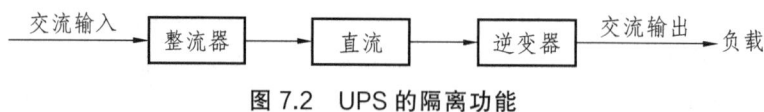

图 7.2　UPS 的隔离功能

（3）电压变换功能，可以将输入电压变换成需要的电压，如图 7.3 所示。

（4）频率变换功能，可以将输入电压的频率变成需要的频率，如图 7.4 所示。

（5）后备功能，如图 7.5 所示，UPS 带有蓄电池，储存有一定的能量，这样，一方面在电网停电或发生间断时可继续供电一段时间来保护负载；另一方面在 UPS 的整流器发生故障时可使用户有时间来保护负载。按照用户的要求，后备时间可以是 5 min、10 min、15 min、30 min、90 min 甚至更长。

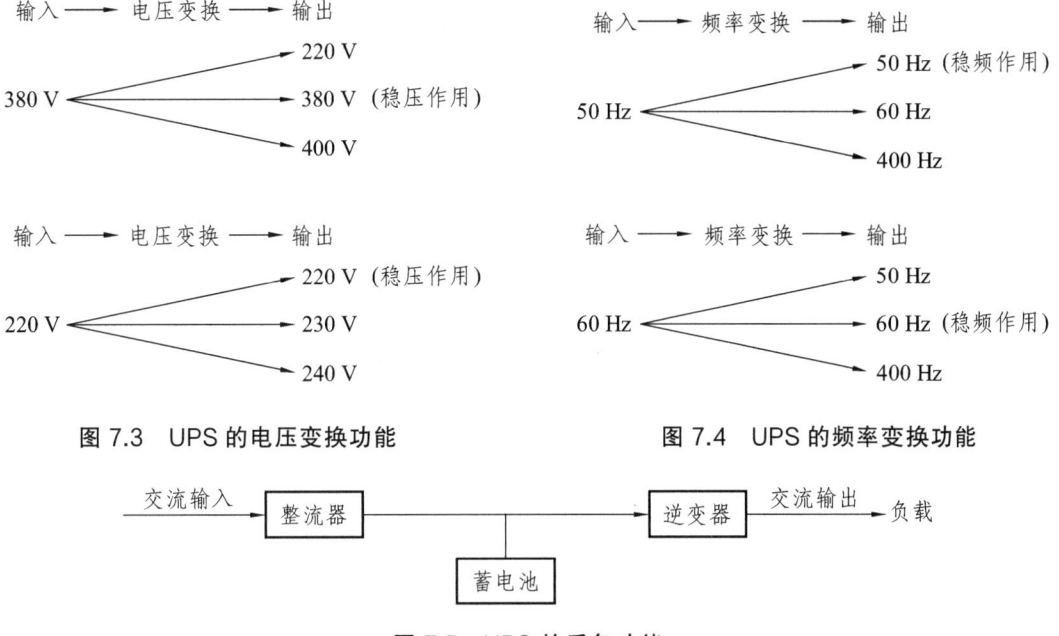

图 7.3 UPS 的电压变换功能　　　　　图 7.4 UPS 的频率变换功能

图 7.5 UPS 的后备功能

三、UPS 的分类

（1）按工作原理分类如下：

$$UPS\begin{cases}动态式\\静态式\begin{cases}后备式\\在线式\begin{cases}三端口式\\串联在线式\end{cases}\end{cases}\end{cases}$$

（2）按输入、输出方式分类如下：

$$UPS\begin{cases}单相输入、单相输出\\三相输入、单相输出\\三相输入、三相输出\end{cases}$$

（3）按容量分类如下：

$$UPS\begin{cases}小功率：5\ kV\cdot A\ 以下\\中功率：5\sim30\ kV\cdot A\\大功率：30\ kV\cdot A\ 以上\end{cases}$$

（4）按输出波形分类如下：

$$UPS\begin{cases}方波\\正弦波\end{cases}$$

四、UPS电源的工作原理

1. 后备式UPS电源的工作原理

后备式UPS单机输出容量在3 kV·A以下,一般为025~1 kV·A。其基本工作原理框图如图7.6所示。故逆变器仅由蓄电池供电,即市电正常时,逆变器不工作;输出没有滤波器,输出一般为方波;输出变压器在市电正常时起交流稳压器的功能,逆变时起变压器功能。

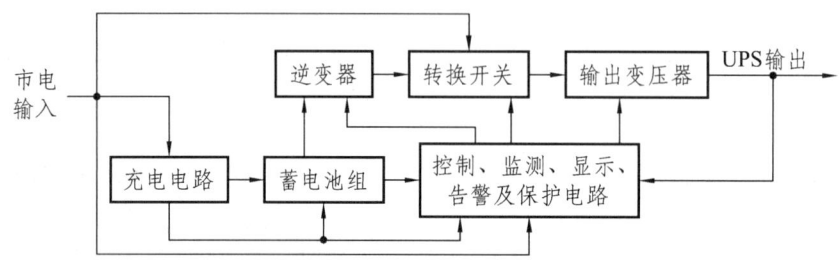

图7.6 后备式UPS工作原理框图

(1)当市电正常时,UPS处于旁路工作状态,转换开关切换到市电输入端,输入时经转换开关接至由输出变压器构成的交流稳压器稳压后给负载供电。当市电发生变化时,UPS通过改变继电器的接点来改变交流稳压器的输出绕组,从而实现稳定输出电压的功能。

(2)当市电出现故障时(无市电、市电电压过高或过低),UPS工作在后备状态。当UPS内部的检测控制电路检测到市电故障时,就启动逆变器,并将转换开关切换至逆变器端,由蓄电池经逆变器转换成交流电给负载供电。此时UPS的输出波形为方波,当负载发生变化时,逆变器通过改变输出方波的宽度来实现稳压的功能。

后备式UPS的逆变器在市电正常时处于"冷"状态(不工作),只有在市电出现故障时,才启动逆变器使其进入"热"状态,同时其转换开关一般为继电器。而继电器的转换开关需要一段动作过程,以使得后备式UPS在由市电供电→逆变器供电或由逆变器供电→市电供电的转换过程中有一段转换时间,一般为3~10 ms。另外,后备式UPS的稳压是通过调节变压器的变比来实现的,所以其输出电压稳定度比在线式UPS低。

2. 在线式UPS电源的工作原理

在线式UPS系统框图如图7.7所示。在线式UPS主要是由以下几部分组成:整流滤波电路,充电器,逆变器,输出变压器及滤波器,静态开关,充电电路,蓄电池组和控制、监测、显示、告警及保护电路,此外在新型UPS电源中还有功率因数校正电路。

在线式UPS的输出波形通常为标准正弦波,其工作原理如下:

(1)当市电正常时,输入电压经过整流滤波电路,一路给逆变器提供电压,逆变器输出经过输出变压器和输出滤波电路将SPWM波形变换成隔离的纯正弦波;另一路送入充电器给蓄电池补充能量。该种工作状态时,静态开关切换到逆变器端。UPS由市电经整流滤波器、逆变器及静态开关给负载供电,并且由逆变器来完成稳压和频率跟踪的功能。

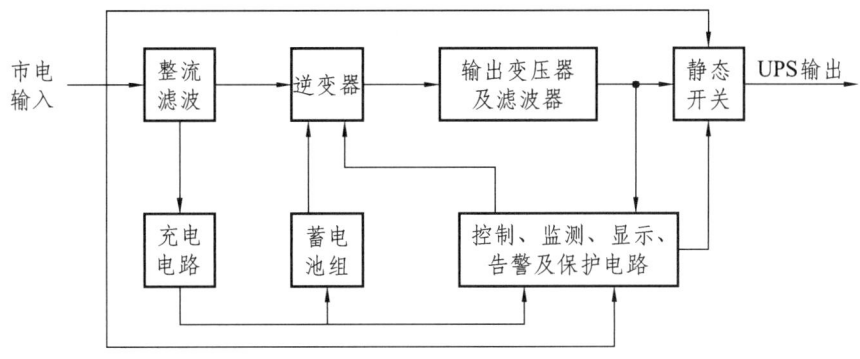

图 7.7 在线式 UPS 框图

（2）当市电出现故障时（无市电，市电电压过高或过低），UPS 工作在后备状态，静态开关仍然切换在逆变器端，此时 UPS 由逆变器将蓄电池的直流电压转换成交流电压，通过静态开关输出到负载。

（3）当市电正常、逆变器出现故障或输出过载时，UPS 工作在旁路状态，静态开关切换到市电端，由市电直接给负载供电。如果静态开关的转换是由于逆变器故障引起的，UPS 就会发出报警信号；如果是由于过载引起，当过载消失后，静态开关重新切换回逆变器端。

控制、监测、显示、告警及保护电路提供逆变、充电、静态开关转换所需的控制信号，并显示各自工作状态，当出现过压、过流、短路、过热时及时告警，同时提供相应保护。比如当负载发生短路时，保护电路会很快将逆变器关断，使其免受损害，静态开关也不会转换到市电，短路消失后逆变器会重新自行启动，恢复供电。

由此可见，对于在线式 UPS，无论市电是否正常，其输出总是由逆变器来提供的，所以在市电故障的瞬间，UPS 的输出不会有任何间断。另外，由于在线式 UPS 有输入 EMI 滤波器和输出滤波器，再加上市电的交流输入经整流滤波器变为直流，再由逆变器逆变为交流，因此，几乎所有来自电网的干扰经过 UPS 以后都能得到很大程度的衰减；同时，逆变器的稳压功能很强，所以在线式 UPS 能给负载提供干扰小、稳压精度高的电源。

五、UPS 电源系统的组成

综上所述，UPS 电源系统由七大部分组成，即输入整流滤波电路，功率因数校正电路，蓄电池组，充电电路，逆变器电路，静态开关电路，控制、监测、显示、告警及保护电路。

1. 输入整流滤波电路

UPS 电源内部蓄电池、逆变器及控制电路均需要直流电，这就要求 UPS 电源内部必须有整流及滤波电路。整流电路主要的功能是：

（1）将交流电变换为直流电；

（2）具有输出电压保持能力；

（3）抑制电网的干扰信号。

整流电路主要有单相不控整流、单相可控整流、三相不控整流和三相可控整流等。滤波电路可用一级或多级滤波电路构成，其基本形式是在整流输出端加滤波电容或电感扼流线圈。滤波器大体上可划分为电容输入或电感扼流圈输入两种形式。电容输入虽然输出电压高,但它要求变压器输出的峰值电流大且负载调整率差。扼流圈形式虽然输出特性好,但它需要较大的扼流圈且成本较高。因此,目前在 UPS 电源中常采用电容、电感组成的 LC 滤波器。

2. 功率因数校正电路

在 UPS 中,一般由交流市电输入整流,整流后大都采用大容量的电容器进行滤波(UPS 中还并联有蓄电池),这就在电容器充电期间形成了脉冲电流。该电流峰值很高,由于电流波形畸变而导致功率因数下降,并产生高次谐波。电流形成的噪声源,反过来对电网造成干扰。功率因数校正电路的作用就是提高功率因数,降低谐波干扰,使电网输入电流成为与输入电压接近同相位的正弦波。

3. 蓄电池组

蓄电池组是 UPS 的心脏,没有蓄电池组的 UPS 电源只能称作交流稳压稳频电源,目前在 UPS 中,广泛使用蓄电池作为储存电能的装置。当市电正常时,蓄电池由直流电源对其充电,将电能转化为化学能而储存起来;当市电供应中断时,UPS 电源用储存在蓄电池中的能量维持其逆变器的正常工作,此时蓄电池通过放电将化学能转化为电能提供给 UPS 电源使用,因此,蓄电池是一种可逆电源。目前在中小型 UPS 电源中广泛使用的是所谓免维护的密封式铅酸蓄电池,它的价格较贵,约占 UPS 电源总生产成本的 25%~40%。在返修的 UPS 电源中,由于蓄电池故障而引起 UPS 电源不能正常工作的比例大约占 1/3,对于长延时(4 h 或 8 h)UPS 电源而言,蓄电池的成本甚至超过 UPS 电源主机的成本。由此可见,正确地使用维护蓄电池组,对延长蓄电池使用寿命关系极大,因而不能掉以轻心。如果使用正确,蓄电池的寿命一般可达 3~5 年,有的蓄电池使用寿命甚至可达 10 年左右。

4. 充电电路

UPS 中的充电电路将蓄电池放电后损失的能量重新补充,一般充电电路是独立于逆变器而工作的,也就是说即使不用逆变器,只要将电源接通,充电电路就可以工作。在充电过程中,充电器的控制电路检测整流充电过程,一般在充电阶段是恒流充电过程,随着电池电压的上升,当蓄电池的电压达到浮充电压以后,充电器工作在恒压阶段,直到电池被充满为止。因此,充电电路的反馈回路一般有两个,一个作为电流反馈,另一个是电压反馈。主电路一般采用开关型电路,其类型一般有两种:降压电路和升压电路。这些电路称为基本充电电路。为了减少充电时间,各种快速充电电路也在 UPS 电源中得到了应用。

5. 逆变电路

UPS 逆变器的功能是将由市电整流所得的直流电压或蓄电池电压变换成交流电压。在后备式 UPS 中其逆变器输出波形一般为准方波,而在在线式 UPS 中其逆变器输出多为正弦脉宽调制波(SPWM),该波形经 LC 低通滤波器滤波后得到标准正弦波。

6. 静态开关电路

静态开关是 UPS 的保护设备和供电转换器件,它一方面保护 UPS 和负载,另一方面作为市电旁路供电和逆变器供电的转换器件。当 UPS 输出过载时，为了保护逆变器，当市电正常时，UPS 通过静态开关将输出由逆变器转换到市电；当逆变器出现故障时，为了保证负载不断电，UPS 输出也通过静态开关输出切换到市电。由于 UPS 内部一般都有同步锁相电路，同时静态开关转换时间较短，因此在转换过程中不会出现间断。小型 UPS 一般采用快速继电器作为静态开关，大中型 UPS 则采用一对反向并联的快速可控硅作为静态开关。

7. 控制、监测、显示及保护电路

控制电路是 UPS 电源的神经中枢，UPS 电源的输出电压精度高低、波形失真度大小以及长期工作可靠性的高低均与控制电路密切相关。控制电路主要有 SPWM 产生电路、闭环调压电路、同步锁相电路等。为了使 UPS 电源可靠工作，它应具有较为完善的保护电路，一般的 UPS 电源都具有电池电压过低自动保护电路、逆变器输出过载或短路自动保护电路、逆变器过压输出自动保护电路、市电输入电压过高自动保护电路和 UPS 电源延迟启动自动保护电路等保护电路。为了随时掌握和了解 UPS 工作状态和运行情况，UPS 电源一般还设有监测电路、显示电路及告警电路。

以上组成 UPS 系统的主要单元中，功率因数校正电路和充电电路（实际就是一种 DC-DC 变换器）在前面章节中已经介绍了，所以下面主要介绍逆变器电路和蓄电池。

第二节　逆变器

逆变器将市电整流滤波后得到的直流电或来自蓄电池的直流电，变换成频率稳定、电压稳定、波形失真小的交流电。目前在逆变器中，逆变原理普遍采用脉宽调制技术（PWM 技术）及波形叠加技术，而实现这些技术的功率级电路在通信电源站应用中，主要有推挽逆变电路、全桥逆变电路和三相桥逆变电路等，均用于中小型 UPS 系统。

一、脉宽调制型全桥逆变器

如图 7.8 所示，全桥逆变器的功率晶体管由基极驱动电路提供激励信号，VT_1、VT_4 和 VT_2、VT_3 在分别获得激励信号后，进入轮流导通或截止状态，从而在变压器初级和次级分别产生交流电压 U_1 和 U_2，经过 LC 滤波电路的作用使负载取得正弦电压。

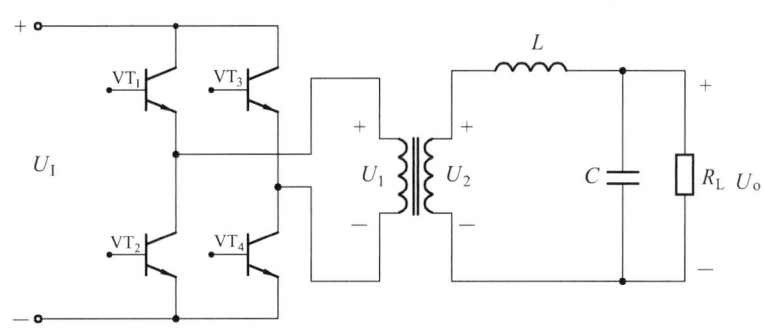

图 7.8　全桥型逆变器

逆变电路输出电压中除了基波外还含有一定的谐波成分,若要得到正弦输出电压,在次级输出电路中,必须设置滤波器。

UPS 交流滤波器应具有下列性能:一是使输出电压中单次谐波含量和总谐波含量降到指标允许的范围内;二是在三相条件下使输出电压不平衡度符合规定范围;三是使负载变化引起的输出电压波动小且满足动态指标,同时要重量轻、体积小。

二、正弦波逆变电路

大多数情况,我们希望 UPS 输出 50 Hz 正弦交流电,所以要求其逆变电路为正弦波逆变电路。逆变电路实现输出为正弦的方法很多,主要有以下 3 种。

(1)阶梯波逆变器。由于逆变电路得到矩形波相对容易,我们可以利用不同相位的矩形波叠加的方式得到一个近似正弦波的阶梯波,如图 7.9 所示。阶梯越多,其所含正弦分量就越多。

(2)多脉冲调制逆变器。多脉冲调制法的基本原理是用一组等高不等宽的矩形脉冲等效正弦波。具体方法是将正弦波沿横轴分割为若干等分,每一个等分包含的正弦面积用一个相同面积的矩形波来代替,这些矩形波组成的半个周期波形便与半个周期正弦波等效。

(3)正弦脉宽调制(SPWM)逆变器。这种方法是通过频率较高的等幅三角波(载波)与幅度可调的 50 Hz 正弦波组合,产生与正弦波等效而脉冲宽度不等的矩形波,称为正弦调制。

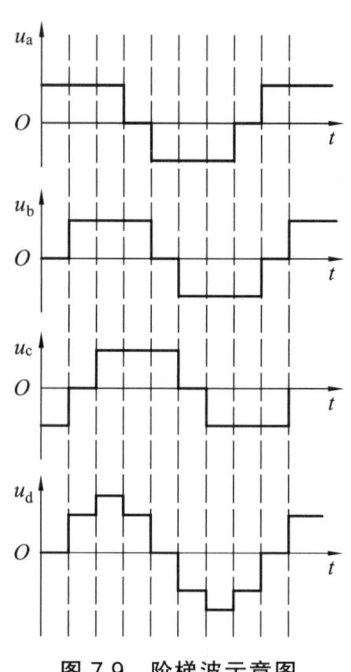

图 7.9 阶梯波示意图

第三节 静态开关

在不间断供电系统中,由于单台 UPS 的功率容量有限,因此往往采用多台 UPS 并联在一起供电,并采用冗余方式向负载供电,除此还有一路交流旁路作为备用电源。小功率 UPS 一般采用快速继电器作为切换元件,但继电器的切换时间为 2~3 ms,会造成瞬间供电中断,并且随着 UPS 功率的提高会产生继电器触点拉弧打火等现象,因此,在大功率 UPS 供电系统及切换过程中,常采用静态开关作为切换元件。静态开关切换性能不良,亦可造成系统供电中断。因此,静态开关是 UPS 的重要组件。

UPS 中静态开关依据组合方式的不同有两种类型,即转换型和并机型,目前单机型的 UPS 静态开关一般采用转换型,而可并机 UPS 的静态开关有的采用并机型。

大多数 UPS 的静态开关是由两个反向并联的晶闸管组成的,如图 7.10 所示。其工作原理较为简单,当其输入端为正弦

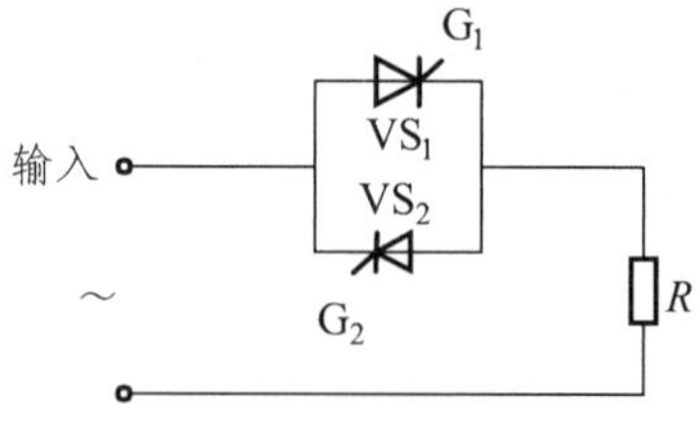

图 7.10 静态开关原理

波电压正半周时，晶闸管 VS₁ 的栅极触发脉冲使 VS₁ 正向导通，向负载 R 提供正半周供电。当输入端电压为负半周时，晶闸管 VS₂ 承受正向阳极电压，VS₁ 在反向阳极电压下关断，VS₂ 的栅极触发脉冲到来时，VS₂ 正向导通，负载 R 上流过与正半周相反的电流。

UPS 中逆变器输出静态开关与旁路静态开关的并联工作方式如图 7.11 所示。当逆变器正常工作时，通过静态开关 S₁ 为负载 R 供电；当逆变器因故障退出供电时，静态开关 S₁ 关断，旁路静态开关 S₂ 导通继续为负载供电。这种静态开关与其检测控制电路相配合使用，可使大中型 UPS 的逆变-旁路转换时间缩短至 1 ms 甚至更短。一般大中型 UPS 为了在主机检修时不中断对负载的供电而设置了检修旁路开关。UPS 逆变器输出静态开关、自动旁路静态开关和检修旁路开关的连接方式如图 7.12 所示。

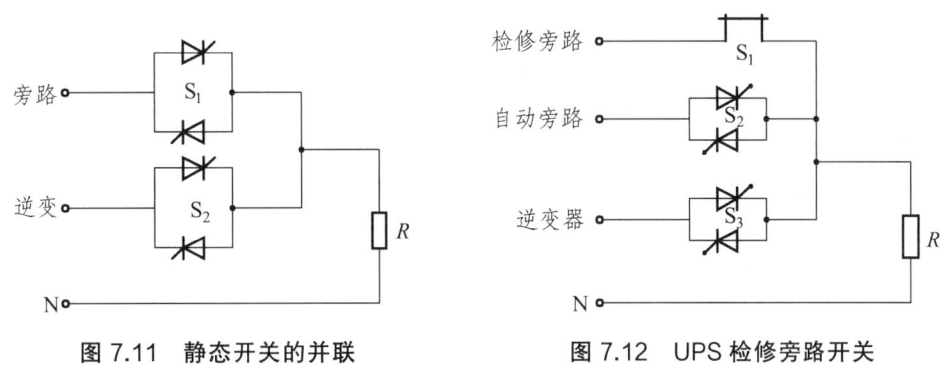

图 7.11　静态开关的并联　　　　图 7.12　UPS 检修旁路开关

UPS 正常工作时，逆变器的输出静态开关 S₃ 导通，为负载供电。当检修时，先将逆变供电方式转为自动旁路供电，这种转换方式是 UPS 必须具有的功能，所以转换时间极短而且可靠。转换到自动旁路后市电通过静态开关 S₂ 为负载供电，此时可将检修旁路开关 S₁ 闭合，与自动旁路静态开关 S₂ 并联为负载供电。由于 S₁ 与 S₂ 并联在同一相市电上，所以其输出必然同频率、同相位、同幅度。而后将自动旁路开关 S₂ 断开，改为由检修旁路开关 S₁ 供电，UPS 主机已完全退出供电，便可对 UPS 各部分进行维护检修。当恢复逆变器供电时，可将自动旁路开关 S₂ 投入工作，而后把检修旁路开关 S₁ 断开，最后将自动旁路供电状态转换为逆变器供电。也有一些 UPS 在转换控制电路的时序上做了过渡设计，允许 UPS 由逆变器供电状态直接转换到检修旁路供电。以上所介绍的静态开关的转换，必须在逆变器的频率及相位跟踪市电功能正常的情况下进行。

若在 UPS 的逆变器输出电压与旁路市电电压的频率和相位不同步的情况下进行相互转换，无论对负载或 UPS 都有可能造成故障。其中对负载将会造成输入电压波形瞬间异常或供电瞬间中断等故障。假设相位不同步时的电压波形如图 7.13（a）所示。如果 UPS 的负载输入电路是有源功率因数补偿电路，在图 7.13（a）中的 t_0 时刻进行转换，则负载输入端电压将会产生如图 7.13（b）所示的畸变。而输入电压波形的失真必然导致输入电流波形的失真。

如果 UPS 的负载输入端是整流非线性负载，在图 7.13（a）所示的 t_1 时刻转换时，将会使整流滤波电路中的储能滤波电容在半个周期内无脉冲电流补充能量，使滤波电路直流输出电压降低而影响负载的正常工作。由于在半个周期内无充电电流，滤波电容两端电压较低，因此必然会造成下半个周期电容充电脉冲电流峰值增大，充电时间增加。峰值电流的增加无

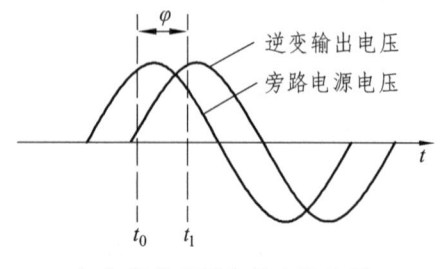 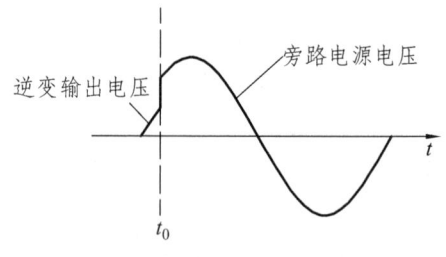

（a）相位不同步的电压波形　　　　　　（b）相位不同步时转换导致电压波形的畸形

图 7.13　相位不同步时的电压波形和转换时的波形

论对 UPS 的逆变器、静态开关或负载的整流二极管都会造成较大的电流冲击。在上述不同步状态下转换时，整流非线性负载的输入电压、电流和滤波电容 C 两端的电压波形如图 7.14 所示。图中 t_1 时刻为不同步波形的转换点，$t_0 \sim t_1$ 时间内的电压波及电流波为转换前 UPS 逆变状态下的输出，也是整流非线性负载的输入波形。由于在相位不同步时进行转换，使转换点电压达不到最大值而使滤波电容 C 的电压 U_C 继续下降，直到转换完毕的下半个周期，滤波电容 C 才再次得到补充充电，所以会产生很大的充电峰值电流 I_M。图中滤波电容 C 充放电电压 u_C 曲线上阴影部分是由于不同步转换而失去的能量。

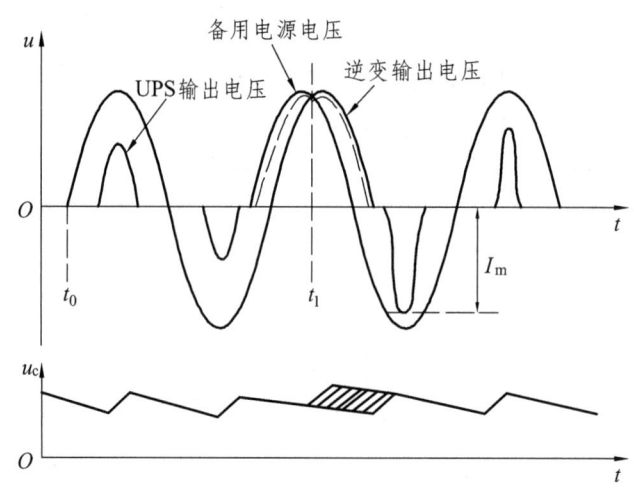

图 7.14　相位不同步转换时的电流波形

在旁路电源电压与 UPS 逆变器输出电压存在较大的相位差时进行转换，将会在主用和旁路电源之间产生较大的瞬时环流。逆变器输出侧的静态开关中的两个晶闸管只有在电流为零时才能被驱动导通或关断。当主、旁路电源输出电压相位差 φ 较大时，在转换的瞬间同样会使电流波产生相位差 φ。因此将会使逆变器输出侧的静态开关的关断时间向后推迟了一个相位 φ，此时已经转换到旁路电源供电，因此旁路电源的输出电流在相位差 φ 对应的时间内，会通过尚未关断的静态开关向逆变器输出端反灌而形成瞬时较大的环流，甚至会损坏静态开关。所以在实际使用中，对 UPS 规定了与旁路电源转换时的最大允许相位差。

第四节 蓄电池

一、UPS 常用蓄电池种类

根据电解液的种类一般分为碱性蓄电池和酸性蓄电池；根据密封程度分为开口蓄电池和密封蓄电池，而密封蓄电池的电解液一般为铅酸液体。在 UPS 实际应用中的蓄电池一般有开放型液体铅酸蓄电池、免维护蓄电池、镍镉蓄电池三种。现 UPS 厂家所配的蓄电池一般为免维护蓄电池，下面以免维护蓄电池为主介绍三种蓄电池的特点。

1. 开放型液体铅酸蓄电池

此类蓄电池可分为 8~10 年、15~20 年寿命两种。由于此类蓄电池硫酸电解会产生腐蚀性气体，因此必须安装在通风并远离精密电子设备的房间，且蓄电池房应铺设防腐蚀瓷砖。

由于蒸发的原因，开放型蓄电池需定期测量电解液密度，加酸加水。此蓄电池可忍受高温高压和深放电。蓄电池房应禁烟并用开放型蓄电池架。

此蓄电池充电后不能运输，因而必须在现场安装后充电，初充电一般需 55~90 h。

2. 免维护蓄电池

免维护蓄电池又名阀控式密封铅酸蓄电池，免维护蓄电池都配有安全阀，当蓄电池内部气压升高到一定程度时，安全阀可自动排除过剩气体，在内部气压恢复时安全阀会自动恢复。在使用和维护中需遵循下列原则：

免维护蓄电池在低温下运行将获得长寿命但容量较低，而在高温运行则可获得较高容量但寿命较短。一般地，温度超过 25 ℃ 后，每升高 10 ℃ 蓄电池寿命将缩短一半，故推荐在 20~25 ℃ 使用。

免维护蓄电池的设计浮充电压为 2.3 V/节，12 V 的蓄电池其浮充电压为 13.8 V。在 120 节蓄电池串联的情况下，温度高于 25 ℃ 后，温度每升高 1 ℃ 浮充电压应下调 3 mV/节；同样温度每降低 1 ℃，为避免充电不足则应将浮充电压应上调 3 mV/节。放电终止电压在满载（<30 min）情况下为 1.67 V/节。在低放电率情况下（小电流长时间放电）要升高至 1.7~1.8 V/节，某些 UPS 可根据负载量调节充电电压。

免维护蓄电池在到达寿命终了时表现为容量衰减、内部短路、外壳变形、极板腐蚀、开路电压降低。

3. 镍镉蓄电池

与铅酸蓄电池不同，镍镉蓄电池电解时产生氢和氧而不产生腐蚀性气体且水的消耗很少，因而可安装在电子设备的旁边，一般不需维护。镍镉蓄电池正常寿命为 20~25 年，且远比前面提到的蓄电池昂贵，初始安装的费用约为铅酸蓄电池的 3 倍。镍镉蓄电池不会因环境温度高而影响蓄电池寿命，也不会因环境温度低而影响蓄电池容量。一般每节电压为 1.2 V，UPS 若应用此类蓄电池需设计较高的充电器电压。

4. 三种蓄电池的优点和缺点

三种蓄电池的比较见表 7.1。

表 7.1　各种蓄电池的比较

种　类	概　述	优　缺　点
铅酸蓄电池	一般型蓄电池，也称为汽车用蓄电池	（1）对温度要求较低； （2）充放电时会产生氢气，安置地点须通风良好以免造成危险； （3）电解液呈酸性，会腐蚀金属； （4）需在现场充电； （5）需经常加水维护； （6）价格低廉
铅酸免维护蓄电池	新型蓄电池	（1）密封式充电不会产生任何有害气体，不需考虑通风问题； （2）不需加液等维护，可在满充状态下运行，不需专人维护； （3）放电率高，特性稳定； （4）不及时恢复性充电会损害蓄电池； （5）对温度较敏感，寿命较短； （6）价格较高
镍镉蓄电池	高级蓄电池	（1）寿命长，对温度不敏感； （2）以水为介质，充放电不会产生有害气体； （3）维护要求较低，失水率低，不需要固定时间加水及保养； （4）放电特性佳，可放置于任何恶劣环境； （5）期望寿命 20～40 年； （6）价格高昂，用于特殊场合及特殊设备上

二、蓄电池的主要技术参数和性能指标

蓄电池一般有以下几个指标：

（1）正常电压。

（2）容量。蓄电池的额定容量是指在 25 ℃下 10 h 放电率的容量，放电终止电压不低于 1.80 V/节。在环境温度 −40～40 ℃内，蓄电池的放电容量随温度升高而升高。一般而言，在 0～25 ℃内温度每下降 1 ℃容量也下降 1%。

（3）放电速率。一般用多少倍 C 表示放电速率，1C 表示数值为额定容量的电流，如果额定容量为 24 A·h，则 1C = 24 A。有的用 C_n 表示额定容量是以 n 小时的放电速率进行放电测得的。

（4）终止电压。如某蓄电池的参数为 12 V、24 A·h/10 HR，表示该蓄电池电压为 12 V，以 10 h 的放电速率对蓄电池放电，到蓄电池的截止电压为 10.5 V 时，蓄电池一共可供使用的容量为 24 A·h，即额定容量为 24 A·h。

三、蓄电池的放电特性及影响因素

图 7.15 为典型的蓄电池放电曲线，其中竖轴为蓄电池的电压，横轴为蓄电池可供使用的容量。

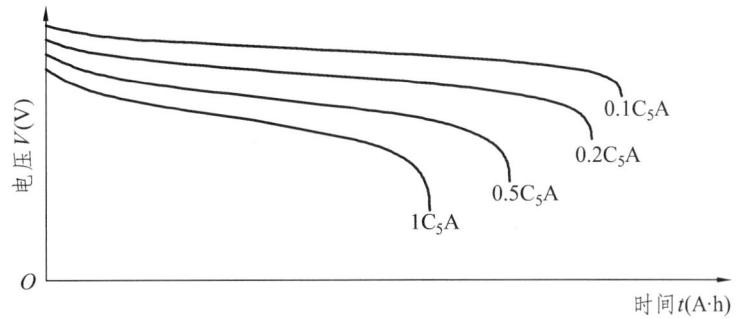

图 7.15 蓄电池不同放电速率的放电曲线图

从图 7.15 可以看出：

（1）蓄电池的放电电流越大，则蓄电池的输出电压稳定能力越差，可供使用的容量越小。反之，蓄电池的放电电流越小，则蓄电池的输出电压稳定能力越好，可供使用的容量越大。

（2）蓄电池在接通负载开始放电的瞬间，蓄电池的输出电压迅速下降；蓄电池的放电电流越大，瞬间电压降越大；蓄电池的放电电流越小，瞬间电压降越小。

（3）在放电的最后阶段，可以看到蓄电池的电压迅速降低，造成蓄电池过度放电，从而影响蓄电池的使用寿命。

（4）电池的放电电流越大，则蓄电池的可供使用的容量越小，放电时间越短；反之，蓄电池的放电电流越小，则蓄电池的可供使用的容量越大，放电时间越长。

实践证明：当放电电流超过 2C 时，将大大缩短蓄电池电压的稳定时间，而且会在接通负载的瞬间造成蓄电池输出电压的迅速跌落。故在实际的使用过程中，我们应控制好放电电流，避免蓄电池大电流放电，以保证蓄电池的使用寿命。

同时实践发现，蓄电池可供使用的容量与环境温度有密切的关系，蓄电池的温度过低或过高，均会导致蓄电池的实际可供使用的容量下降，所以在维护过程中应保证蓄电池的温度在适宜的范围内。

四、蓄电池的充电类型

一般我们说蓄电池的充电方式有浮充充电和均衡充电两种。

1. 浮充充电

浮充充电简称浮充，是以最小的充电电流、比较低的推荐电压对电池进行长时间的连续不断地充电，以使电池始终保持满容量的充电方式。浮充运行是蓄电池的最佳运行条件，运行时电池一直处于满荷电状态，电池在此条件下运行将达到最长的使用寿命。充电电压应随环境温度做适当调整，一般温度每升高或降低 1 ℃，每只电池浮充电压将相应下降或升高，具体值因蓄电池而异。

2. 均衡充电

均衡充电简称均充，是在规定的时间内，以所能容许的最大电压对电池充电以恢复电池的能量，可使串联的各个电池单元容量最大且电压一致的充电方式。对蓄电池进行均充，充电电流大小必须严格遵循产品说明书要求，否则会大大缩短蓄电池的使用寿命。在以下几种情况下，应及时对蓄电池进行均衡充电：

（1）过度放电使得端电压小于蓄电池规定的终止电压。

（2）放电后未及时进行充电的蓄电池。

（3）市电中断后，连续浮充蓄电池放出近一半的实际容量。

（4）长期闲置不用的蓄电池或蓄电池内阻明显增大的蓄电池。对于液面过低的蓄电池，如果不能通过均衡充电来使蓄电池复活，则只能重新更换蓄电池或者重新更换电解液。

（5）电池组浮充运行过程中，若有两只以上电池电压低于 2.18 V，则应人为进行均充。

鉴于蓄电池在 UPS 系统中的重要性，而充电方式又直接影响蓄电池的寿命，因此各设备厂家针对各种不同的情况对蓄电池的充电模式进行了优化，以延长蓄电池的寿命。根据运行情况我们又可以分为四种充电模式：

① 初充电。即新蓄电池在安装完毕后，进行的第一次较长时间的充电。蓄电池初充电的电流大小采用说明书的规定值或额定容量 1/10 的电流值，一般建议采用说明书的规定值。

② 浮充。蓄电池充满电后，在 UPS 正常工作时，采用这种充电方式对蓄电池进行充电。在浮充过程中，负载电流全部由整流器提供，同时蓄电池接受来自整流器的部分电流，以补充蓄电池组自身的局部放电消耗，蓄电池对负载不提供任何输出，在电路中只起到平滑滤波作用。这种平滑滤波作用对减小整流器滤波电容和提高逆变器工作的稳定性都非常有利。

③ 复电均充。是指蓄电池在放电终止后进行的再充电。正常充电时应采用分级定流充电方式，即在充电初期采用较大的电流进行充电，经一段时间后改用较小的电流进行充电，在充电后期改用更小的电流充电。采用这种充电方式的充电效率较高，所需的充电时间较短，充电效果较好，有利于延长蓄电池寿命。

④ 定时均充。蓄电池在正常使用过程中会因电解液液面位置、密度、温度、各蓄电池单元的端电压、蓄电池内阻等变化而引起不均衡情况，这种不均衡会导致蓄电池组输出电压过低或蓄电池组内阻过大，严重时有导致蓄电池组无法再次充电使用的危险。为了防止这种不均衡不断加剧，在一定的时间内应分别对蓄电池组中的每个单元进行均衡充电，使蓄电池的每个单元都达到均衡一致的良好状态。

五、蓄电池的使用和保养

蓄电池的维护应做到运行、日常管理的周到、细致和规范性，以保证设备（包括主机设）保持良好的、可靠的运行状况，进而延长使用年限；保证直流母线经常保持合格的电压和蓄电池的放电容量；保证蓄电池运行和人员的安全。

1. 影响蓄电池使用寿命的因素

蓄电池的使用寿命是衡量蓄电池质量的重要参数。蓄电池的寿命一般有循环寿命和涓流寿命之分。

循环寿命是指蓄电池的充、放电循环寿命。充满电的蓄电池放电至临界电压后，再重新充满电即为一次循环，主要取决于放电率、放电深度和恢复性充电的方式，其中最重要的因素是放电深度。在放电率和放电时间一定时，放电深度越浅，蓄电池循环寿命越长。

蓄电池放电时，并不放电至临界电压，只释放出部分容量，然后再充电，这样的充电次数称为涓流寿命，涓流寿命受放电深度影响很大，一般说来，质量较好的小型铅酸蓄电池，在蓄电池制造商推荐的条件下使用，其涓流寿命为 600～1 000 次，中型蓄电池在 1 200 次以上。

IEEE 定义蓄电池寿命结束为容量不足标称容量（安时）的 80%。一些 UPS 厂家定义蓄电池的寿命结束为容量降至标称容量的 50%～60%。

蓄电池使用寿命受蓄电池的种类、安装、环境温度、充/放电电流、充电方式、充电电压、放电深度、长期充电和蓄电池维护等因素的影响。

（1）蓄电池安装。

蓄电池应尽可能安装在清洁、阴凉、通风、干燥的地方，并要避免受到阳光、加热器或其他辐射热源的影响；蓄电池应正立放置，不可倾斜角度，每个蓄电池间端子连接要牢固。

（2）环境温度。

环境温度对蓄电池的影响较大。环境温度过高，会使蓄电池过充电产生气体；环境温度过低，则会使蓄电池充电不足，这都会影响蓄电池的使用寿命。温度偏高会缩短蓄电池的使用寿命，温度偏低会降低蓄电池的有效放电容量，特别是密封蓄电池，当温度在 25 ℃ 以上时，温升每增加 10 ℃，蓄电池的使用寿命将缩短一半。因此一般蓄电池运行时要求环境温度在 20～25 ℃，UPS 浮充电压值也是按此温度来设定的。

（3）充/放电电流。

放电电流一般要求在 0.05C～0.3C 内，在正常使用中都能满足此要求，但也要防止意外情况的发生，如蓄电池短路。充电电流过大或过小都会影响蓄电池的使用寿命。应防止蓄电池被过电流充电，虽说在充电时可以接受大电流，但在实际操作中应尽量避免，否则会造成蓄电池极板膨胀变形，使得极板活性物质脱落，蓄电池内阻增大，温升增大，严重时将造成容量下降，寿命提前终止。

（4）充电电压。

UPS 蓄电池属于备用工作方式，市电正常情况下处于充电状态，只有停电时才会放电。为延长蓄电池的使用寿命，UPS 的充电器一般采用恒压限流的方式控制，蓄电池充满后即转为浮充状态，每节浮充电压设置为 13.7 V 左右。如果充电电压过高就会使蓄电池过充电，反之会使蓄电池充电不足。充电电压异常，可能是由蓄电池配置错误引起，或因充电器故障造成，因此在安装蓄电池时，一定要注意蓄电池的规格和数量的正确性，不同规格、不同批号的蓄电池不要混用。外加充电器不要使用劣质充电器，而且安装时要考虑散热问题。

应防止蓄电池被过电压充电。充电电压过高，将加速电解液中水分的电解，使其分离为氢气和氧气而逸出，并且对于密封蓄电池，内部气压过高将导致减压阀打开，这样设备的寿命将缩短。同时也应防止蓄电池被欠电压充电。充电电压过低，也会导致蓄电池寿命缩短。

不论是在浮充工作状态还是在充电、放电检修测试状态，都要保证电压、电流符合规定要求。过高的电压或电流可能会造成蓄电池的热失控或失水；电压或电流过小会造成蓄电池亏电，这都会影响蓄电池的使用寿命，其中前者的影响更大。

（5）放电深度。

放电深度对蓄电池使用寿命的影响也非常大，蓄电池放电深度越深，其循环使用次数就越少，因此在使用时应避免深度放电。虽然 UPS 内都有蓄电池低电压保护功能，一般对于单节 12 V 的蓄电池放电至 10.5 V 左右时，UPS 就会自动关机，但是如果 UPS 处于轻载放电或空载放电的情况下，也会造成蓄电池的深度放电。这种小电流深度放电，会造成蓄电池永久损坏。在容量试验中或是放电检修中,通常放电深度达到蓄电池容量的30%~50%就可以了。

2. 蓄电池的定期保养

蓄电池在使用一定时间后应进行定期检查,检查内容有:

(1)检查室内温度,保证在20~25 ℃,最好为25 ℃。

(2)保证室内空气的流通性,特别是对非密封蓄电池。

(3)非密封蓄电池组应定期检查电解液的液面和密度,定期补充蒸馏水,弥补电解液中水分的损失,并且根据电解液的密度补充电解液。

(4)定期清洁、紧固连接条,检测连接条电压降,并用中性凡士林涂抹连接条做防酸、防碱处理,防止松动、腐蚀现象。

(5)检查蓄电池外观是否完好,是否有破裂、漏液,对于免维护蓄电池还应检查蓄电池外壳是否鼓胀、变形、蓄电池的通气孔密封是否完好,极柱、安全阀周围是否有酸雾逸出。

(6)定期测量各蓄电池的端电压,检查是否正常。通过测量蓄电池开路电压来判断蓄电池的好坏,开路电压越低,则蓄电池储能也越低;若是测量到一个蓄电池的端电压明显偏离正常值,就可以判断此节蓄电池已经损坏。同时对蓄电池组中的各蓄电池进行对比比较,可以发现明显落后的蓄电池。

(7)定期测量各蓄电池的内阻,根据内阻值能准确查出完全失效的电池。根据运行经验,正常的蓄电池内阻在 10~30 MΩ,若测得内阻在 200 MΩ以上,则蓄电池的放电特性不足以维持 UPS 的正常运行。大量的实验分析及研究结果证明,电池的容量只有降低到50%以后,内阻才会有较大变化,降低到40%以后,会有明显变化,所以,根据电池内阻值,可以在一定程度上确定电池的性能,但对于电池的好坏程度,还不能提供准确的数据依据。随着蓄电池充电过程的进行,内阻逐步减小;随着放电过程的进行,内阻逐步增大。另外,随着蓄电池老化,其剩余容量随之下降,内阻也逐渐增大。蓄电池完全充电(充满)和完全放电(放完)时,其内阻相差2~4倍,变化率远远大于蓄电池端电压变化率(为30%~40%),因此,通过测量蓄电池内阻可以比较准确地预测其剩余容量。

(8)长期放置不用的蓄电池需定期进行充电和放电。

(9)定期进行放电试验。对于运行在供电质量高、很少发生停电状况的供电系统中的 UPS 电源而言,蓄电池会一直处于充电状态,这样会使蓄电池的活性变差,故需要定期进行放电试验以保持蓄电池活性。

(10)核对性放电试验。一般可每三个月进行一次,做法是 UPS 带负载,然后断开市电,使 UPS 处于蓄电池放电状态,放电持续时间视蓄电池容量而定,一般为几分钟至十几分钟,或者放电时间控制在正常放电时间的 1/3~1/4,放出额定容量的 30%~40%,此时 12 V 电池单只端压应大于 11.7 V,放电后恢复市电供电,继续对蓄电池充电。在该过程中要不断测量电压,特别关注发现和处理落后蓄电池,一旦有一只达到放电终止电压时,应停止放电,对落后蓄电池进行处理后方可再做放电试验。这样可防止事故,以免放电中落后蓄电池恶化为反极蓄电池。

(11)容量试验。测量电池的实际容量,每三年做一次,在接近使用寿命期的后几年宜每年做一次。一般采用在线式的检测,比较安全,但对实际容量只能做一个估计,具体方法如下:

① 为防止出现直流供电中断,一般都把整流器开着,将整流器输出电压调整至蓄电池放电电压终止电压以下。

② 放电电流为实际负载的供电电流，在放电到设定终止电压以前，由蓄电池供电给负载。这时要记录蓄电池电压变化过程。

③ 当放电电压低于设定终止电压时，系统将自动转由整流器供电，确保设备安全。

④ 调整开关电源充电电压到设定浮充电压，对蓄电池组进行充电。

⑤ 调整整流器输出电压为 $2.23 \times 23 + 1.8 = 53.09$（V），用假负载对步骤②放电时发现的最差的那个电池进行放电实验，放电电流可以选择较大电流（$3I_{10} \sim 5I_{10}$）。

⑥ 放电电流乘以放电时间即为蓄电池组的容量。蓄电池按 10 h 放电时，如果温度不是 25 ℃，则应按照实际测量的容量换算成 25 ℃ 的容量。

⑦ 放电结束后用充电机对最差的那个电池进行充电，恢复其容量。

⑧ 根据记录的数据绘制放电曲线。

3. 蓄电池的使用注意事项

（1）绝对禁止不同容量和不同厂家的蓄电池混用，否则会缩短蓄电池寿命。

（2）若两组蓄电池并联使用，应保证蓄电池连线、汇流排阻抗相同。

（3）放电结束后，应马上充电。若在 72 h 内没有再次充电，硫酸盐将附着在极板上而损坏蓄电池。

第五节　Liebert NX 型 UPS

一、Liebert NX 型 UPS 的特点

UPS 连接在市电与重要负载（如计算机）之间，为负载提供高质量的电源。Liebert NX 型 UPS 具有以下特点：

（1）提高供电质量。Liebert NX 型 UPS 通过内部电压和频率调节器，使其输出不受其输入电源变化的影响。

（2）提高噪声抑制。Liebert NX 型 UPS 采用交-直变换方式，有效地滤掉输入电源中的杂波，供给负载干净的电源。

（3）市电掉电保护。若输入电源断电，Liebert NX 型 UPS 同电池供电，负载供电无中断。

（4）兼容两种输出模式——三进三出（出厂默认）和三进单出（需选用三进单出铜排组件）。这两种供电方式必须由授权人员更改接线方式并通过后台设置相关参数。

二、Liebert NX 型 UPS 的系统原理

Liebert NX 型 UPS 采用 AC-DC-AC 变换器，其原理框图如图 7.16 所示。第一级变换 AC-DC 采用三相调频整流器，把三相交流输入电压变换成稳定的直流母线电压。

UPS 具备独立的电池充电器，并采用先进的温度补偿技术，可以有效地延长电池使用寿命。逆变器采用大功率绝缘栅双极性晶体管（IGBT）作为其逆变元件，采用了先进的正弦脉宽调制（SPWM）控制技术，把直流母线电压逆变成交流电压。

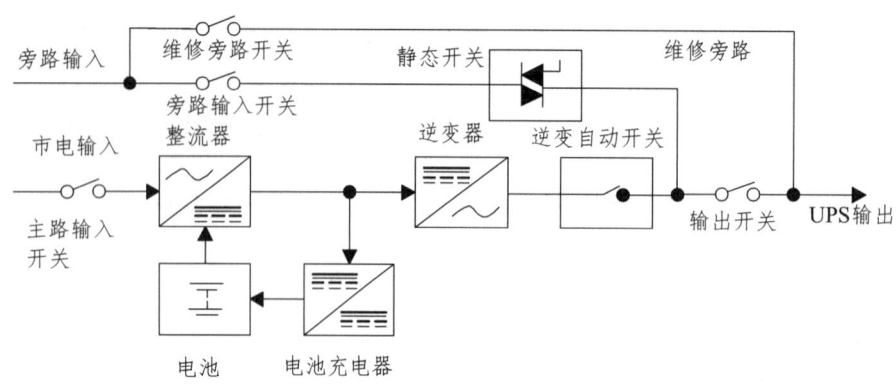

图 7.16 UPS 单机工作原理图

市电正常时，整流器和逆变器均正常工作，负载由逆变器供电，电池开关闭合且电池处于稳定的浮充电状态。市电异常（停电或不正常）时，整流器将自动停止工作，系统转由电池逆变输出，电池经整流器与逆变器向负载供电；若电池电压下降至放电终止电压（电池放电终止电压已预告设定）时市电还未恢复正常，UPS 将自动停止工作，UPS 的操作控制显示面板将显示相应的告警信息。若主、旁不同源且旁路正常，系统将转由旁路电源供电。当市电在允许的时间内恢复正常时，整流器将自动开机（此时其输出功率逐渐增加），重新给负载供电并对电池充电，因此负载供电不会中断。

市电异常时，由电池维持 UPS 工作，直至电池电压降到电池放电终止电压而关机的时间，称为"后备时间"。后备时间的长短取决于电池的容量和所带负载的大小。

通过包含可控电子开关的电路的"静态开关"模块的智能控制，使负载既可以由逆变器供电，也可以由旁路电源供电。正常情况下，负载由逆变器供电，此时逆变器的逆变自动开关闭合；如果逆变器输出过载或逆变电流超过指标范围，且超出了所规定的时间，负载将自动转由旁路供电，负载电源不中断。如果过载和电流均降到规定范围内，则负载将切换到逆变器供电，此时 UPS 操作控制显示面板都会提供告警信息。如遇输出短路，负载将被切换到旁路供电，逆变器关闭，5 min 后逆变器自动开启，若此时短路状态清除，则负载将切换到逆变器供电。此切换是由系统所使用的保护器件的特性所决定的。

在正常运行状态下，要实现逆变器与旁路电源间的无间断切换，必须控制逆变器输出与旁路电源完全同步。鉴于此，当旁路电源频率在同步范围内时，逆变器控制电路总是使逆变输出频率跟踪旁路电源频率和相位。另外，UPS 还设置了手动维修旁路开关，用于 UPS 因维护而需要关机的情况，由旁路电路通过维修旁路直接给重要负载供电。

UPS 具有第二条旁路电路，即维修旁路，用于对 UPS 系统进行定期保养或维修时给工作人员提供一个安全的工作环境，同时给负载提供未经处理的市电电源。该维修旁路可通过维修旁路开关进行手动选择，置于 OFF 位置可将其断开。

特别提醒：如果 UPS 系统由 2 个或 2 个以上的 UPS 单机并联组成，且当负载容量超出单机容量时，请不要使用内部维修旁路开关。

UPS 可以采用主、旁不同源，即配置旁路采用独立市电输入。在主、旁不同源配置中，静态旁路和维修旁路共同采用一个单独的旁路电源。如果不能给旁路提供独立市电输入，则把旁路开关的输入端子和主路开关的输入端子短接，使旁路输入和主路输入使用同一路市电。

UPS正常运行时，除维修旁路开关外，其他所有开关都应闭合。

外接电池必须通过电池开关与UPS相连。UPS提供电池开关盒（BCB）选件，请将电池开关盒安装在靠近电池的位置。电池开关通过手动或电动闭合。电池开关具有欠压脱扣线圈，当电池电压欠压时，UPS控制电路向此线圈发出信号，使电池开关跳闸。同时，此开关还有过载保护的脱扣功能。

UPS最多可由4台单机并联组成并机系统，以达到提高系统容量和可靠性的目的。并联的各UPS单机均分负载。另外，两个单机或并机系统也可以组成双母线系统（LBS）。各单机或系统带独立输出，并且通过LBS电缆实现输出同步，以达到重要负载在两个系统或单机中无缝切换的目的。

并机系统有以下特点：

（1）UPS的软件和硬件与单机完全一致，并机系统的配置可通过参数设置软件或面板按键实现。

（2）并机电缆形成闭环连接，为系统提供可靠性和冗余。LBS电缆连接在两母线系统中的任意两个UPS单机之间。智能并机逻辑为用户提供最大的灵活性。例如，可以按顺序关闭或启动并机系统的各单机；可以实现正常模式和旁路模式之间的无缝切换，并且可以自动恢复，即过载消除后，系统会自动恢复至原来的运行模式。

（3）可以通过各单机LCD查询并机系统的总负载量。

多个单机并联组成的并机系统相当于一个大的UPS系统，但具有更高的系统可靠性。为了保证各单机使用度相同并符合相关配线规定，应满足下以要求：

（1）所有单机必须容量相同并接至相同的旁路电源。

（2）旁路和主路输入电源必须接至相同的N线输入端子。

（3）如果安装漏电流检测装置（RCD），必须正确设置并安装于共同的N线输入端子前，或者该器件必须监控系统的保护地电流。

（4）对于由2个或更多单机并联组成的系统，应选配旁路电感元件。

三、Liebert NX型UPS的运行模式

1. 正常模式

如图7.17所示，市电经UPS整流器整流，再经逆变器为负载提供连续不中断的交流电源，同时通过充电器给电池充电的运行模式，即为正常模式。

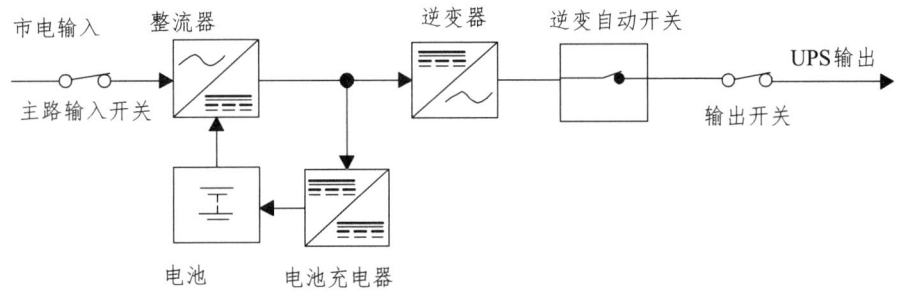

图7.17 正常模式运行示意图

2. 电池模式

如图 7.18 所示，电池通过整流器与逆变器给负载提供后备电源的运行模式，即为电池模式。市电停电时，系统自动转至电池模式运行，使得负载电源不会中断。当市电恢复时，系统再自动切回正常模式，无须任何人工干预，且负载电源也不会中断。

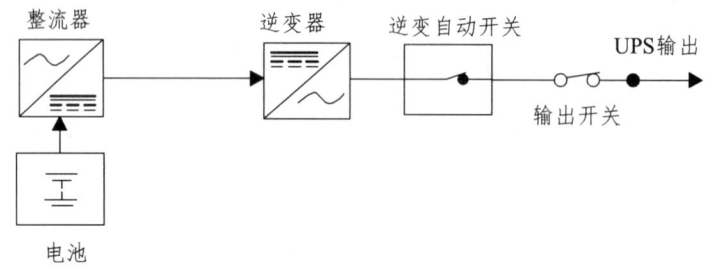

图 7.18 电池模式运行示意图

市电停电时，也可以使用电池冷启动功能直接从电池模式启动 UPS。因而可独立使用电池电源，以提高 UPS 的使用率。

3. 自动开机模式

UPS 提供自动开机功能，即市电停电时间过长，电池放电至终止电压导致逆变器关机后，若市电恢复，经一定的延时时间后，UPS 会自动开机。该功能及自动开机的延时时间可由服务工程师设置。自动开机延时过程中，UPS 给电池充电，以防止市电再次停电时造成负载断电的危险。

如果 UPS 未设置自动开机功能，用户可通过按面板上的 FAULT CLEAR 键后再按 ON 键手动启动 UPS。

4. 旁路模式

如图 7.19 所示，正常模式下，如遇逆变器故障、逆变器过载或手动关闭逆变器，负载将从逆变器侧切换至旁路电源侧，负载电源不中断。这种运行模式即为旁路模式。旁路模式运行时，如果切换过路中逆变器与旁路不同步，将出现负载电源瞬间间断，时间小于 20 ms。

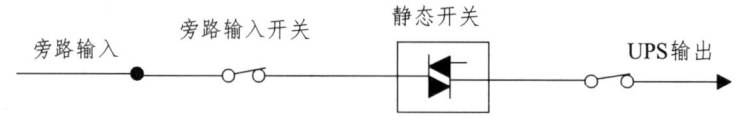

图 7.19 旁路模式运行示意图

5. 维修模式

如需要对 UPS 进行维护和维修，可以手动闭合维修旁路开关，将负载切换至维修旁路，负载电源不中断。这种运行模式即为维修模式。维修旁路开关位于 UPS 单机内，容量满足单机总负载容量要求。

6. 经济运行（ECO）模式

如图 7.20 所示，选择 ECO 模式运行时，除维修旁路开关外，其他相关的电源开关及电池开关均处于闭合状态，负载电源优先由旁路提供，以达到节能的目的。当旁路电源在正常频率和电压范围(可设置)时,负载电源由旁路提供,逆变器处于后备状态。当超出正常范围时,系统将切换至逆变器输出,切换时间小于 20 ms。此工作模式下,仍能正常通过充电器对电池进行充电。ECO 模式下,负载由旁路市电供电时,逆变器指示灯不亮,LCD 显示为"旁路供电",负载无市电电压畸变保护。

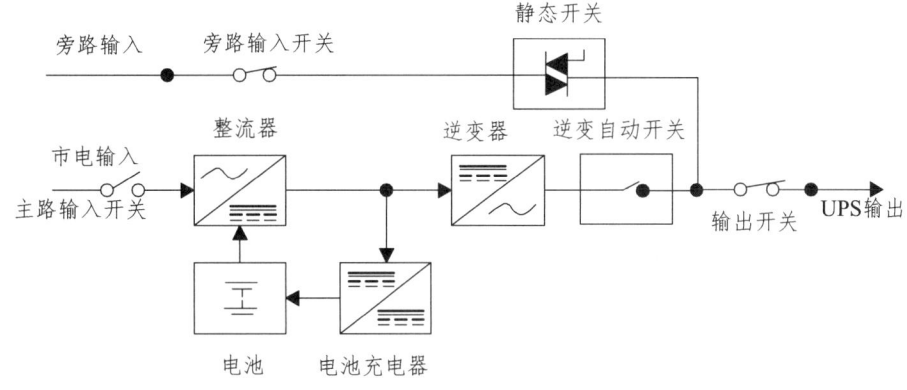

图 7.20　经济模式运行示意图

7. 并机模式

为了提高系统容量或可靠性,可将数个 UPS 单机设置为直接并联,由各 UPS 单机内的并机控制逻辑保证所有单机自动均分负载。并机系统最多可由 4 台单机并联组成。典型并机系统原理图如 7.21 图所示。

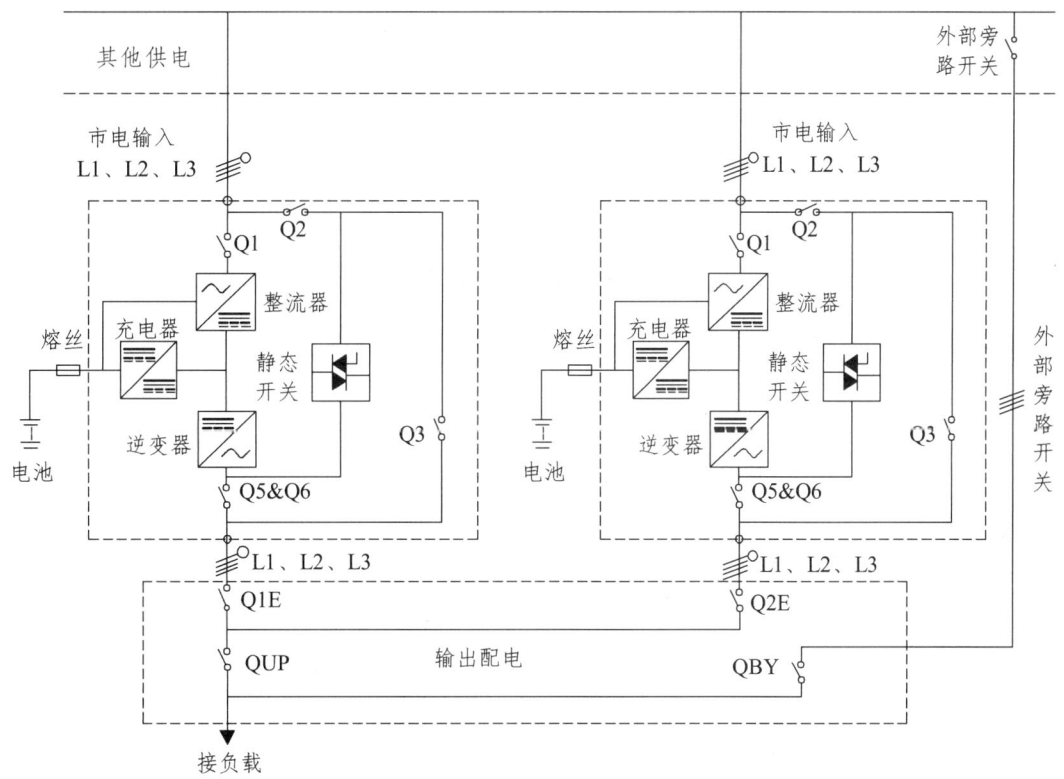

图 7.21　典型并机系统原理图(带公共输入、独立电池和输出)

8. 双母线系统（LBS）模式

双母线系统由两个独立的 UPS 系统组成，各 UPS 系统可由一个或多个并联 UPS 单机组成。双母线系统可靠性高，适用于带多个输入端子的负载。对于单输入负载，可以加入一个可选配的静态切换开关（STS）给负载供电。LBS 系统模式工作原理图如图 7.22 和 7.23 所示。

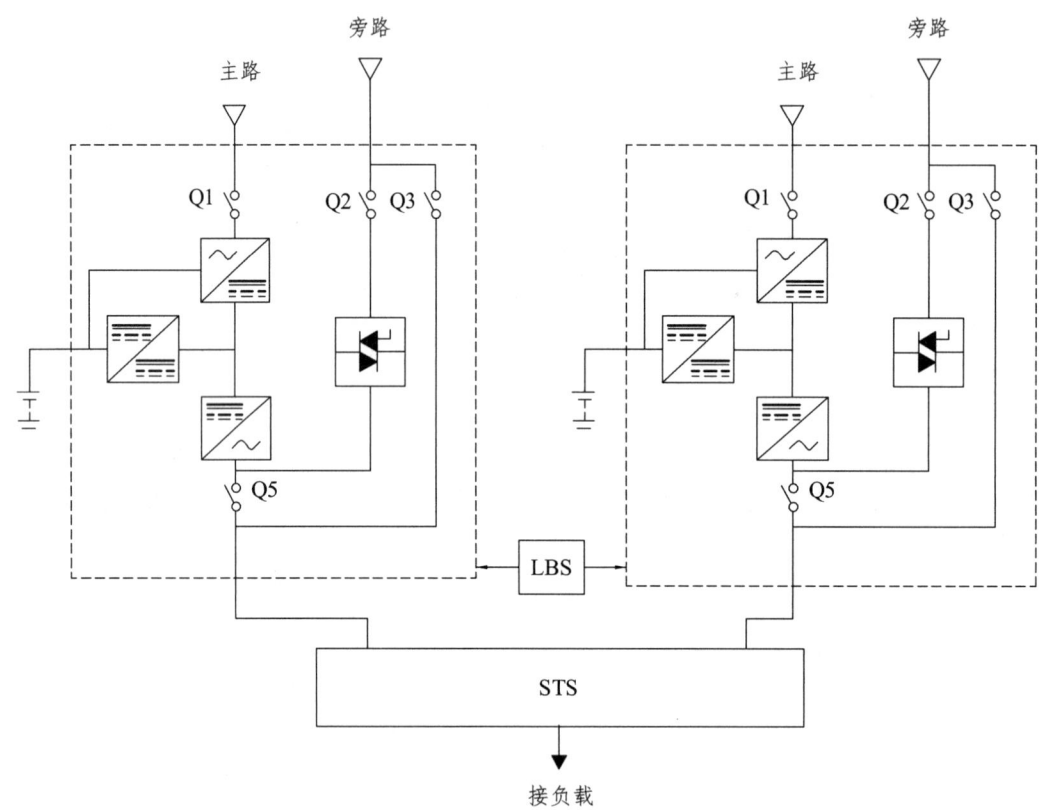

图 7.22　单机组成的典型双母线系统

必须注意的是，双母线系统中，两个 UPS 系统的功率、电压和频率必须相同，且负载不能大于单个 UPS 系统的额定功率。

四、Liebert NX 型 UPS 的操作方法与注意事项

（一）UPS 开机步骤

1. 正常模式开机

当 UPS 处于完全断电状态采用该开机方式。开机顺序如下：

（1）打开 UPS 前门，确认内部维修旁路开关 Q3 为断开状态，Q6 为闭合状态，接入电缆与接线排可靠连接。

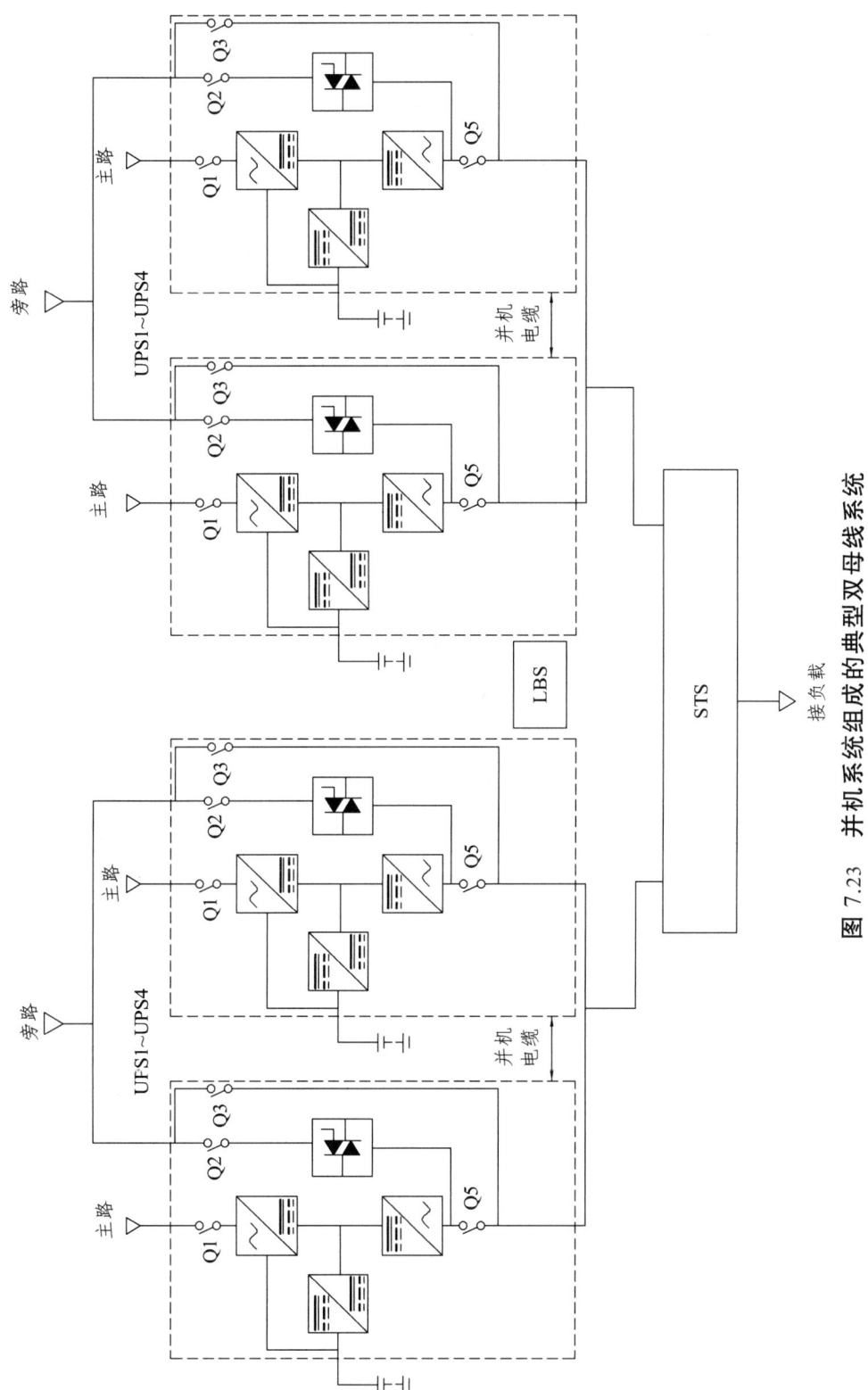

图 7.23 并机系统组成的典型双母线系统

（2）依次闭合旁路输入开关 Q2、主路输入开关 Q1 和输出开关 Q5 以及所有外部输出隔离开关。此时，系统上电，屏幕出现启动屏，如图 7.24 所示。约 25 s 后，需确认 LCD 是否显示旁路与主路输入供电正常；若不正常，则检查开关 Q2 和 Q1 是否已经闭合。此时整流器启动，告警指示灯呈红色常亮状态，同时旁路静态开关闭合；约 30 s 后，告警指示灯呈红色闪烁，整流启动完成；UPS 启动屏完成自检后，出现如 7.25 图所示的主显示屏。

图 7.24　启动屏

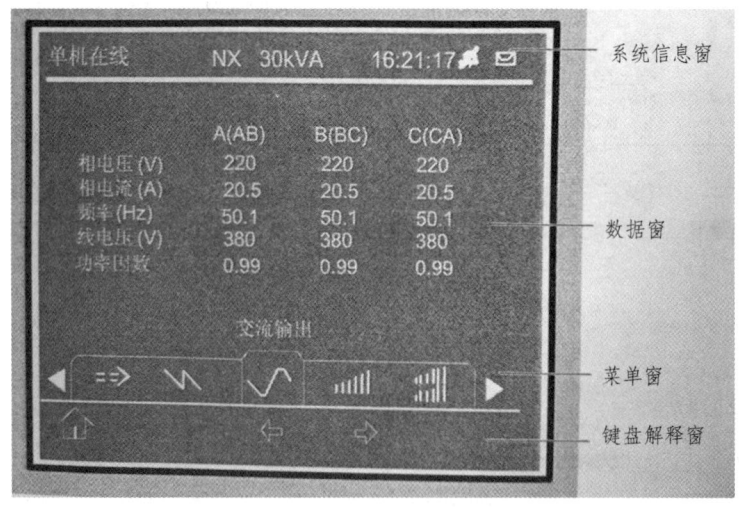

图 7.25　主显示屏

（3）按下 ON 键 2 s，逆变器启动，逆变器指示灯呈绿色闪烁。逆变器正常运行后，UPS 从旁路供电状态切换到逆变器供电状态，逆变器指示灯常亮。

2. 经济运行（ECO）模式开机

（1）打开 UPS 前门，确认内部维修旁路开关 Q3 为断开状态，Q6 为闭合状态，接入电缆线排可靠连接。

（2）依次闭合旁路输入开关 Q2、主路输入开关 Q1 和输出开关 Q5 以及所有输出隔离开关。

此时，系统上电，屏幕出现启动屏，如图 7.24 所示。约 25 s 后，需确认 LCD 是否显示旁路和主路输入供电正常；若不正常，则检查 Q2 和 Q1 是否已经闭合。此时整流器启动，告警指示灯呈红色常亮状态，同时旁路静态开关闭合，约 30 s 后，告警指示灯闪烁，整流启动完成。

（3）按下 ON 键 2 s，逆变器启动，逆变器指示灯呈绿色闪烁，此时 UPS 处于 ECO 模式下，旁路供电。

3. 电池模式开机（电池冷启动）

此模式开机功能仅适用于具备内置电池的 UPS。

（1）检查确认电池连接好，保证电池电压送至电池接入口。

（2）打开前门，按下电池冷启动按钮，此时，屏幕出现启动屏。约 25 s 后，整流器启动，告警指示灯呈红色常亮状态；约 30 s 后，告警指示灯闪烁，整流启动完成。

（3）按下 ON 键 2 s，逆变器启动，逆变器指示灯呈绿色闪烁。逆变器运行正常后，逆变器指示灯呈绿色常亮，此时 UPS 处于逆变供电状态。

（二）运行模式切换步骤

1. 正常模式与电池模式的切换

断开外部电源开关切断市电，UPS 进入电池模式。如果要将 UPS 切换回正常模式，必须等待数秒后闭合外部电源开关，重新接入市电。10 s 后，整流器自动重启，UPS 恢复至正常模式。

2. 正常模式与旁路模式的切换

正常模式下，按下 OFF 键 2 s 后，逆变器指示灯灭，UPS 切换到旁路模式；旁路模式下，按下 ON 键 2 s 后，逆变器开始启动，逆变器指示灯呈绿色闪烁，直到逆变器指示灯呈绿色常亮，此时 UPS 切换到正常模式。

3. 正常模式切换到维修模式

UPS 处于正常模式运行时：

（1）按下 OFF 键至少 2 s，逆变器指示灯灭，蜂鸣器告警，负载切换到静态旁路，逆变器关闭。

（2）当 UPS 为单机运行模式时，闭合内部维修旁路开关 Q3，此时维修旁路与 UPS 静态旁路并联，显示面板显示"维修空气开关闭合"。

（3）断开输出开关 Q5 与 N 线开关 Q6，此时负载的电源完全由维修旁路提供。

（4）按下机柜面板上的 EPO 按钮，可以进一步停止整流器、逆变器、静态开关和电池的运行，但不影响维修旁路向负载的正常供电。

（5）若 UPS 有内置电池，则需要用工具打开电池仓门，然后戴上防电弧手套拔掉电池正、负与 N 线的三个端子。若为外接电池，则需要断开外置电池的开关。

（6）断开主路输入开关 Q1 与旁路输入开关 Q2，此时所有内部电源关闭，LCD 显示关闭。

需要注意的是：① 当需要维护 UPS 时，要等待约 10 min，使内部直流母线电容电压放电后再进行维修。② 即使主路输入开关、旁路输入开关与电源开关断开，UPS 部分电路仍然带电，所以，仅允许专业合格人员进行 UPS 维修。

4. 维修模式切换到正常模式

UPS 维修结束，负载将从维修旁路供电状态切换回市电逆变供电状态，操作如下：

（1）打开机柜前门，闭合 N 线开关 Q6。

（2）闭合输出开关 Q5。

（3）闭合旁路输入开关 Q2；待 LCD 显示屏启动完成，切换至当前记录界面，直到确认记录显示"旁路供电"的信息。

（4）断开内部维修旁路开关 Q3（必须先开旁路，再断开维修旁路开关，否则会造成负载掉电）。

（5）闭合主路输入开关 Q1，直到告警指示灯呈红色闪烁。

（6）按下 ON 键 2 s，逆变器启动，逆变器指示灯呈绿色闪烁。逆变器运行正常后，UPS 从旁路供电状态切换到逆变器供电状态，逆变器指示灯常亮。

（三）电池测试操作步骤

UPS 默认为禁止电池测试，如需启用电池测试功能，需与艾默生客服工程师联系。

1. 电池测试类型和前提条件

有两种电池测试可选：

（1）电池维护测试：检查电池状态，使电池进行 20%放电；

（2）电池容量测试：精确检测电池容量，对电池进行完全放电（直至产生电池电压低告警）。

满足以下条件时，操作人员可进行电池测试：

（1）负载必须大于 UPS 额定容量的 5%且负载率较为稳定，可进行电池总测试。

（2）负载必须在 UPS 额定容量的 20%～80%范围内，且负载率较为稳定，可进行电池容量测试。

（3）启动电池容量测试前，电池必须刚完成了 5 h 以上的浮充电过程。

2. 电池测试步骤

电池测试通过操作控制显示面板上的 LCD 菜单进行，需通过密码验证。如遇电池或市电故障，电池测试立即自动终止，UPS 单独由市电或电池给负载供电，负载供电不中断。

电池测试操作步骤如下：

（1）在 UPS 操作控制面板 LCD 上选择"测试命令"菜单，使用左键进入"命令菜单"。

（2）选择所需测试项目（电池维护测试或电池容量测试）。使用左键（F3）、右键（F4）将光标移至所需测试选项，按确认键（F5）进入设置。屏幕提示后，使用左键（F3）和右键（F4）输入密码，按确认键（F5）确认。

（3）电池测试完毕，系统自动更新电池数据，包括电池后备时间和电池老化系数。其中电池后备时间是由电池供电时的放电时间；电池老化系数表征了电池使用过程中的容量损失程度。

（4）停止电池测试。电池测试过程中，可通过选择"测试命令"菜单下的"终止测试"选项终止电池测试。

3. UPS 自检操作步骤

UPS 自检过程可检查 UPS 的控制功能、LED 指示灯以及声音告警状况。UPS 自检通过菜单进行操作，需通过密码认证。UPS 自检过程需时 5 s，可由操作人员通过操作控制面板启动。自检步骤如下。

（1）在 LCD 上选择测试命令窗口：使用左键（F3）或右键（F4）显示测试命令窗口，并使用确认键（F5）进入设置。

（2）选择所需测试：使用左键（F3）或右键（F4）显示测试命令窗口，并使用确认键（F5）进入设置。屏幕提示后，使用左键（F3）和右键（F4）输入密码口令，按确认键（F5）确认。

（3）待测试完毕，5 s 后，屏幕提示自检结果，整流器、逆变器、显示单元正常或故障。

（4）停止测试：电池测试时可通过选择测试命令窗口中的"终止测试"选项终止电池测试。

4. UPS 关机步骤

UPS 完全下电，使负载断电。操作步骤如下：

（1）按下机柜面板上的 EPO 按钮，可以停止整流器、逆变器、静态开关和电池的运行。

（2）若 UPS 有内置电池，则需要用工具打开电池仓门，拔掉电池正、负和 N 线的三个端子。若为外接电池，则需要断开外置电池开关。

（3）断开主路输入开关 Q1、旁路输入开关 Q2、输出开关 Q5。此时所有内部电源关闭，LCD 显示关闭。

UPS 完全下电但继续给负载供电时的操作方法，与正常模式切换到维修模式相同。

5. 紧急停机（EPO）操作步骤

UPS 面板按键或远程 EPO 控制接点提供紧急停机（EPO）开关，用于在紧急情况下（如火灾、水灾等）关闭 UPS。若需施行紧急停机，只需按下 EPO 开关或远程 EPO 控制装置即可，系统将关闭整流器、逆变器，并迅速切断负载供电（包括逆变和旁路输出）且电池停止充电或放电。

紧急停机后，UPS 仍有市电输入，UPS 控制电路仍带电，但 UPS 输出已关闭。如需彻底断开 UPS 的市电电源，应首先断开 UPS 的外部市电输入开关，并拔掉电池端子。

6. 紧急停机（EPO）或异常停机后的 UPS 复位步骤

若使用了 EPO 或因逆变器过温、过载关机、电池过压和直流母线过压等导致 UPS 关机，根据显示屏上提示的告警信息采取措施清除故障后，可以使用以下 UPS 复位步骤使 UPS 恢复正常工作状态：

（1）按 FAULT CLEAR 键超过 2 s，使系统退出紧急关机状态/异常关机状态，直到告警指示灯呈红色闪烁。

（2）按住 ON 键超过 2 s，逆变器启动，逆变器指示灯呈绿色闪烁。逆变器正常运行后，UPS 从旁路供电状态切换到逆变器供电状态，逆变器指示灯常亮。

（3）若按下 EPO 按钮后，已切断 UPS 的市电输入，UPS 完全关机。当市电输入恢复时，UPS 将启动并进入旁路模式运行，恢复输出。

7. 选择语言

LCD 菜单和数据可以以 17 种语言显示，执行以下步骤选择所需语言：

（1）在"交流输出"菜单下，按 F3 或 F4（左移或右移）键选择"菜单语言"菜单。

（2）按 F5 键确认，将光标移至屏幕的数据窗。

（3）使用 F3 和 F4 键选择所需的语言，按 F5 键确认。

（4）重复按 F2 键退回到"交流输出"菜单。

8. 更改当前日期和时间

如需更改系统日期和时间，可执行以下步骤：

（1）在"交流输出"菜单下，按 F3 或 F4（左移或右移）键选择"功能设置"菜单。

（2）按 F5 键确认，将光标移至屏幕的数据窗。

（3）使用 F3 或 F4 键选择"日期时间设置"选项，然后按 F5 键确认。

（4）将光标移至日期和时间显示行，按 F5 键确认。

（5）使用 F3 或 F4 键输出当前日期和时间。

（6）按 F5 键确认，按 F2 键退回到"交流输出"菜单。

9. 更改密码

系统对 UPS 的操作控制提供密码保护。缺省密码为"12345"。只有通过密码验证后，方可进行 UPS 自检和电池测试操作。如需更改密码，操作步骤如下：

（1）在"交流输出"菜单下，按 F3 或 F4 键选择"功能设置"菜单。

（2）按 F5 键确认，将光标移至屏幕的数据窗。

（3）使用 F3 或 F4 键选择"控制密码设置"选项，按 F5 确认，则"控制密码设置"字样变为"输入旧密码"。

（4）使用 F4 键将光标移至相应的密码位，使用 F3 键从"0"～"9"选择数字，当 5 位密码全部输入后，按 F5 键确认，此时"控制密码设置"变为"第一次输入新密码"；使用 F3 与 F4 键输入新密码，按 F5 键确认。

（5）重复第（4）步操作，再次输入新密码，按 F5 键确认，按 F2 键退出。

（四）主显示屏 LCD 信息窗项目描述

1. 系统信息窗项目描述（见表 7.1）

表 7.1　系统信息窗项目描述

显示内容	释　义
NX	UPS 系列名称
（配置）单机在线，单机 ECO，并机系统（1#）	单机在线：双变换单机系统 单机 ECO：该 UPS 设置为单机系统，以经济模式运行 并机系统（1#）：最多 4 个单机组成的并机系统的 1 号单机
30 kV·A	UPS 功率为 30 kV·A
16：21：17	当前时间（格式：24 小时，时：分：秒）
🔇🔔	🔇：消音。🔔：未消音

2. 数据窗和菜单窗项目描述（见表7.2）

表7.2 数据窗和菜单窗项目描述

菜单名称	菜单项目	释　义
主路输入	相电压/V	相电压
	相电流/A	相电流
	频率/Hz	输入频率
	线电压/V	线电压
	功率因数	功率因数
旁路输入	相电压/V	相电压
	频率/Hz	旁路频率
	线电压/V	线电压
交流输出	相电压/V	相电压
	相电流/A	相电流
	频率/Hz	输入频率
	线电压/V	线电压
	功率因数	功率因数
本机负载	视在功率/(kV·A)	S_{out}：视在功率
	有功功率/(kV·A)	P_{out}：有功功率
	无功功率/(kV·A)	Q_{out}：无功功率
	负载百分比/%	负载（UPS额定负载百分比表示）
	峰值比	输出电流峰值因素
并机负载	视在功率/(kV·A)	S_{out}：视在功率
	有功功率/(kV·A)	P_{out}：有功功率
	无功功率/(kV·A)	Q_{out}：无功功率
	单机系统无并机数据	UPS设置为单机时只有本机负载，无系统负载
电池数据	电池电压/V	电池母线电压
	电池电流/A	电池母线电流
	电池温度/℃	内置电池温度
	剩余时间/min	电池剩余后备时间
	电池容量/%	电池剩余容量占总容量的百分比
	电池正在均充	电池处于均充电状态
	电池正在浮充	电池处于浮充电状态
	电池尚未接入	电池未接
当前记录	当前告警	显示当前告警

续表 7.2

菜单名称	菜单项目	释 义
历史记录	历史记录	显示所有历史记录
菜单语言	语言选项	提供 17 种 LCD 语言
功能设置	LCD 对比度设置	调节 LCD 的对比度
	日期格式设置	月/日/年，日/月/年，年/月/日，3 种格式可选
	日期时间设置	设置日期和时间
	串口 1 波特率设置	Intellislot 接口 1 的通信波特率设置
	串口 2 波特率设置	Intellislot 接口 2 的通信波特率设置
	串口 3 波特率设置	Intellislot 接口 3 的通信波特率设置
	UPS 设备地址	适用于 RS485 通信方式
	电池单组容量	电池单组容量的设置
	电池节数	UPS 接入的电池的节数设置
	电池均充使能	是否允许电池均充
	温度补偿使能	Enabled，Disabled 两种选项
	共用电池组	Enabled，Disabled 两种选项
	整机配置属性	Single，Parallel 两种选项
	并机基本台数	并机系统中的基本台数
	并机冗余台数	并机系统中的冗余台数
	并机编号设置	整机配置属性为 Parallel 时，提供并机系统内本机的唯一 ID 识别码
	整机工作模式	Normal，ECO 两种选项
	输出频率	设置系统输出频率（单位为 Hz）；有 50 Hz，60 Hz 两种选项
	系统线电压	系统相线与相线之间的电压
	LBS 功能	NONE，SLAVE，MASTER 三种选项
	控制密码设置	用户可以更改控制密码
	通信协议设置	YDN23，Velocity 两种选项
测试命令（启动/停止电池/系统测试/强制均充）	电池维护测试	电池维护测试放出电池容量的 20%，负载必须在 20%~80%范围内
	电池容量测试	电池维护测试对电池进行完全放电，以得到关于电池容量的精确数据。负载必须在 20%~80%范围内
	系统测试	此为 UPS 自检测试。用户启动该功能 5 s 后，屏幕会跳出一个窗口显示系统自检结果
	终止测试	手动终止电池维护测试、电池容量测试或系统测试
	强制均充	手动对电池进行强制均充

续表 7.2

菜单名称	菜单项目	释义
测试命令（启动/停止电池/系统测试/强制均充）	停止强制均充	手动停止对电池进行的强制均充
	Modem 自动应答激活	Modem 自动应答激活设置
效率曲线	效率曲线	效率曲线图
运行时间	UPS 运行时间	UPS 累计运行时间
	旁路运行时间	旁路累计运行时间
系统版本	UPS 版本号	提供 UPS 逆变器、整流器和监控软件版本
	UPS 型号	提供 UPS 型号信息，如：208V-60Hz

3. 提示窗信息及其意义（见表 7.3）

表 7.3 提示窗信息及其意义

提示窗信息	释义
间断切换，请确认或取消	负载在旁路与逆变器之间需要执行间断切换
负载大于单机容量，无法完成间断切换	总负载必须小于单机容量，并机系统才能从旁路切换到逆变输出
旁路异常，关机导致断电，请确认或取消	旁路异常时，用户关闭逆变器会导致 UPS 无输出。等待用户确认或取消
负载过大，关机导致过载，请确认或取消	用户关闭此逆变器，会导致并机系统其他逆变器过载。等待用户确认或取消
启动容量不足，无法承担当前负载	并机系统中已开启的逆变器不足以负担当前旁路负载。用户需开启更多 UPS
电池容量将全部放完，请确认或取消	用户选择电池维护测试。电池会放电至 UPS 关机。系统会跳出该提示屏请用户确认。取消可结束电池放电。恢复市电逆变供电
系统自检完成，一切正常	无须任何操作
系统自检完成，请检查当前告警	检查当前记录窗信息
输入控制密码	执行电池或 UPS 测试需输入控制密码（缺省密码为 12345）
电池自检条件不满足，请检测电池和负载条件	电池自检条件不足，用户应该检查电池是否处于均充状态以及负载量是否大于 20%
强制均充条件不满足，请检测电池和负载条件	当用户选择强制均充命令，但均充条件不足时（如无电池，充电器故障等），系统提示该信息
请对照设置检查接线，下电生效，三相（单相）输出	设置"三相输出/单相输出"菜单项完毕，系统完全下电，然后按照所选设置更改接线后重新上电

4. 告警窗信息及其意义（见表 7.4）

表 7.4 告警列表

告 警	释 义
故障清除	按操作控制显示面板 FAULT CLEAR 键
整流设置中	整流器启动并同步
逆变设置中	逆变器启动并同步
手动开机	通过操作控制显示面板 ON 键手动开启逆变器
手动关机	通过操作控制显示面板 OFF 键手动关闭逆变器
手动开机失败	逆变器手动开启失败。原因可能是无效操作（旁路开关闭合），直流母线整流器未准备好
软启动失败	母线电压软启动不能升到预定电压，整流器报此故障
告警消音	按操作控制显示面板 ALARM CLEAR 键
取消告警消音	在告警消音状态下，按操作控制显示面板 ALARM CLEAR 键
旁路供电	UPS 处于旁路模式
主路逆变供电	UPS 处于正常模式
电池逆变供电	UPS 处于电池模式
不供电	UPS 关机，旁路与逆变均无输出
输出禁止	发生过电池放电终止事件，请检查电池电压
邻机旁路晶闸管故障	邻机旁路晶闸管开路故障或短路故障
主路电压异常	主路输入电压超过上、下限而导致整流器关闭
主路欠压	至少一相主路输入电压在 132～176 V 之间
主路频率异常	主路频率超出限制，导致整流器关闭
主路相序反	主路输入电压相序颠倒
主路反灌	电池电压反灌到主路侧
输入缺零故障	未检测到主路输入市电 N 线
输入电流异常	电池模式下，某一相输入电流不平衡
输入电流超限	输入电流超出限额
旁路超跟踪	旁路频率超出正常范围，告警可自动恢复
旁路超保护	旁路电压幅值过高或过低，或者旁路频率过高或过低，告警可自动恢复。或者由三单模式接线错误
旁路晶闸管故障	至少一个旁路晶闸管短路或开路，此故障锁定直至下电
旁路异常关机	旁路和逆变器电压均异常，负载供电中断
旁路相序反	旁路相序颠倒
旁路过流	旁路电流过大

续表 7.4

告 警	释 义
整流器故障	整流器故障（母线电压过高或过低，或者电池放电 SCR 短路）
整流器过温	整流散热器的温度过高导致整流器不能运行
直流母线过压	直流母线电压过高，将会导致整流器、逆变器和电池变换器关闭，转旁路输出（如旁路正常）
母线异常关机	因母线电压不正常而关闭逆变器，转旁路工作（如旁路正常）
逆变器不同步	逆变器输出电压和旁路电压有相位差，告警可自动恢复
逆变器故障	UPS 逆变下工作，检测到逆变电压异常，转旁路带载
逆变继电器故障	至少一相逆变继电器短路或开路，此故障锁定直至下电
输出熔丝断	至少一个输出保险开路
输出电压异常	至少一相输出电压异常
模块输出过载	模块负载超过额定值 105%时，出现此告警。过载状态清除时，告警自动恢复
系统过载	UPS 并机系统总负载超过所设定的 UPS 额定值的 105%时，出现些告警。过载状态清除时，告警自动恢复
模块过载超时	UPS 单机输出过载超过允许时间，系统自动切换到旁路带载
负载冲击转旁路	负载冲击导致系统切换到旁路，UPS 可以自动恢复。按顺序开启负载可以减少逆变器负载冲击
切换次数限制	1 h 内过载切换次数超过设定值，导致负载停留在旁路供电状态
均流异常	并机系统各 UPS 不能正常均分负载电流
邻机请求转旁路	当并机系统中其中一台单机需转旁路时，整个并机系统所有单机同时切换到旁路供电。被动转旁路的 UPS 单机的 LCD 会显示该告警信息
辅助电源掉电	辅助电源故障或掉电
紧急关机	按操作控制显示面板 EPO 开关或收到外部 EPO 命令
风扇异常	至少有一个风扇出现故障
用户操作错误	用户操作错误（例如并机逆变输出时维修开关闭合，逆变器开启后输出开关和维修开关闭合等）
LBS 激活	LBS 使能
LBS 异常	LBS 异常
维修空开断开	维修开关断开
维修空开闭合	维修开关闭合
输出开关闭合	输出开关闭合
输出开关断开	输出开关断开
充电器故障	电池充电器故障

续表 7.4

告　警	释　义
放电电流限流	放电电流过大，需关闭放电器
自动开机	电池放电终止导致 UPS 关闭，市电恢复时，逆变器自动开机
强制均充	强制电池处于均充状态
整流在线升级	正在升级整流器 DSP 软件
逆变在线升级	正在升级逆变器 DSP 软件
监控在线升级	正在升级监控软件
FLASH 操作失败	历史记录未保存
远程开机	通过后台命令开启逆变器
远程开机失败	逆变器远程开机失败，原因可能是无效操作（维修开关闭合），直流母线整流器未准备好
远程关机	通过后台命令关闭逆变器
均流异常	并机系统的各单机不能均分负载
通信故障	内部监控板和逆变器、整流器之间的通信失败
并机通信异常	并机系统中不同 UPS 间的通信出现故障，建议先检查并机系统，是否有些 UPS 未上电或者并机电缆没有连接好，故障消除后再开机
电池无	未接入电池
电池变换器故障	电池放电出现母线电压异常
电池接反	电池正边和负边接反，或者电池正边和 N 接反，或者电池负边和 N 接反
电池周期测试中	正在进行定期自动电池维护放电测试（20%容量放电）
电池容量测试中	用户启动电池容量放电测试（100%容量放电）
电池维护测试中	用户启动电池维护放电测试（20%容量放电）
电池放电终止	电池放电到达终止电压，电池停止放电，逆变器关闭
电池温度过温	电池温度超过限制值
电池电压预告警	在放电停止前，电池电压预告警应该发生。该告警发生后，电池容量可满足满载条件下放电至少 3 min。该时间可由用户从 3 min 到 6 min 设定
发电机接入	干接点信号，表示发电机接入
BCB 反馈状态异常	电池开关驱动信号和反馈信号逻辑不一致
BCB 闭合	电池开关处于闭合状态
BCB 断开	电池开关处于断开状态
输出隔离变压器过温	输出隔离变压器处于过温故障状态

五、UPS设备维护与故障处理

UPS系统（包括电池）在长期运行中，需要定期维护和保养。

1. UPS关键器件及其寿命

UPS在使用过程中，其中的一些器件因在工作中存在磨损而比UPS本身的使用寿命短。为了UPS系统的供电安全，需要对这些器件做定期检查，并在其预期的寿命年限内进行更换。关键器件的寿命和建议更换时间见表7.5。

表7.5 关键器件的寿命和建议更换时间

关键器件	预计寿命	建议更换年限	建议检查周期
风扇	≥7年	5～6年	1年
防尘网	1～3年	1～2年	2个月
阀控铅酸电池（5年寿命）	5年	3～4年	6个月
阀控铅酸电池（5年寿命）	10年	6～8年	6个月

2. 更换防尘网

防尘网必须定期检查和更换，检查和更换的时间间隔与UPS所处的环境有关。通常环境下，防尘网应每两个月清洁或更换一次；灰尘较多或其他较恶劣的环境下，则需要频繁的清洁与更换防尘网；在新建的建筑里面也应频繁的检查或更换。

防尘网位于前门的内侧，可在机器运行过程中更换。每个防尘网的两侧各使用一个固定条将防尘网固定。防尘网更换步骤如下：

（1）打开UPS前门，可见前门内侧的防尘网。
（2）取下其中一侧固定条，并旋松另一侧固定条的固定螺钉，无须取下该固定条。
（3）取下需更换的防尘网。
（4）插入干净的防尘网。
（5）将取下的固定条安装回原来位置，并拧紧固定螺钉。
（6）拧紧另一侧固定条的固定螺钉。

3. 更换保险

更换电池输入端口铜牌上的保险时，应使用与原来相同型号的保险，系统中交流保险不能与直流保险互换。

4. UPS及其选件的维护与保养

UPS及其选件需要以下常识性的维护工作：

（1）做好历史记录，以利于故障处理。
（2）保持清洁，使UPS免受尘埃和潮湿的侵袭。
（3）保持适宜的环境温度。电池最适宜的温度是20～25℃，温度过低会减小电池容量，过高会缩短电池寿命。

（4）检查连接。检查所有连接螺钉的紧固性，每年最少例行紧固一次。

（5）定期检查 UPS 的上级或下级开关有无异常情况，以保证电流过大时能切断输入或输出。

维护人员应熟悉 UPS 工作的典型环境条件，以便能迅速定位哪些环境条件是异常的；也应熟悉 UPS 操作控制显示面板的设置。

5. UPS 的故障处理

当 UPS 蓄电池系统出现故障时，应先查明原因，判明问题出在负载还是 UPS 电源系统；是主机还是蓄电池组。虽说 UPS 主机有故障自检功能，但它只检测到面而不对点，因此更换配件很方便，但要维修故障点，仍须做大量的分析、检测工作。另外，如果自检部分发生故障，显示的故障内容就可能有误。

对主机出现击穿、烧断保险或烧毁器件的故障，一定要查明原因并排除故障后才能重新启动，否则会接连发生相同的故障。

6. UPS 使用注意事项

（1）对于在线式 UPS，应尽可能减少开机和关机的次数。

（2）对于在线式 UPS，应避免在使用过程中"带载"开机或"带载"关机。在无外电仅依靠 UPS 电源系统自行供电时，应避免带负载启动 UPS 电源，应先关断各负载，等 UPS 电源系统启动后再开启负载。因负载瞬间供电时会冲击蓄电池，多个负载的冲击电流之和加上所需的供电电流会造成 UPS 电源瞬间过载，严重时将损坏变换器。

（3）对于在线式 UPS，应避免在蓄电池组没有接入的条件下开机运行。

（4）主机中设置的参数在使用中不能随意改变，特别是对蓄电池组的参数，否则会直接影响其使用寿命。

（5）UPS 电源系统按使用要求功率余量不大，在使用中要避免随意增加大功率的额外设备，也不允许在满负载状态下长期运行。UPS 电源系统几乎是在不间断状态下运行的，增加大功率负载，即使是在基本满载状态下工作，都会造成主机出故障，严重时将损坏变换器。

（6）蓄电池组电压高，存在电击危险，因此装卸导电连接条、输出线时应做好安全保障，采用绝缘工具，输出接点应有防触摸措施。

复习思考题

1. 为什么电源系统中 UPS 的作用和地位越来越重要？结合实际谈谈你对这个观点的看法。
2. 简述 UPS 的功能。
3. 比较后备式、在线互动式和在线式 UPS 在工作方式上有何不同，说明各自的优缺点。
4. 静态开关的作用是什么？
5. 简述蓄电池的应用和保养。
6. 简述逆变电路原理。

第八章 信号智能电源屏

第一节 信号智能电源屏概述

信号电源屏是信号设备的心脏,是保证铁路正常运输和安全的重要设备之一。随着铁路运输产业以及城市轨道交通的快速发展,信号需要有综合电力电子技术、信息技术、电工新技术的更安全、更可靠、更容易维护、更方便使用、寿命更长、体积更小的新型智能化电源系统。老式电源屏已经不能满足21世纪智能化、信息化和行车指挥自动化的要求。2000年8月,在铁道部主管部门领导下,在路内外广大科技人员的共同努力下,全路第一套铁路信号智能电源屏,在北京通过铁道部技术鉴定,并正式在武昌电务段投入运行。从此改变了铁路信号电源屏20年没有变化、信号电源屏每年的故障率约占整个信号设备故障率的30%、严重影响信号设备工作安全的局面。

一、智能型信号电源屏的特点

智能型信号电源屏主要有以下几个特点:

(1)以现代计算机技术、通信技术替代人工,构成现场检测层、电源变换层和隔离保护层。现场检测可以通过远程网和局部网使远端机和副控机与主控机同步运行,并可以进行自动电话拨号报警和现场图像监视,主控机对电源的运行实时监测。电源变换层将输入交流电源变换为不同电压、功率、直流或交流、相互隔离、具有完善保护功能、能满足铁路信号使用要求的输出电源。隔离保护层对电源系统进行避雷保护、分级断路器保护、变压器隔离用输出短路保护。对铁路信号电源系统设备的运行状态、运行参数、各种故障进行实时监测、显示、记录、存储、报警,并向上级管理部门传送相关信息。

(2)在直流、交流和25 Hz部分均采用高频电力电子技术来完成滤波、稳压、整流、隔离、逆变、变频、锁相等功能。

(3)充分利用成熟的新技术,采用系统工程的思想,设计和研制了新型的智能化、网络化、模块化、热备份、标准化、安全型的铁路信号电源系统,充分考虑了其安全性、可靠性、易用性和易维护性。

二、智能型信号电源屏中应用的先进技术

智能型信号电源屏是集先进的电力技术、通信技术、信号技术、电力电子技术、计算机技术为一体的高科技产品。具体应用的技术有:双电源同时工作技术、软启动技术、功率因

数补偿技术、高频稳压技术、高频隔离技术、高频开关技术、交流逆变技术、交流变频技术、交流锁相技术、交直流模块并联冗余技术、过压和欠压保护技术、过流和限流保护技术、并联模块均流技术、结构全模块化技术、微机采集和监测技术、监测软件编制技术、网络传输技术、模拟显示技术等。可以说智能型电源屏是目前信号设备中新技术含量最高、元器件最多、生产难度最大的设备，也是不容易掌握的设备。

上述的各种技术对于轨道交通信号电源专业来讲，确实是比较新的技术，但是，这些技术在国内外的电源行业中已经广泛应用，几乎都是成熟的技术。智能型信号电源屏只是将这些成熟的技术应用在新的铁路信号电源产品之中，并没有太多技术本身的创新。

三、智能型信号电源屏的主要技术原则

随着国民经济的发展，中国铁路运输事业及城市轨道交通行业进入了快速发展的时期，为了确保高速度、高密度、高运量的中国铁路运输的安全，铁路各专业的配套设备都在广泛地应用高新技术进行技术改造。铁路信号设备也向智能化、信息化和行车指挥自动化的目标迈进，信号器材广泛地使用了计算机技术、各种微电子技术。例如，计算机联锁设备、微机监测设备、ZPW2000A 移频自动闭塞设备、25 Hz 电子轨道继电器、DMIS 行车自动指挥设备、CTC、电子计轴设备，这些电子信号设备对铁路信号电源质量提出了新的要求。因而，智能型信号电源屏的主要技术原则是：

（1）全面符合 TB/T 1258.X—2002《信号电源屏》新标准的相关要求。
（2）全面采用高频电力电子技术，高效节能，绿色环保。
（3）安全可靠，现场不维修，不带电维修，经适当维修整机寿命应达到 15 年。
（4）输出电源波形质量和电磁兼容指标应符合相关标准的要求。
（5）主接线系统内无切换环节，彻底消除各路输出电源因输入电源切换造成输出瞬间中断的问题，真正使信号负荷达到一级电力负荷中零中断供电的标准。
（6）微机监测、记录、存储，智能化管理。
（7）结构新颖合理，工艺先进，造型美观。
（8）价格适度，性能价格比合理。
（9）力争在系统、结构、工艺、技术上有所创新。
（10）预留高速铁路线两路电源加蓄电池三电源同时供电的接入条件。

四、智能型信号电源产品的分代

第一代：具有智能监测和管理功能；直流部分为高频开关电源并联技术；交流部分为工频铁磁集中稳压分散隔离技术。输入电源和输出模块均为主/备切换运行方式，交流输出不能零中断。

第二代：具有智能监测和管理功能；直流部分为高频开关电源并联技术；交流部分为高频电力电子技术。输入电源和输出模块均为主/备切换运行方式，交、直流输出利用储能元件能做到零中断。

第三代：具有智能监测和管理功能；双电源同时工作，无切换静态供电系统，全部采用高频电力电子技术，交流、直流、25 Hz 部分模块全部并联均流，输出零中断，是综合技术先进的绿色电源产品。

五、智能型信号电源技术的基本术语

（1）绿色电源产品：安全可靠、高效节能、电磁兼容符合标准、噪声低的电源产品。

（2）不间断供电系统：在主/备输入电源和主/备输出模块切换时，输出电源零中断的供电系统。

（3）零中断技术：

① 在输入电源中断瞬间，利用电容器储能放电补偿，实现输出零中断，主要用于直流部分。

② 在输入电源中断瞬间，利用蓄电池储能放电补偿，实现输出零中断，主要用于交流部分。

③ 不用电容器和蓄电池，依靠双电源同时工作的先进技术实现交、直流输出零中断。

（4）模块并联均流冗余系统：

① 同一种功能的模块，控制和功率部分均能并联在一起工作，各模块输出电流误差不大于 5%，有较大的富余容量，当其中一个模块故障后，能自动的退出系统，不影响系统正常工作。

② AC 220 V 单相交流模块并联的四个条件：电压相同、频率相同、相位相同、各模块间负荷均流误差小于 5%。

③ AC 380 V 三相交流模块并联的五个条件：电压相同、频率相同、相位相同、相序相同、各模块间负荷均流误差小于 5%。

④ AC 220 V 及 AC 110 V，25 Hz 模块并联的九个条件：轨道电源电压相同、频率相同、相位相同，局部电源电压相同、频率相同、相位相同；两个模块的局部电压与轨道电压锁相 90°（这是两个条件）、各模块间负荷均流误差小于 5%。

（5）全模块化系统：系统的功率器件、监控器件全部采用模块化结构，将屏上全部模块拔下，机柜上只剩下配电开关、配线和端子板。

（6）无切换接点的静态供电系统：两路输入电源之间，输出电源主、备模块之间，均采用并联均流工作方式，没有有接点的切换器件。

（7）电力电子技术：将电子技术用于电能的变换，例如，稳压、整流、变频、逆变、锁相、劈相的技术。

（8）高频电力电子技术：系统功能变换部分，采用 10～100 kHz 的频率进行调制的技术。

（9）容错功能：在供电系统中，允许某一部分出现一处故障而不影响系统正常工作的功能。例如，两路电源同时工作的系统中，允许一路电源发生错相、断相和停电故障，不影响系统正常工作。允许某一个模块故障，不影响系统正常工作。

（10）主回路：在供电设备中，输送电能的回路称为主回路。

（11）辅助回路：在供电设备中，完成采集、控制、测量、报警等功能的回路。

（12）IP 安全标准：国际电工委员会规定的防止人员触电及杂质进入机柜的标准。

（13）高频隔离技术：采用工作频率 10 kHz 以上的隔离变压器进行电气隔离的技术。采用高频隔离技术可使变压器的体积降至原来的十几分之一。

（14）功率密度：电源模块的容量与体积之比。工程上的电源不追求高功率密度，因为现场安装空间不紧张。密度高不利于散热、影响寿命、价格贵。

（15）限流保护：在输出回路发生过载或短路故障时，电源模块的最大输出电流不超过它的额定电流，既不损坏模块又不中断供电。

（16）软启动技术：在电力电子电源设备中采用的降低系统启动冲击电流的技术。

（17）功率因数补偿技术：在电力电子电源设备中，采用对系统中的无功功率进行补偿的技术，可以将功率因数提高到 0.95 以上，同时降低系统无功损耗和谐波干扰。

（18）系统可用性：整个系统可连续使用的能力。对于模块并联均流工作的系统，允许单个模块故障，但是并不影响系统的正常工作，因而，系统的可用性非常高，可达到 99.999%。

（19）全绝缘技术：机柜内的电器元件，全部采用了具备防指触功能的接线端子，对 25 V 以上裸露带电部分进行了机械遮挡，在机柜带电的情况下维修人员接触不到任何带电导体，防止人身触电事故。

（20）全面保护技术：在系统的主回路和辅助回路中，全面设置短路保护，防止辅助回路中的故障扩大到主回路中或引发电气火灾。

（21）全寿命价格：指产品的出厂价加上直至产品报废时发生的各种维护费用。购买设备时不能单图价格便宜，还要考虑日后的维护费用。

（22）三电源不中断信号供电系统：即采用两路市电加一路蓄电池的供电系统，一般在对行车安全要求特别高的线路上采用。采用三电源系统时，应取消计算机联锁、DMIS、微机检测等设备自带的 UPS 电源设备。

（23）两路电源同时工作的方式：即两路进线电源同时向负载供电，电路不带切换环节。

（24）假性并联：对并联在一起工作的一组模块，采用一套调制电路，只将功率部件并联工作，当调制电路故障后，所有模块全部瘫痪。

正常做法是在一个模块内，有一套独立的调制电路和功率电路，任何一个模块故障都不会影响其他模块的正常工作。

（25）模拟板显示：利用屏体面板，实时显示系统的主接线结构、电气参数、模块开关状态和故障位置，使运行人员能及时清楚地掌握系统的工作状态。

六、智能型信号电源屏的主要技术要求

电源系统应能适应功率在 60 kVA 以内的铁路信号负荷的需要。系统采用双路电源同时工作制，经 AC/DC 变换后并联组成 DC 350 V 的直流母线，在 DC 350 V 直流母线平台的基础上，经 DC/DC 稳压、隔离、变换，满足 DC 24 V、DC 220 V 等直流用电负荷要求；经 DC/AC 稳压、隔离、变换，满足 50 Hz/AC 220 V、25 Hz/AC 220 V 和 AC 110 V 等交流用电负荷要求。AC 24 V 表示灯电源和闪光电源采用 DC 24 V 电源。同一种电源采用同一组 N + 1 的模块并联均流冗余电路结构，按不同容量不同要求分回路输出。输入和输出全部采用高频电力电子模块。

本电源系统由直流电源模块、交流电源模块、25 Hz 电源模块、交流三相电源模块、配电单元及监测模块系统等组成，模块可带电热插拔，本系统由 2～3 面屏构成。

本电源系统符合 TB/T 1528.1—2002《铁路信号电源屏第 1 部分：总则》标准的要求。

1. 正常工作环境

（1）周围空气温度：-5~+40 ℃；

（2）周围空气相对湿度：小于90%（25 ℃）；

（3）大气压力：74.8~106 kPa（相当于海拔高度2 000 m以下）；

（4）介质中无导电性尘埃，无足以腐蚀金属和破坏绝缘的有害气体，电源屏污染等级为3级。

2. 技术数据

（1）系统容量：10~60 kV·A；

（2）输入电源条件：两路单相AC 220 V 50 Hz电源；一路单相AC 220 V 50 Hz电源，一路AC 380/220 V 50 Hz电源；两路AC 380/220 V 50 Hz电源均可。

电源波动范围：AC 220^{-44}_{+33} V；AC 380^{-76}_{+57} V；

频率波动范围：（50±0.5）Hz；

电压波形失真度：≤5%。

（3）输出电源种类及稳压精度：

计算机联锁电源：AC（220±10）V；

控制台稳压电源：AC（220±10）V；

DMIS电源：AC（220±10）V；

微机监测电源：AC（220±10）V；

信号点灯电源：AC（220±10）V；

道岔表示灯电源：AC（220±10）V；

站内电码化电源：AC（220±10）V；

稳压备用电源：AC（220±10）V；

25 Hz轨道电源：AC（220±6.6）V；

25 Hz局部电源：AC（110±3.3）V；

站内继电器电源：DC $24^{-0.5}_{+3.5}$ V；

直流电动转辙机电源：DC 220^{-10}_{+20} V；

交流电动转辙机电源：AC 380 V；

区间继电器电源：DC $24^{-0.5}_{+3.5}$ V；

区间轨道电路电源：DC $24^{-0.5}_{+3.5}$ V；

区间点灯电源：AC（220±10）V；

区间闭塞电源：DC（24（24~60）±5）V；

区间条件电源：DC（24（24~60）±5）V；

熔丝报警电源：DC（24±3）V；

表示灯电源：DC（24±3）V；

闪光电源：DC（24±3）V；

不稳压备用：AC 220 V。

3. 不间断供电系统

（1）两路电源同时供电方式：正常时两路电源同时向电源屏供电，当一路电源断电时，另一路电源应自动承担全部负荷供电。当一路电源出现过压、欠压、断相、错相时，应不影响系统的正常工作。

（2）静态转换系统：本系统应为无触点静态自动转换系统。两路电源同时工作，经滤波、稳压、整流、逆变、隔离、变频、锁相、并联均流、保护、监测后，满足铁路信号直流用电负荷、交流用电负荷、25 Hz 用电负荷等各种负荷的用电要求。当一路电源或任一模块故障退出运行时，系统应自动转换工作方式，保持对负荷的正常供电，实现自动转换时不间断供电。

4. 电源屏结构

（1）电源屏为组合式机架，全模块化结构。

（2）外形尺寸：宽 800 mm × 深 600 mm × 高 2 000 mm。

（3）模块应为立式结构，采用自然冷却，分层散热为主、强迫散热为辅的冷却方式。模块应能带电热插拔，模块与系统的连接采用硬连接插头座。模块应有轻巧的定位和防止误插入机构。在模块的前面板上应设牢固的推拉把手和防松动的专用紧固机构。

（4）电源屏和模块应做到结构牢固，外形美观，字迹明快，显示清楚，配合紧密，维修方便。屏体骨架的颜色为海蓝色，前面板、侧面板为计算机灰色。

（5）屏体安全防护等级为 IP20。各层模块前设圆网孔保护扣板。

5. 悬浮及隔离供电

（1）电源屏的交、直流输出电源应采用对地悬浮的供电方式。

（2）电源屏的进线与出线间应实现电气隔离；各种输出电源间应实现电气隔离；电源屏的两路电源间应实现电气隔离。

6. 效率及功率因数

电源屏的整机功率因数应大于 0.8，电源屏的整机效率应大于 85%。

7. 保护设置

（1）系统的保护：系统应有完善的防触电保护、防火灾保护、过电压保护、低电压保护、短路保护、温度保护、接地保护。在系统的主回路、辅助回路中，应设置完整的短路过流保护，当系统任一处发生短路过电流时，应有相应的保护开关迅速地切除短路故障，确保导线、电器不损坏及不发生电气火灾。

（2）模块的保护：各模块的进线应设断路器保护，开关装于模块前面板上。各种电源模块应具有输出过电压、过流、过温保护。当短路消除时自动恢复供电。

（3）保护的选择性：各级短路保护之间应做到有选择性地动作，任一回路中出现短路故障，应由本回路的保护元件动作切除短路故障，不应影响其他回路正常供电。系统输出部分为浮地系统，各回路开关在断开位置时，必须使输出与输入彻底隔离。

（4）25 Hz 输出回路的保护：对 25 Hz 电源模块应设防护电路及短路故障切除电路，确保输出相位、频率正确及任一输出回路故障不会影响其他回路正常工作。

（5）雷电感应过电压防护：系统对输入电源和部分输出电源设置防雷过电压保护，应有效将雷电冲击过电压抑制在安全范围内。防雷器件采用模块化防火结构，在屏上预留安装位置，作为选装器件，由用户依据不同雷区选装。

（6）接地保护：电源屏内所有电器的金属外壳应通过接地端子良好接地。接地端子应用不小于 M6 的黄铜螺栓。

8. 噪　声

在额定输入电压及额定负载的条件下，电源屏的整机噪声在屏前 1 m 处应不超过 50 dB。

9. 介电性

（1）绝缘电阻：在温度为 15～35 ℃、相对湿度为 5%～80% 的气候条件下，电源屏输入、输出端子对地的正常绝缘电阻应不小于 25 MΩ。

（2）频耐压：对于主电路及与主电路直接连接的辅助电路，应能承受工频交流电压 2 500 V/min 而无击穿或闪络；对于不与主电路连接的辅助电路，应能承受工频交流电压 500 V/min 而无击穿或闪络。

10. 测量仪表、指示灯及报警

（1）测量仪表：在两路电源进线、350 V 直流母线进线及主要输出回路中设电压、电流测量仪表。

（2）指示灯：对电源设有电指示灯、工作指示灯，对各进出线开关设开合状态指示灯；对各功能模块设正常、故障状态指示灯，闪光报警指示灯。

（3）闪光、音响报警：对系统各开关故障跳闸、模块故障设置统一闪光、音响报警装置，报警系统应有解除装置。

（4）系统模拟显示板：在电源屏的正面设置电源系统模拟显示板，显示系统进出线结构、各种模块的功能及配置情况、开关分合闸状态、模块工作状态、各回路电压和电流值、模块和开关型号、各输出回路名称、报警显示。

11. 主要元器件的选择

（1）采用西门子公司 SX5 系列空气断路器及附件，采用 WAGO 系列龙形弹簧接线端子。

（2）采用黑色铜芯多股阻燃型导线作为屏内配线。

（3）采用高可靠、长寿命、有安全阀的滤波用电解电容器，其容量冗余应在 5 倍以上，以确保整机使用寿命达到 15 年。

12. 智能监测系统功能

（1）电源屏应对系统运行参数、模块和开关的工作状态、故障的类型和位置进行实时检测，并向本站信号微机监测系统传输上述信息。

（2）本站的信号微机监测设备应完成对信号电源屏信息的存储、事故追忆、声光报警及紧急呼叫。完成电源屏输入输出电压变化日、月、年曲线，日常报表管理及历史数据保存。系统远程组网，向上一级指挥中心传输电源屏的信息。

（3）传输技术按照 GB/T 13729—2002《运动终端设备》中"3.5　基本性能要求"的规定执行。

（4）物理接口为串行通信接口 RS-232、RS485/422。

13. 电磁兼容性

电力电子模块和监控系统的电磁兼容性能应满足"铁路信号电源标准"的要求。

14. 系统的可靠性

（1）可靠性要求如下：

① 系统应做到一处故障（任何一路电源断电、缺相、错相、过压、欠压；系统中任何一组模块中的任一个模块故障；监测系统中的任何一处故障）不影响主系统正常工作。

② 系统中的所有模块正常时负荷率应在50%以下，减少损耗，降低温升，延长寿命。

③ 系统中应淘汰有触点的双电源切换环节以及有触点的主、备模块切换环节，彻底解决由切换环节造成的系统故障。

④ 系统中的主要元器件都应采用国内外名牌产品，在容量上留有足够的冗余。

⑤ 系统应采用成熟可靠的电力电子技术。

⑥ 系统中电力电子模块的平均无故障工作时间应≥6 500 h。

⑦ 系统为不停电维修系统，故障模块维修时不影响系统的正常工作。

（2）电力电子电源系统可靠性的保证措施：

① 采用成熟的技术和优质的元器件。

② 双电源同时工作的主接线系统。

③ 各种模块全面采用并联均流冗余技术。

④ 各路输出模块采用抗启动冲击电流的技术。

⑤ 功率因数补偿技术。

⑥ 全模块化技术。

⑦ 全面的安全防范技术。

⑧ 全面的智能监测技术。

⑨ 先进的结构和先进的工艺。

⑩ 严格的质量检测。

⑪ 严格的质量程序控制。

（3）电源屏系统可靠性的设计原则：一处故障不影响系统正常工作；两处故障导向安全。

不能设想系统两处同时故障系统能正常工作，这种情况是非常少的，不能作为系统安全设计原则，否则将无法设计或造成系统过于复杂，投资过高。

15. 系统的寿命

经适当的维修，整机寿命应达到15年。

16. 维护和扩容

样机为板前操作，模块全部热插拔，维护不影响运行，现场不维护。

七、智能型信号电源屏的基本技术情况

自2000年全路第一套"PNX型智能铁路信号电源系统"通过铁道部技术鉴定后，现在已有路内外多个厂家和公司开发的多种智能型信号电源屏陆续问世。由于各厂家使用的方案和技术不一样，给设计单位、使用单位、工程发标单位在选型时造成困难，下面将向读者介绍目前已经上市的智能型铁路信号电源产品的基本技术情况，希望能够对用户选好用好智能

型铁路信号电源产品有所帮助。

1. 第一代智能电源屏

第一代智能电源屏是工频铁磁技术和高频电力电子技术相结合的智能电源屏，它是在电源屏的不同部位、不同回路中分别采用了 50 Hz 的工频元器件和高频调制的电子器件组合成的电源屏。

在这类智能型电源屏中，目前有两种主接线结构：

（1）交流部分集中稳压型。其主接线系统方案如图 8.1 所示。

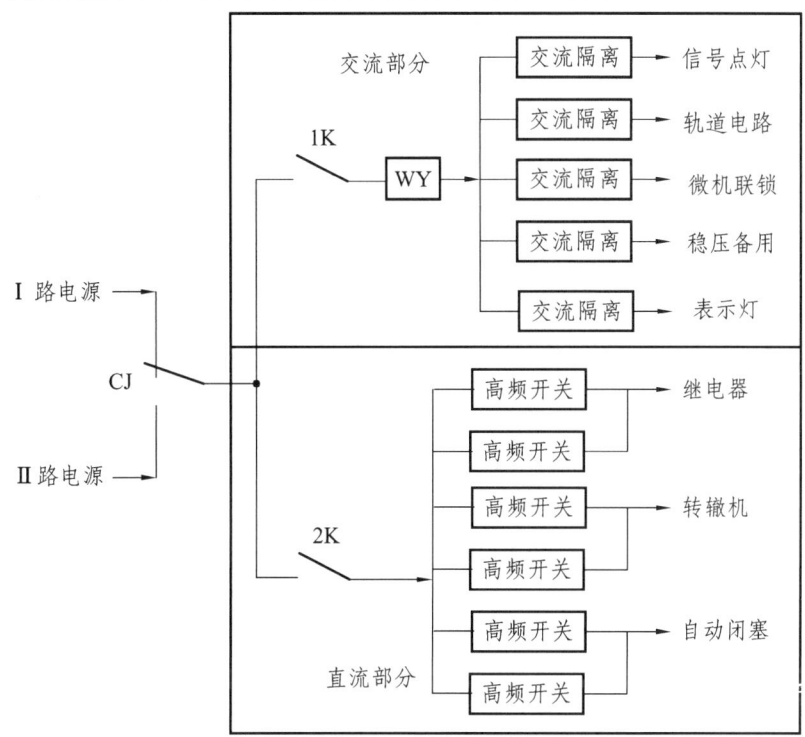

图 8.1 第一代智能电源屏主接线系统方案

其主接线特点如下：

① 有双电源切换装置，两路电源以一路工作另一路备用的方式工作，双电源切换时输出电源会出现瞬间中断（小于 0.15 s）。

② 直流部分模块采用高频开关电源技术，实现稳压、整流和隔离，各路模块采用并联均流冗余的方式工作，向用户输出 DC 24 V、DC 60 V、DC 220 V 各种直流电源。直流电源模块具有续流功能，在双电源切换时供电零中断。

③ 交流部分为集中稳压分回路隔离方案。由集中稳压器完成稳压功能，再在各路交流输出回路中设置隔离变压器，向用户输出 AC 220 V 信号点灯电源、AC 220 V 轨道电路、AC 220 V 微机联锁、AC 220 V 微机监测等交流电源。

④ 25 Hz 轨道电路电源，不同厂家采用的技术不一样，有采用工频铁磁技术分频器的，也有采用全电子技术变频器的，均为 1 + 1 备用方式。

⑤ 电源屏的主要特点：技术比较成熟，工作比较可靠，直流输出电源在双电源切换时

能做到供电零中断，价格便宜。不足之处是交流部分技术较落后，效率低、重量大、噪声高、双电源切换时交流输出电源还会瞬间中断供电，可能引起信号的误动作。

（2）交流部分分散稳压型。其主接线特点如下：

① 有双电源切换装置，两路电源以一路工作另一路备用的方式工作，双电源切换时输出电源会出现瞬间中断（小于 0.15 s）。

② 直流部分模块采用高频开关电源技术，实现稳压、整流和隔离，各路模块采用 N＋1 并联均流冗余的方式工作，向用户输出 DC 24 V、DC 60 V、DC 220 V 各种直流电源。直流电源模块具有续流功能，在双电源切换时供电零中断。

③ 交流部分为分回路进行稳压和隔离。在各路交流输出回路中设置稳压器和隔离变压器组成一个模块，各路模块采用 N＋1 或 1＋1 方式备用，向用户输出 AC 220 V 信号点灯电源、AC 220 V 轨道电路、AC 220 V 微机联锁、AC 220 V 微机监测等交流电源。

④ 25 Hz 轨道电路电源为全电子技术的变频模块，模块采用 1＋1 的备用方式。

⑤ 电源屏的主要特点：技术比较成熟、工作比较可靠、直流输出电源在双电源切换时能做到供电零中断，价格便宜。不足之处是交流部分技术较落后，效率低、重量大、噪声高，双电源切换时交流输出电源还会瞬间中断供电，可能引起信号的误动作。

2. 第二代智能电源屏

第二代智能电源屏是采用高频电力电子技术、有两极切换接点的智能电源屏，其主接线系统方案如图 8.2 所示。

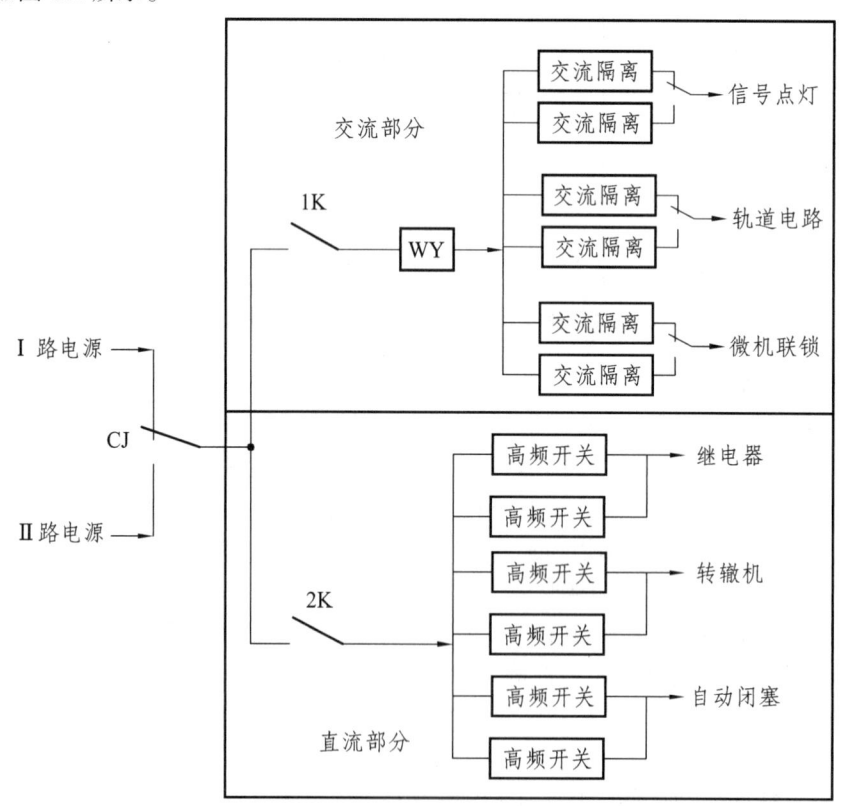

图 8.2　第二代智能电源屏主接线系统方案

第二代智能电源屏主接线特点如下：

（1）有双电源切换装置，两路电源以一个工作另一个备用的方式工作。

（2）直流部分模块，采用 AC/DC 高频开关电源技术，实现稳压、整流和隔离，各路模块采用并联均流冗余的方式工作，向用户输出 DC 24 V、DC 60 V、DC 220 V 各种直流电源。直流电源模块具有续流功能，在双电源切换时供电零中断。

（3）交流部分模块，采用 AC/AC 高频逆变技术，集中稳压和分回路隔离。在各路交流输出回路的模块，采用 1 + 1 的备用方式，向用户输出 AC 220 V 信号点灯电源、AC 220 V 轨道电路、AC 220 V 微机联锁、AC 220 V 微机监测等交流电源。AC/AC 型电子交流模块，具有续流功能，在双电源切换时也实现供电零中断。

（4）25 Hz 轨道电路电源，为全电子技术的变频模块。模块采用 1 + 1 的备用方式。

（5）电源屏的主要特点：技术比较成熟，工作比较可靠，交、直流输出电源在双电源切换时均能做到供电零中断，效率高、重量轻、噪声低、价格较高。系统有电源部分和各路模块部分主/备两级切换环节，故障率较高；1 + 1 的备用方式，备用容量大。

3. 第三代智能电源屏

第三代智能电源屏是采用全高频电力电子技术、无切换接点的智能电源屏。这种电源屏各部分的功能器件全部由高频调制的电子电路组成，其主接线系统方案如图 8.3 所示。

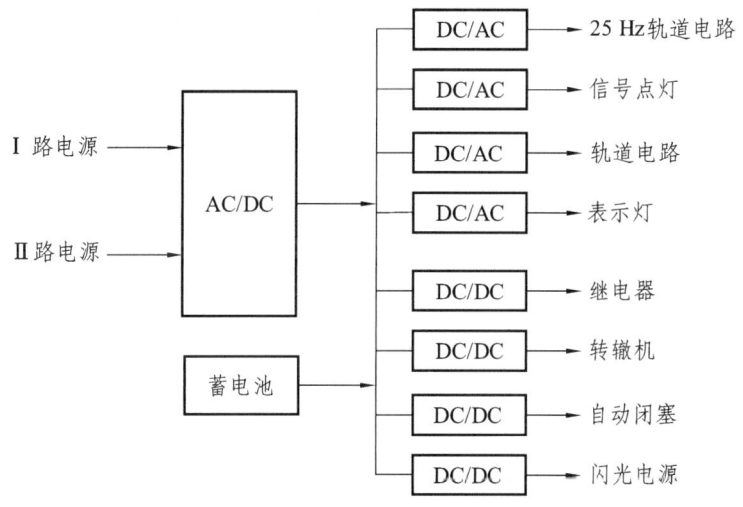

图 8.3　第三代智能电源屏主接线系统方案

第三代智能电源屏主接线特点如下：

① 双电源同时工作，输入电源做到零切换。整个系统中没有带接点的切换环节，成为静态的工作系统，在主接线结构上有较大的创新。

② 双电源经过 AC/DC 模块变换后，形成 DC 350 V 的直流母线。

③ 直流部分输出模块，在 DC 350 V 的基础上，采用 DC/DC 高频开关变换技术，实现直流电压的变换，各路模块采用 N + 1 并联均流冗余的方式工作，向用户输出 DC 24 V、DC 60 V、DC 220 V 各种直流电源。因为双电源同时工作，不进行切换，所以各路输出做到零中断。

④ 交流部分模块，在 DC 350V 的基础上，采用 DC/AC 高频逆变技术，分回路进行稳压和隔离。各路交流输出回路的模块，采用 N+1 并联均流冗余的方式工作，向用户输出 AC 220 V 信号点灯电源、AC 220 V 轨道电路电流、AC 220 V 微机联锁电流、AC 220 V 微机监测电流等。因为双电源同时工作，不进行切换，所以各路输出做到零中断。

⑤ 25 Hz 轨道电路电源为全电子技术的变频模块，模块采用 1+1 并联均流冗余技术，输出做到零中断。

⑥ 电源屏的主要特点：实现了对智能型电源屏产品的技术整合。系统全部采用成熟的高频电力电子技术、适应电源能力强，单相、三相电源都可工作，工作安全可靠性高、环保节能、寿命长、体积小、重量轻、噪声低、现场无维护。交、直流模块均为 N+1 或 N+M 并联均流冗余，与模块 1+1 的备用方案相比，大大降低了系统的备用容量，降低了整机的价格。系统中一路电源中断或断相、错相，任何一个模块故障，都不影响系统的正常工作。在没有蓄电池的情况下，不需要应用电容器储能的方式实现双电源切换时供电零中断，彻底解决了多年来由于双电源切换而引发的各种故障。这一性能特别适合智能化、自动化、信息化程度高，要求电源不能中断的干线铁路、旅客专用线铁路、高速铁路、大型编组站、城市轨道交通系统中的各种通信、信号、行车指挥、局域网的智能化设备使用。不足之处是在系统中应用了多项高新电子技术，价格较高。

无触点双电源同时工作系统与主/备电源切换系统优缺点对照如表 8.1 所列。

表 8.1 无触点双电源同时工作系统与主/备电源切换系统优缺点对照表

无触点双电源同时工作，模块并联均流系统	主/备电源切换，主/备模块切换系统
没有带触点切换环节，可靠性高	有带触点切换环节，故障多
有电源容错功能	没有电源容错功能
依靠先进技术，完全做到输出零中断，可靠性高	做不到输出零中断或加蓄电池、电容器后做到输出零中断，可靠性低
启动冲击电流小，在运行中不再有启动过程，可靠性高。	启动冲击电流大，电源切换一次冲击一次，故障多
N+1 备用容量小，效率高	1+1 主/备双套设备，备用容量大，效率低
模块均分负载，温升低，寿命长	模块不能均分负载，温升高，寿命低
体积小，整机功率密度高	体积大，整机功率密度低

八、监测系统采用的不同技术

在智能电源屏中都设有中央监测模块，不同厂家的产品模块中采用了不同的监测技术，主要有：可编程控制器（PLC）技术、单板机微电脑技术、工控机微电脑技术、笔记本微电脑技术。

各厂家产品监测系统的方案各不相同，主要可归纳为以下两大类：

（1）以单个模块和进出线配电板为单元，设置 CPU 监测板，将本单元采集到的模拟量转换为数字量，通过通信总线将信息传送至中央监测模块，中央监测模块将信息显示、存储后，再通过有线通信系统和无线移动通信系统，将信息向上级管理部门传送，使系统具备了远程监测功能。

（2）以屏为单元，设置CPU（PLC）监控板，将一个整屏各回路中采集到的各种模拟量转换为数字量，通过通信总线将信息传送至中央监测模块，中央监测模块将信息显示、存储后，通过有线通信系统和无线移动通信系统，将信息向上级管理部门传送，使系统具备了远程监测功能。

九、保证第三代信号智能电源系统可靠性的主要技术措施

（1）全新的能满足一级负荷供电要求的主接线系统。双电源同时工作，交、直流输出模块并联均流，达到一级负荷供电不中断标准，彻底解决了切换时瞬间中断供电造成的各种故障。

（2）成熟的电力电子技术。智能电源屏应用的电力电子技术都是成熟的技术，主要有：高频开关电源技术；直流逆变技术；直流模块并联均流技术；交流模块并联均流技术；电子变频技术；电子劈相技术；高频隔离技术；电池充电管理技术。这些技术都在通信、军队、金融、证券、政府机关部门得到了广泛的应用，都属于成熟的技术。

（3）适应各种电源和电源故障的能力。

（4）无触电点的静态供电系统。取消了主/备电源切换、主/备屏切换、主/备模块切换，彻底解决了由切换环节引发的各种故障。

（5）模块化的组合结构。变以屏为单元组合为以回路模块为单元组合；变以屏为单元备用为以模块为单元备用；利用不同功能的模块可以组成各种不同的供电系统；可以非常方便地扩容；故障模块可以自动退出系统，新换模块可以自动投入系统；模块可以热插拔，可以实现不停电的状态。

（6）安全性：

人身安全的防护（电气产品的重要性能）：采用IP20标准的全封闭组合式屏体结构，全绝缘防指触型端子。

电气火灾防护：全面的短路、过载、温度保护；选用由阻燃材料制造的电器和导线。

完善的保护：电源过压、欠压保护；主回路、辅助回路短路保护；模块过压、过载、过热保护；输出和输入隔离保护；各种输出电源间隔离保护；监测系统和主回路系统隔离保护。

（7）性能先进的元器件。选用国内外的名牌电子元器件。

（8）先进的工艺。数控机床加工的屏体、模块机箱；先进的配线工艺，整齐美观；先进的接线工艺，牢固可靠；电路板一律在专业加工厂加工制作，均采用先进的电路板加工工艺。

（9）N+M的冗余技术。一路电源由N+1或N+M个模块并联供电，正常时单个模块都处于半载状态，延长了功率管的使用寿命；任何一个模块故障，都不影响系统的正常工作。

（10）先进的自然通风散热屏体结构。模块采用低功率密度，有利于电子元器件的冷却

和延长电子元件的使用寿命;不装冷却风机,整机和模块采用分层自然通风冷却系统,提高了散热效率,降低了噪声,减少了维修。

(11)先进智能监测显示方式。系统采用笔记本电脑作为集中监测模块,体积小、功能强、显示清楚;采用模拟显示板,清楚地显示整个系统的主接线结构、实时参数、模块工作状态、故障报警。

(12)先进的检测手段。在标准规定的检测范围外,自行增加了系统全负荷老化实验72 h;各个输出回路人工短路实验3次。

第二节 PDZG智能型综合信号电源屏

一、概 述

PDZG智能型综合信号电源系统采用先进的设计理念,将计算机技术、通信技术、控制技术与传统的电源技术相结合,能满足铁路、地铁、城市轻轨等各种通信、信号设备(计算机联锁、微机监测、轨道电路、交直流电动转辙机、继电器、道岔表示、信号点灯、区间信号点灯、站间联系、DMIS/CTC、电码化、闭塞电源、表示灯、闪光灯、区间轨道等)多种规格、不同容量电源的需求,提供高稳定、高可靠、品类齐全的交、直流电源。

二、系统性能指标

(1)环境温度:−5~40 ℃。
(2)相对湿度:不大于90%(25 ℃)。
(3)大气压力:74.8~108 kPa(相当于海拔高度2 500 m以下)。
(4)周围介质中无导电尘埃及腐蚀性和能引起爆炸危险的有害气体。
(5)输入电源条件:电源屏应有两路独立的交流电源供电,两路输入电源允许偏差范围见表8.2。

表8.2 两路电源允许偏差范围表

序号	输入电源	允许偏差
1	电压	AC 220$^{+33}_{-44}$ V
		AC 380$^{+57}_{-76}$ V
2	频率	(50±0.5)Hz
3	三相电压不平衡度	≤5%
4	电压波形失真度	≤5%

注:电源屏超过以上规定的条件,应与公司协商进行专门设计。

（6）最大输入电流：≤32 A（三相15 kV·A），≤25 A（三相10 kV·A），≤60 A（单相10 kV·A）。

（7）整机效率：≥80%。

（8）功率因数：≥0.96。

（9）保护参数。

① 输入电源保护值。

保护范围：输入电源超出AC（285~456）V或AC（165~264）V时，切断该路输入电源，其负荷输出由另一路电源承担，并发出声光告警信号。

过压启动电压为AC（265±2）V，恢复电压为AC（255±2）V。

欠压启动电压为AC（16±2）V，恢复电压为AC（175±2）V。

② 输出电压保护值：参见电源模块部分。

（10）绝缘电阻。

① 正常绝缘：当温度为15~35 ℃、相对湿度为45%~80%时，正常大气压力条件下，电源系统的输入、输出端子单线对地的正常绝缘电阻值应不小于25 MΩ。

② 潮湿绝缘：当温度为-5~40 ℃、相对湿度为90%时，电源系统的输入、输出端子单线对地的绝缘电阻应不小于1 MΩ。

（11）工频耐压：当环境温度为15~35 ℃、相对湿度为45%~80%时，正常大气压力条件下，电源系统的输入、输出端子单线对地的正常工频耐压，其工频试验电压按表8.3进行选择。试验电压施加的时间为1 min，试验电压为正弦波，频率为45~62 Hz，试验后应无击穿或闪络现象。

表8.3

额定绝缘电压 U_i/V	工频试验电压（交流均方根值）/V
$U_i \leq 60$	1 000
$60 < U_i \leq 300$	2 000
$300 < U_i \leq 690$	2 500

（12）温升：当电源屏的输出功率为额定值时，电源屏在环境温度为40 ℃环境中长期运行，变压器的温升应不大于60 ℃，整流元件及高频开关电源模块中散热器的温升应不大于70 ℃。

（13）噪声：在额定输入电压及额定负载的条件下，电源屏的整机噪声应不超过65 dB（A）。

（14）使用寿命：电子器件的寿命为10年，其他部件寿命为15年，整机平均无故障时间（MTBF）为65 000 h。

三、系统实现方式及特点

1. 主/备供电控制方式

输入两路交流电源采用主/备供电控制方式，正常情况下，一路电源主用供电，另一路备用；当主用电源故障时，自动转为备用电源供电，并设置手动转换功能。为避免两路输入电源切换部分因器件损坏导致电源屏掉电，电源输入部分具有手动直供功能。

2. 交流电源模块主/备输出

对于交流模块，采用热备用工作方式，进行 1＋1 或 N＋1 配置，当某模块发生故障时，利用故障自动切换技术，保证输出连续供电。

对于 25 Hz 电源模块，采用 25 Hz 高频开关模块热备用工作方式，进行 1＋1 配置，并另备 1 台（套）模块作为冷备用。

对于直流电源模块，采用针对铁路电源特点设计的 AMZ 系列高频开关电源模块，并采用并联输出，具有输入电源中断（0.15 s）满载续流功能，可实现输出不间断供电。

3. 模块化、标准化

系统电源的模块化、标准化设计适应性强，扩容、维护方便，使系统可灵活、方便的动态组合成多种规格和容量的信号电源，以满足不同的信号设备可靠供电的需求。

4. 智能化、网络化

系统的监测单元将先进的计算机技术与通信技术、控制技术相结合，对系统的输入、输出电源电压、电流、过、欠压值及高频开关电源模块的工作状态进行实时取样，把取样数据及其工作状态参数送进计算机进行处理，并及时地显示在 LCD 液晶显示屏上。当电源系统发生故障时，具体的告警内容、时间将及时地记录在数据库内，同时还设有声、光告警信号。

系统的监测单元还留有 RS485 通信接口，可以实现与上位机通信或纳入微机监测进行组网，实现远程监测和集中管理。

5. 完善的保护功能

系统具有输入过压、欠压和输出过压、限流、短路及模块过温等完善的保护功能。

6. 优异的供电质量

PDZG 智能型综合信号电源系统中高频开关电源模块的高效率、高稳压精度、高可靠性，有效地提高了系统的输出供电质量。

四、系统构成

PDZG 智能型综合信号电源系统由综合信号电源机柜、LB 净化滤波模块、AFD 交流稳压模块、AC/AC 隔离电源模块、AC/DC 电源模块、25 Hz 模块、输入/输出控制单元、输入/输出防雷单元、微机监测单元组成。

PDZG 智能型综合信号电源系统额定输出容量，可依据铁路、地铁、城市轻轨等通信、信号设备的电源容量、电源种类、分路数量的需求进行配置。

1. AFD 系列稳压电源模块

AFD 系列稳压电源模块主要功能是用来实现输出电源的过压防护和欠压防护。模块的输入电源电压为 AC（176~264）V，输出的电源电压为 AC 220 V；输出功率有四个级别，分别为 3 kV·A、5 kV·A、8 kV·A、10 kV·A。

输出电源过压保护值为 240 V，当输出电源电压过压时，电源自动转为直供；输出电源欠压保护值为（210±5）V，当输出电源电压欠压时，电源自动转为直供；输出过流保护值为输出电流额定值的 110%；模块还具有输出短路保护功能。

2. AMZ-024D 系列直流电源模块

AMZ-024D 系列直流电源模块，输入电源电压为 165~275 V，输出电压为 DC 24 V（22~28 V 可调）。输出电流等级分别为 30 A、50 A、85 A。

输入欠压保护值为（150±5）V，当输入电源电压欠压时，电源自动关闭；当输入电压恢复到（165±5）V 后，电流自动恢复工作。输入过压保护值为（285±5）V，当输入电源电压过压时，电源自动关闭；当输入电压恢复到（270±50）V 后，电源自动恢复工作。

输出过压保护值为（28±1）V，当输出电源电压过压时，电源自动关闭，必须重新开机后方能工作。输出过流保护值为输出电流额定值的 110%，输出有短路保护。当输出过流或短路时，模块限流，并降低输出电压；故障排除后，自动恢复工作。

模块还有过温保护功能，保护范围为（90±5）℃。模块散热器温度超过上限时，自动关闭；当低于（70±5）℃时，电源自动开启工作。

3. AMZ-072D-08 直流模块

AMZ-072D-08 直流模块输入电压范围为 165~275 V，输出电压为 DC 48 V（24~100 V 可调）；输出电流为 3 A×4。输出电压精度为额定值的±1%。

输入欠压保护值为（150±5）V，当输入电源欠压时，电源自动关闭；输入电压恢复到（165±5）V 后，电源自动恢复工作。输入电源过压保护值为（285±5）V，当输入电源过压时，电源自动关闭；输入电压恢复到（270±5）V 后，电源自动恢复工作；输出电源过流保护值为额定值的 110%。

输出具有短路保护功能，当输出电源过流或短路时，模块限流，并降低输出电压；故障排除后，电源自动恢复工作。

模块还具有过温保护，保护值为（90±5）℃。模块散热器温度超过上限时，自动关闭，当低于（70±5）℃时，电源自动开启工作。

4. AMZ-048D 系列直流电源模块

AMZ-048D 系列直流电源模块输入电源电压为 165~275 V，输出电压为 DC 48 V（43~52 V 可调），输出电源电流分别有 30 A、50 A。模块采用均流输出，均流精度为≤±5%。输出电压精度为额定值的±1%。

输入电源欠压保护值为（150±5）V，当输入电源电压欠压时，电源自动关闭；输入电压恢复到（165±5）V 后，电源自动恢复工作。输入电源电压过压保护值为（285±5）V，当输入电源电压过压时，电源自动关闭；输入电压恢复到（270±5）V 后，电源自动恢复工作。

输出电源电压过压保护值为（53±1）V，当输出电源电压过压时，电源自动关闭，必须重新开机后方能工作。输出电源电压欠压保护值为（45±1）V。当输出电源电压欠压时，电源自动关闭，必须重新开机后方能工作。输出电源电流过流保护值为额定值的110%。

模块具有输出短路保护功能，输出过流或短路时，模块限流，并降低输出电压；故障排除后，自动恢复工作。

AMZ-048D 系列直流电源模块具有过温保护功能，保护值为（90±5）℃。模块散热器温度超过上限时，自动关闭，当低于（70±5）℃时，电源自动开启工作。

5. AMZ-220D 系列直流电源模块

AMZ-220D 系列直流电源模块负责输出 DC 220 V（209~231 V 可调）直流电源。输入电源电压范围为 165~275 V。输出电源电流为 20 A，电源输出采用均流输出方式，均流精度为额定值的±3%，输出电压精度为 220（1±1%）V。

输入电源电压欠压保护值为（150±5）V，当输入电源电压欠压时，电源自动关闭，输入电压恢复到（165±5）V 后，电源自动恢复工作。输入电源电压过压保护值为（285±5）V，当输入电源电压过压时，电源自动关闭，输入电压恢复到（270±5）V 后，电源自动恢复工作。

输出电源电压过压保护值为（231±1）V，当输出电源电压过压时，电源自动关闭，必须重新开机方能工作。输出电源电压欠压保护值为（209±1）V，当输出电源电压欠压时，电源自动关闭，必须重新开机方能工作。输出电源过流保护值为额定值的110%。模块具有输出短路保护功能，输出电源过流或短路时，模块限流，并降低输出电压；故障排除后，自动恢复工作。

模块还具有过温保护功能，保护值为（90±5）℃。模块散热器温度超过上限时，自动关闭；当低于（70±5）℃时，电源自动开启工作。

6. AMA-25 系列交流电源模块

AMA-25 系列交流电源模块负责输出 AC 220 V（210~230 V 可调）和 AC 110 V（100~120 V 可调），模块的输入电源电压范围为 AC 220（1±20%）V，输出电源电压/电流分别为 AC 220 V/6 A、AC 110 V/8 A（AMA-25-2000）。输出电源电压精度分别为 220（1±3%）V、110（1±3%）V。该电源模块采用主、备用模块，主/备模块切换时间小于 20 ms。

输入电源电压的欠压保护值为（150±5）V，当输入电源电压欠压时，电源自动关闭；输入电源电压正常后，电源自动恢复工作。输入电源电压过压保护值为（285±5）V，当输入电源电压过压时，电源自动关闭；输入电源电压正常后，电源自动恢复工作。

输出电源电压欠压保护值为（209±1）V（轨道电源）、（104±1）V（局部电源）。输出电源电压过压保护值为（231±1）V（轨道电源）、（116±1）V（局部电源）。输出电源过流保护值为额定值的（130±5）%；输出相位保护为（90±5）℃。模块具有输出电源短路保护功能，当电源输出过流或短路时，模块限流，并降低输出电压；故障排除后，自动恢复工作。

模块的过温保护值为（90±5）℃。模块散热器温度超过上限时，自动关闭；当低于（70±5）℃时，电源自动开启工作。

7. BX 系列隔离电源模块

BX 系列隔离电源模块负责输出交流电源，主/备两模块互为热备用；模块输入电压为 AC（220±6.6）V，输出电压有 AC（220±10）V 和 AC（24±3）V 两种。输出电源电压的过压保护值为（230±2）V，当输出电源电压过压时，电源自动转备用模块工作。输出电源电压欠压保护值为（210±2）V，当输出电源电压欠压时，电源自动转至备用模块工作。

8. FBY-Ⅲ 系列过压/欠压保护器

当输出电源电压过压或欠压时，FBY-Ⅲ 系列过压/欠压保护器完成告警和对电压进行恢复。其输入电压为 165～275 V，电源频率为（50±2）Hz。输出过压告警电压为（265±2）V，恢复电压为（256±2）V；输出欠压告警电压为（165±2）V，恢复电压为（174±2）V。

9. KD-Ⅲ 系统监测模块

KD-Ⅲ 系统监测模块的原理框图如图 8.4 所示。

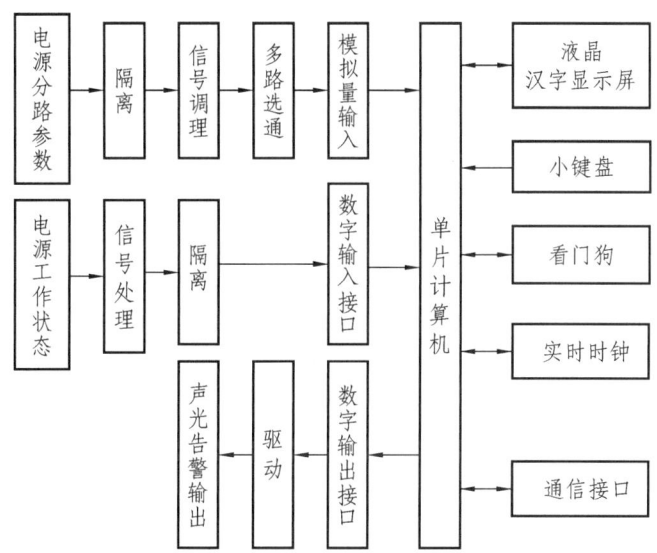

图 8.4　KD-Ⅲ 系统监测模块原理框图

监测模块的主要功能包括：监测信号电源系统交流电源的每相电压、电流；监测各路输出电源的电压、电流；监测高频开关电源模块的工作状态；将数据通过监测模块界面进行显示，经过通信接口实现与上位机通信或与微机监测进行组网。

监测模块分为输入采集单元、输出采集单元、数字采集单元。监测模块采集的模拟量有交流输入电压、电流，输出电压、电流；采集的数字量包括电源模块的工作状态。采集监测模块可通过 RS485 接口单独组网或纳入微机监测进行组网，实现远程监测和集中管理。

五、系统工作原理

系统采用了电源模块化设计，其系统原理框图如图 8.5 所示。PDZG 智能型综合信号电源系统由净化稳压屏及交直流 A、B、C 屏组成。

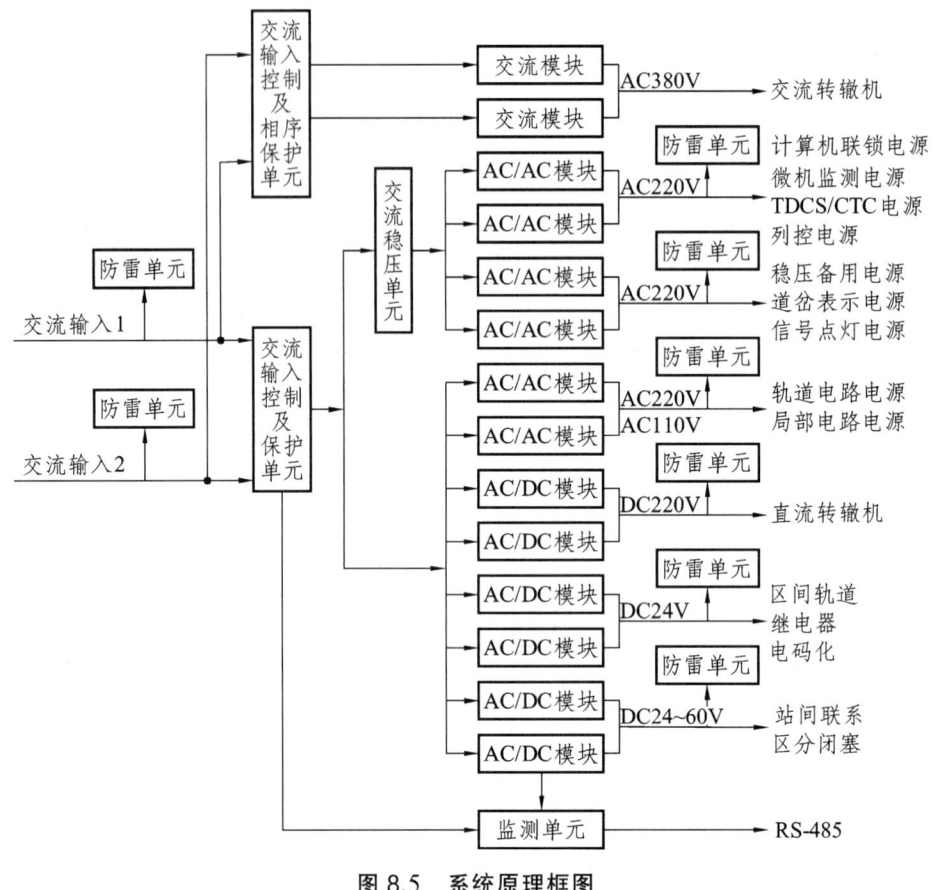

图 8.5 系统原理框图

1. 净化稳压屏电路

净化稳压屏电路原理图如图 8.6 所示。两路 AC 380V 电源经由净化稳压屏引入。Ⅰ路输入电源接到端子 D1-1～D1-3，Ⅱ路输入电源接到端子 D1-7～D1-9，D1-4，5，6 为零线端子。两路输入电源的纵向、横向均设置防雷单元。

两路输入电源送电后，红色指示灯"Ⅰ路电源（HL1）""Ⅱ路电源（HL2）"点亮。

闭合断路器 QF7，电源模块 UR 工作，为电源系统的监测和指示电路提供 DC 24 V 电源。将旋钮开关 SA1（Ⅰ路）、SA2（Ⅱ路）转至工作档位，若先闭合断路器 QF1，交流接触器 KM1 吸起，Ⅰ路电源工作，Ⅰ路电源工作指示灯 HL3 点亮。若先闭合断路器 QF2，交流接触器 KM2 吸起，Ⅱ路电源工作，Ⅱ路电源工作指示灯 HL4 点亮。

先合上断路器 QF1（或 QF2），再合上断路器 QF2（或 QF1），此时Ⅰ路（或Ⅱ路）电源工作，Ⅱ路（或Ⅰ路）电源处于备用状态，如果Ⅰ路（或Ⅱ路）电源失电，则自动转换为Ⅱ路（或Ⅰ路）电源供电。

顺时针旋动旋钮开关 SA1（或 SA2），Ⅰ路（或Ⅱ路）电源即转至Ⅱ路（或Ⅰ路）电源工作，两路电源转换后，应将旋钮开关 SA1（或 SA2）旋回至工作档位。

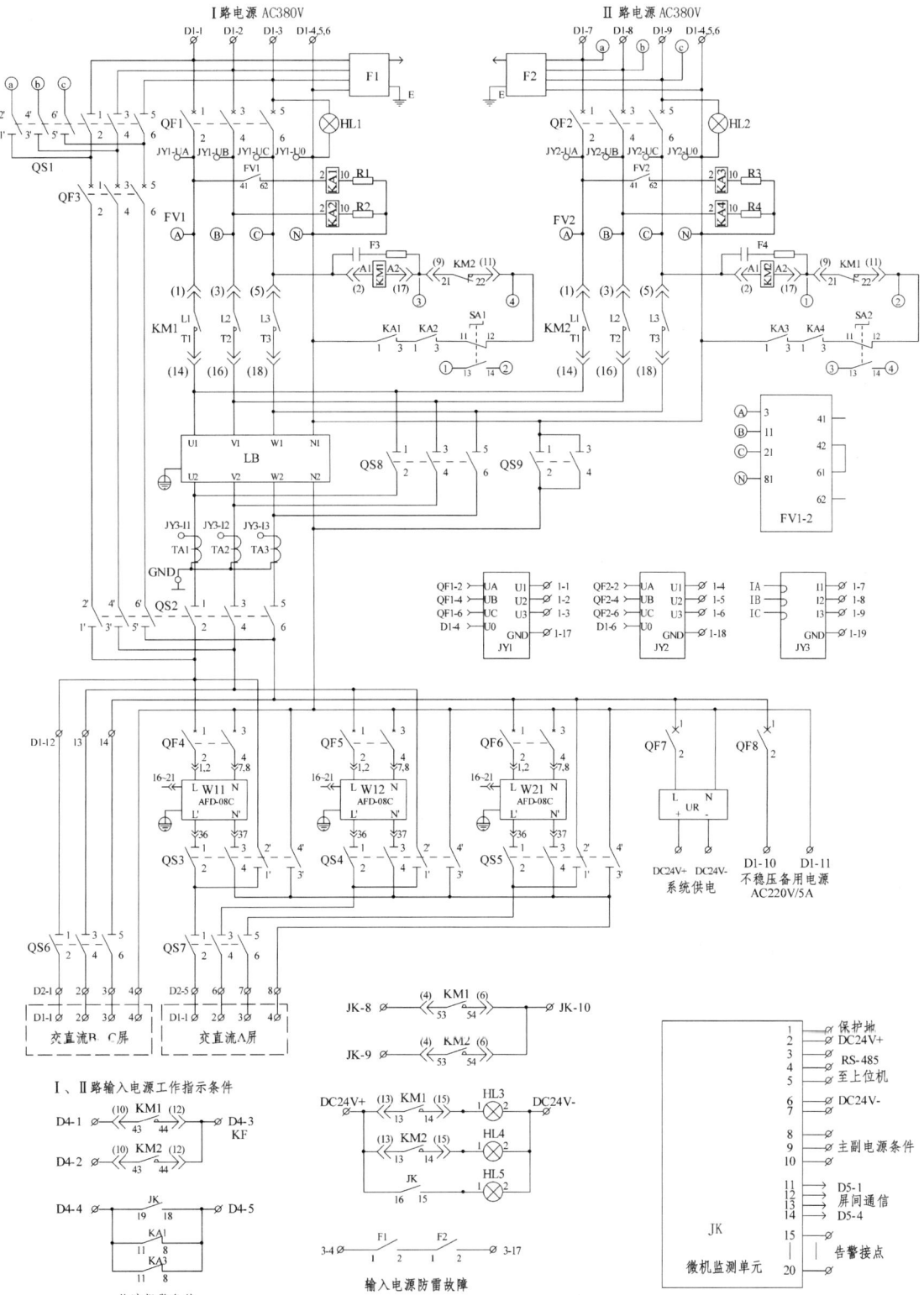

图 8.6 净化稳压屏电路原理图

净化稳压屏的两路输入电源控制回路中均设有 FV 过压/欠压保护器，以实现对两路输入电源电压的正常监控。在 A、B、C 三相相电压正常时，过压/欠压保护器的工作总指示灯为绿色，各相对应指示灯也为绿色。

当输入电源三相中的任一相或一相以上电压超过过压保护值（265±2）V 时，过压/欠压保护器的工作总指示灯为红色，相应的指示灯也为红色，如果该路为供电工作电源，将自动切换至另一路电源供电。当三相电压低于恢复电压值（255±2）V 时，总指示灯恢复绿色，三相对应指示灯也随之恢复绿色。

当输入电源三相中的任一相或一相以上电压低于欠压保护值（165±2）V 时，过压/欠压保护器的工作总指示灯为橙色，相应的指示灯也为橙色。如果该路为供电工作电源，将自动切换至另一路输入供电；当三相电压高于恢复电压值（175±2）V 时，总指示灯恢复绿色，三相对应指示灯也随之恢复绿色。

过/欠压保护器 FV 设有延时保护电路，通电初始至总指示灯点亮的延时时间，出厂设定为 3～5 s。

为避免因过压/欠压保护器本身故障造成两路输入电源无法正常转换导致电源屏发生断电现象，过压/欠压保护器设有退出键（T 键）。当两路输入电源同时出现过压/欠压故障导致电源屏发生断电现象时，虽然可以按下退出键（T 键），维持电源屏供电，但此时输入电源不受过压/欠压保护器控制，易造成屏内器件损坏，请用户谨慎操作。

QS1、QF3、QS2 组成输入电源直供电路，正常工作时 QS1 置于一路输入电源侧，QF3 置于接通位置；当主/备输入电源转换电路失效时，扳动 QS2 即可使输入电源直接供电。

电源经两路输入电源切换后至滤波净化器 LB，隔离开关 QS8、QS9 为滤波器屏蔽开关，当滤波器出现故障，导致电源屏发生断电现象时，可通过闭合隔离开关 QS8、QS9 进行旁路供电。

闭合断路器 QF4～QF6，稳压器 W11、W12、W21 工作，相应隔离开关 QS3～QS5 置 1-2、3-4 导通位置。当稳压器需要检修时，可通过操作相应隔离开关 QS3～QS5 置 1'-2'、3'-4'导通位置，断开 QF4～QF6，由外电网直接供电，实现断电检修。

通过隔离开关 QS6 及端子 D2-1～D2-4 为其他屏提供不稳压电源。

通过隔离开关 QS7 及端子 D2-5～D2-8 为其他屏提供稳压电源。

不稳压备用电源经断路器 QF8 接至端子 D1-10、D1-11。

端子 D4-1～D4-3 为Ⅰ、Ⅱ路输入电源工作条件。

端子 D4-4、D4-5 为故障告警条件。

净化稳压屏设置两路输入电源指示灯 HL1、HL2，两路输入电源工作指示灯 HL3、HL4，并设置系统故障指示灯 HL5。当监测单元监测到系统发生故障时，接通故障指示灯 HL5 点灯。

微机监测单元的对外端子 JK-1 为接地端子，JK-3～JK-5 为接至上位机 RS485 的通信端子，JK-11～JK-14 为屏间通信端子，JK15～JK20 提供两组故障告警条件。

2. 交、直流 A 屏

交、直流 A 屏的电路原理图如图 8.7～图 8.9 所示。

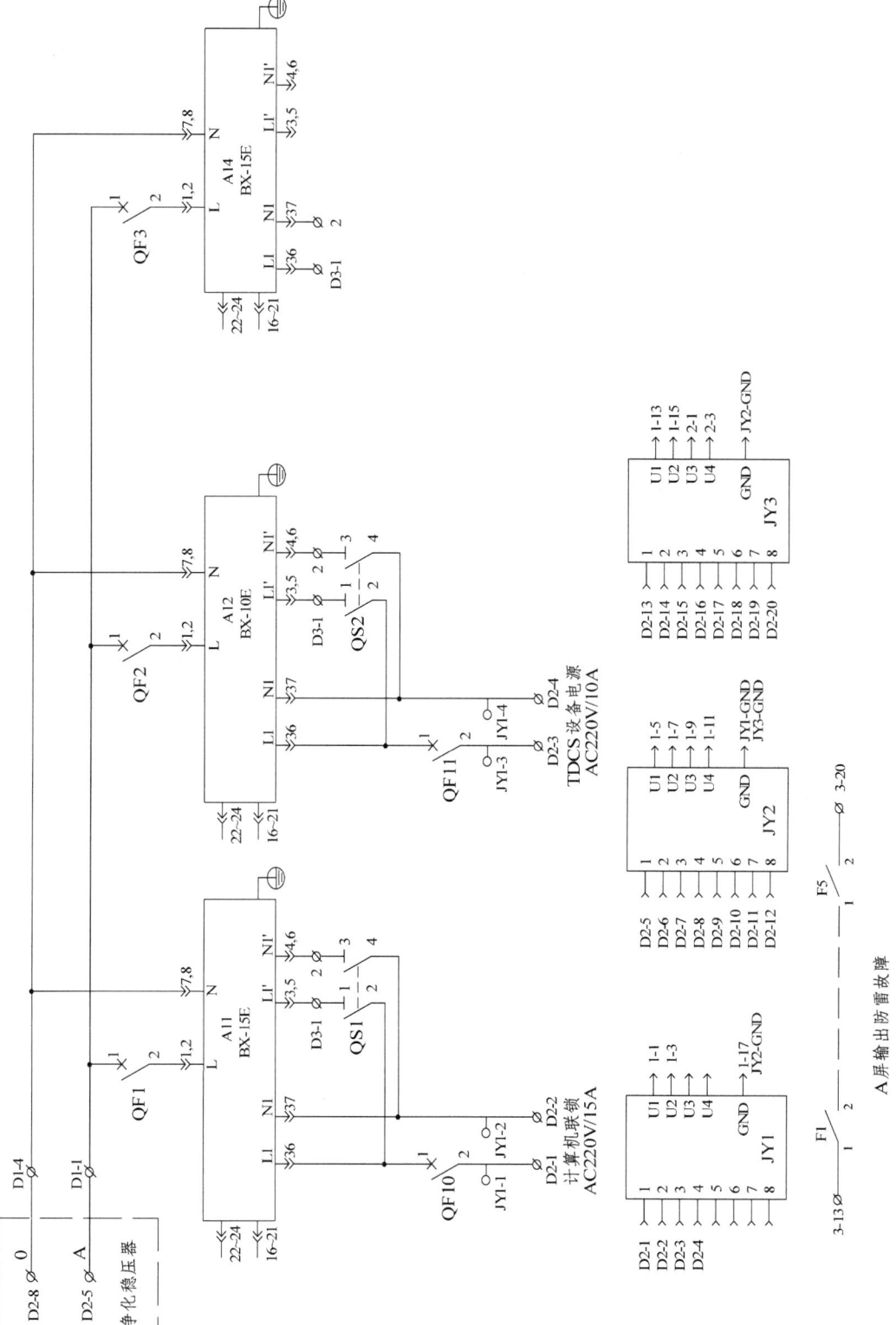

图 8.7 交、直流 A 屏电路原理图（1）

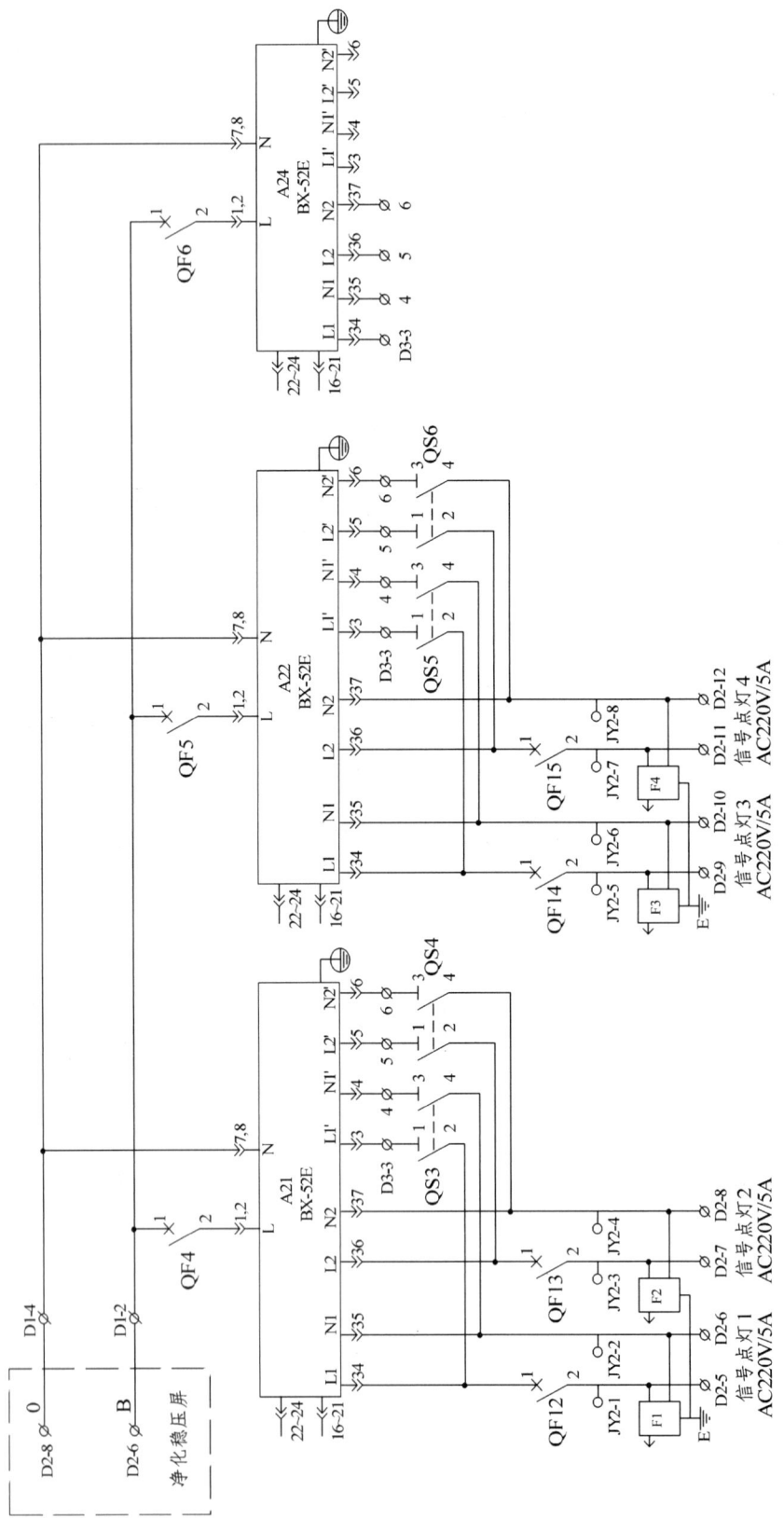

图 8.8 交、直流 A 屏电路原理图（2）

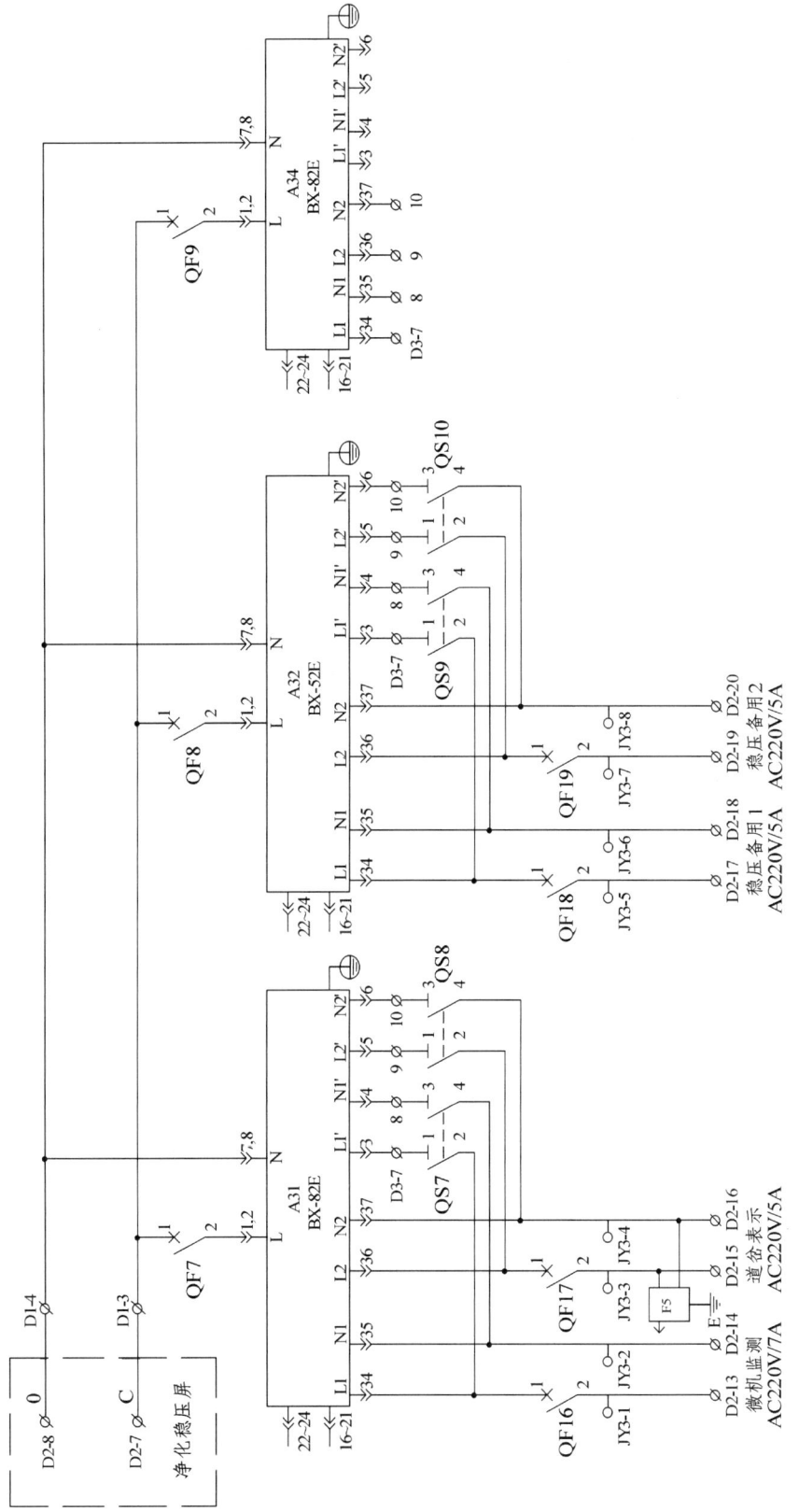

图 8.9 交、直流 A 屏电路原理图（3）

交、直流 A 屏 D1-1～D1-4 接净化稳压屏的 D2-5～D2-8，引入稳压电源。引入的稳压电源由电源模块 A11～A14、A21～A24、A31～A34（包括预留）进行 AC/AC 变换，并经过控制电路输出，分别接至 D2 端子，由 D2 端子引出接至计算机联锁电源、微机监测、TDCS、道岔表示、稳压备用和信号点灯电源。

电源模块采用"N+1"热备用工作方式，分路输出。断路器 QF1、QF2、QF4、QF5、QF7、QF8 为各交流输出电源主电源的输入控制。断路器 QF3、QF6、QF9 和电源模块 A14、A24、A34 为备用。正常工作时由主用电路供电，备用电源热备用。主用模块故障时自动转为备用模块供电，转换时间小于 0.15 s。备用状态的模块维修更换不影响正常供电。维修更换主用模块时应注意，要先断开故障电源模块的输入开关，再闭合相应的隔离开关（QS1～QS10），使主模块的输出及转换插座针脚连通，输出电源由备用模块直接提供，再进行更换操作。断路器 QF10～QF19 为各交流输出电源的输出控制。

信号点灯电源、道岔表示电源的输出电源的纵向均设置防雷单元。

3．交、直流 B 屏

交、直流 B 屏的电路原理图如图 8.10 和图 8.11 所示。

交、直流 B 屏 D1-1～D1-4 接净化稳压屏的 D2-1～D2-4 引入不稳压电源。引入的不稳压电源，由高频开关模块 B21、B22、B31～B36（包括预留）进行 AC/AC，AC/DC 变换，并经控制电路输出，分别接至 D2 端子，由 D2 端子引出分别接至 25 Hz 轨道电源、25 Hz 局部电源、直流转辙机电源、继电器电源。

断路器 QF1、QF2，隔离模块 TM1、TM2 为主/备 25 Hz 电源的输入控制和输入隔离。25 Hz 高频开关电源模块 B21、B22 互为备用，正常工作时一套主用供电，另一套热备用。主用模块故障时自动转为备用模块供电，转换时间小于 0.15 s。备用状态的模块维修更换时不影响正常供电。

断路器 QF6～QF13 为 25 Hz 轨道、局部电源各路的输出控制。

25 Hz 轨道各分路输出电源的纵向、横向均设置防雷单元。

直流转辙机电源、继电器电源采用直流高频开关电源模块并联冗余实现输出。断路器 QF3、QF4 为直流转辙机电源的输入控制，断路器 QF5 为继电器电源的输入控制。

并联冗余电源模块组中的某一块电源模块故障时，故障模块自动退出，不影响该组模块的电源输出。此时监测单元告警，并显示故障模块的具体位置，提醒用户及时更换。

断路器 QF14、QF15 为直流转辙机、继电器电源各分路的输出控制。

直流转辙机电源的纵向均设置防雷单元。

4．交、直流 C 屏

交、直流 C 屏的电路原理图如图 8.12 和图 8.13 所示。

交、直流 C 屏由 D1-1～D1-7 引入两路 AC 380V 输入电源，交流转辙机电源按"1+1"热备用方式配置。

每组电源均设相序检查电路，当主用输出电源出现相序错误时，自动转换到备用输入电源供电，并发出告警信号。输出电源接至 D2 端子，为交流转辙机设备提供电源。

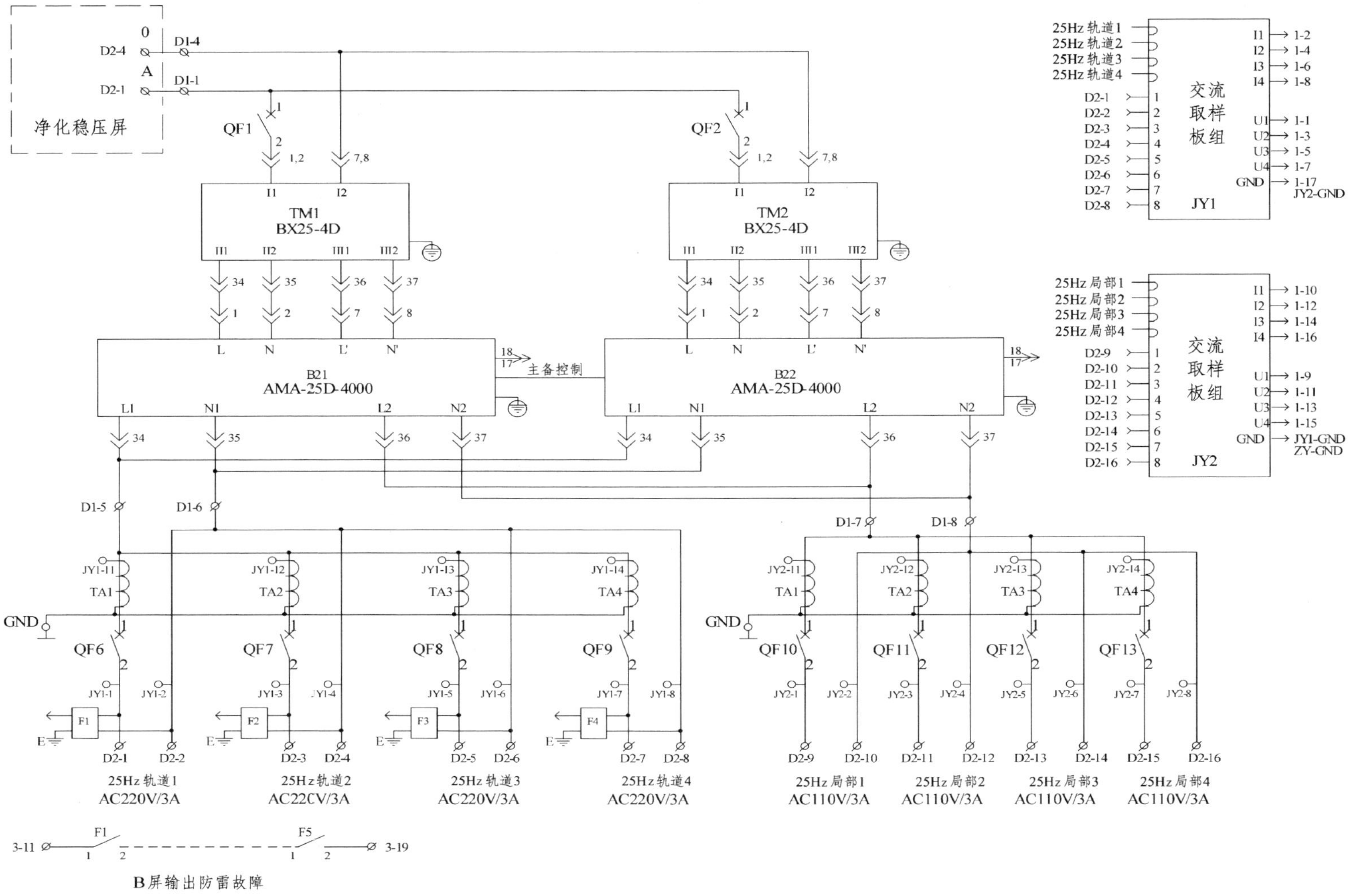

图 8.10 交、直流 B 屏电路原理图（1）

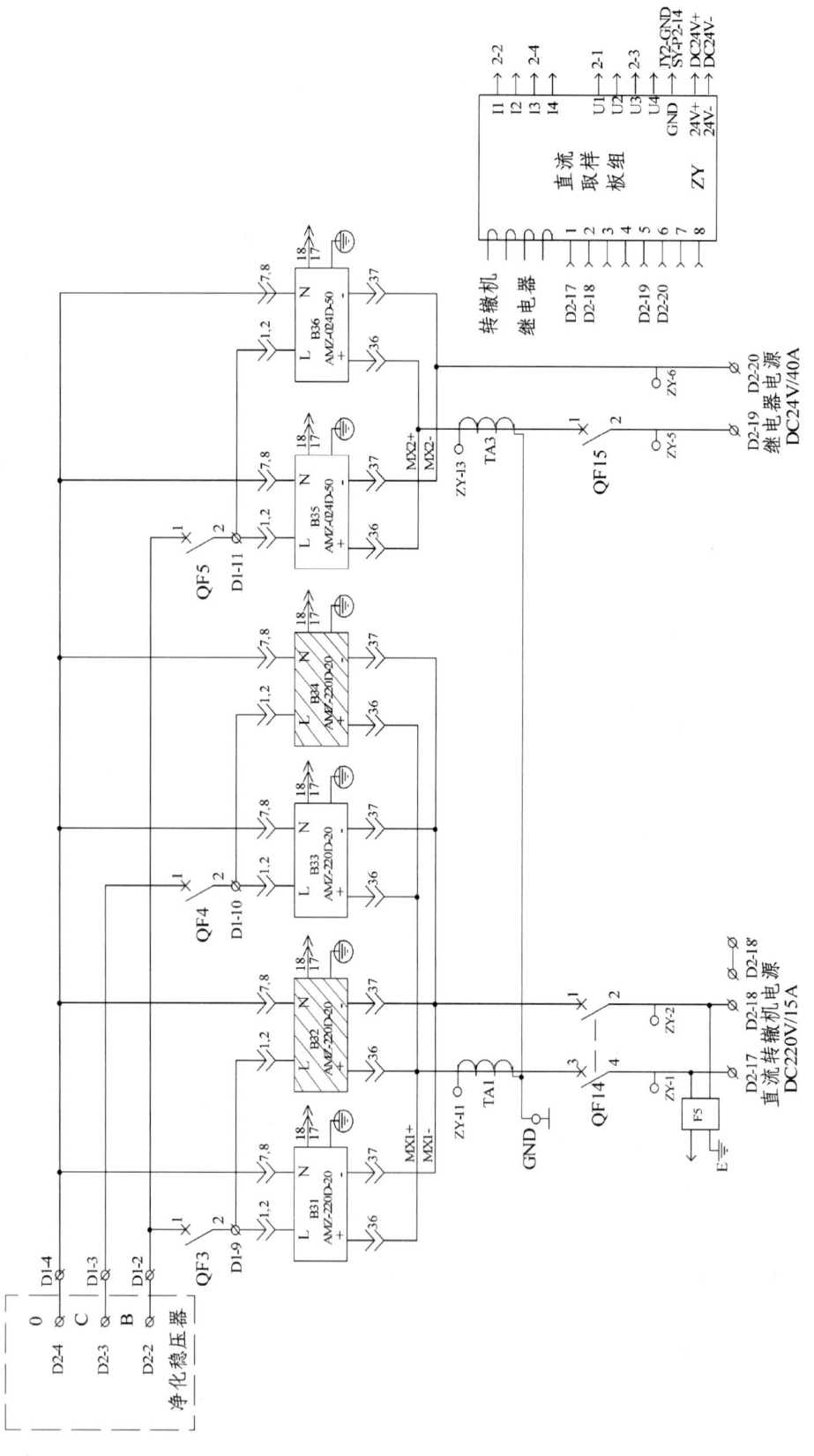

注：▨ 留做扩容用模块安装位置。

图 8.11 交、直流 B 屏电路原理图（2）

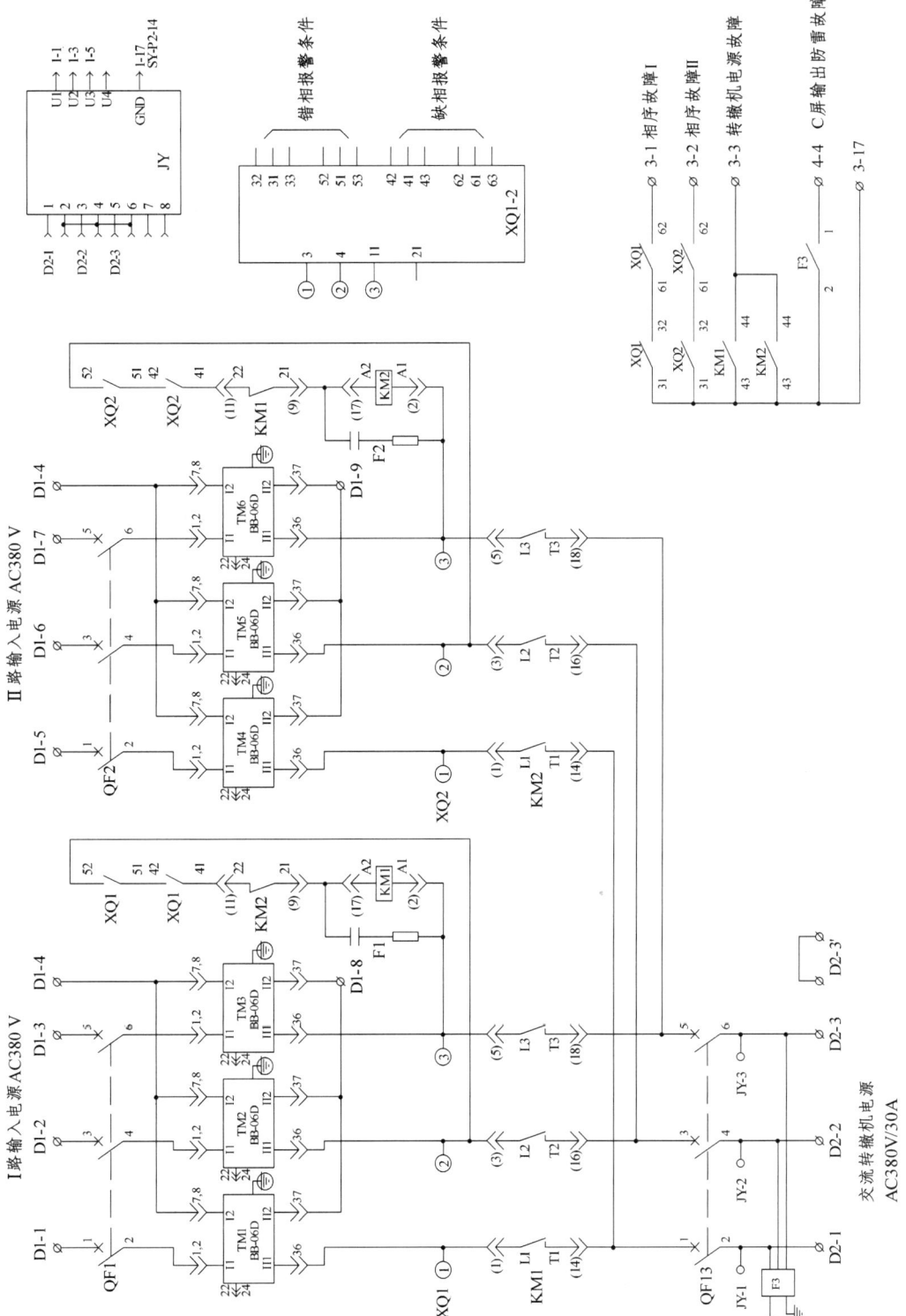

图 8.12 交、直流 C 屏电路原理图（1）

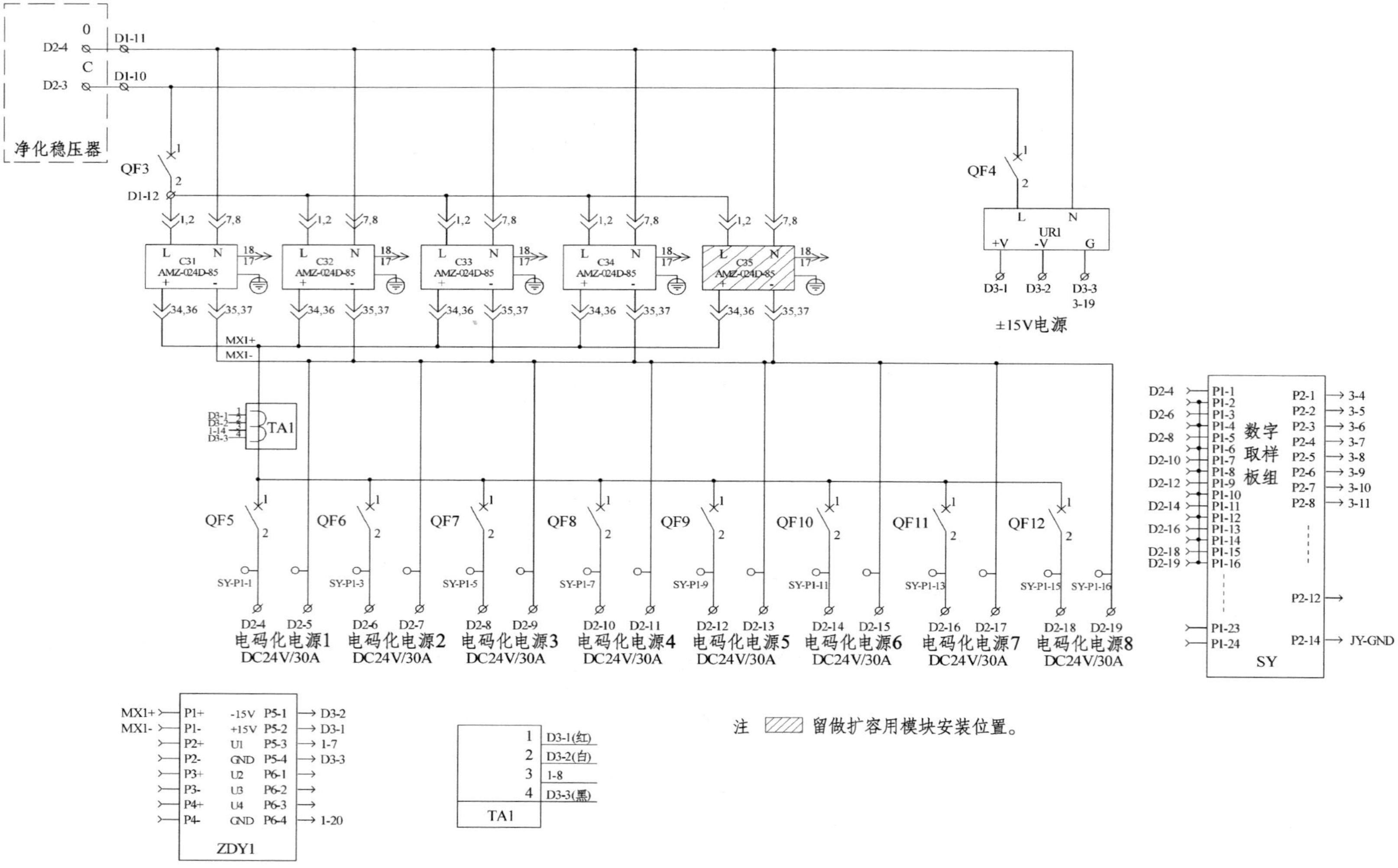

图 8.13 交、直流 C 屏电路原理图（2）

断路器 QF1、QF2 为主、备交流转辙机电源的输入控制。隔离模块 TM1～TM3、TM4～TM6 互为备用，正常工作时一套主用供电，另一套热备用。主用模块故障时自动转为备用模块供电，转换时间小于 0.15 s，备用状态的模块维修更换不影响正常供电。

断路器 QF13 为交流转辙机电源的输出控制。交流转辙机电源的纵向设置防雷单元。

交、直流 C 屏 D1-10、D1-11 接净化稳压屏的 D2-3、D2-4 引入不稳压电源。引入的不稳压电源由高频开关模块 C31～C35 进行 AC/AC、AC/DC 变换，并经控制电路输出，分别接至 D2 端子，由 D2 端子引出接至电码化电源。

电码化电源采用直流高频开关电源并联冗余实现。断路器 QF3 为电码化电源的输入控制。断路器 QF4 为 UR1 电源模块的输入控制，闭合断路器为直流传感器提供工作电源。

并联冗余的模块组中的某一块模块故障时，故障模块自动退出，不影响该组模块的电源输出。此时监测单元告警，并显示故障模块的具体位置，提醒用户及时更换。

断路器 QF5～QF12 为电码化电源各分路的输出控制。

六、微机监测单元的操作方法

（一）按　键

共有四个按键，分别是：确认、退出 和 ↓、↑。
确认：确定已选项或在设置数据的过程中移动光标。
退出：退出当前操作，返回上一级画面。
↓：向下移动光标或在设置数据中修改数值使其变小。
↑：向上移动光标或在设置数据中修改数值使其变大。

（二）查　看

开机后首先显示画面为：

```
          2009-08-01 10：05：01
          ***********电源监测单元
```

按 确认 键显示功能选择菜单：

　　□查看数据
　　■设置数据
　　■系统维护

□表示当前的光标位置。按 ↓ ↑ 键移动光标，按 确认 键选中相应的功能。

（三）查看实时监测量

选中"查看数据"功能后，显示功能选择菜单：

□ 查看模拟量值
■ 查看开关量状态
■ 查看当前告警
■ 查看历史告警
■ 查看系统状态

按 确认 选中"查看模拟量值"功能后，可以按 ↓ ↑ 键翻看各有关测量值，具体如下：

```
Ⅰ路 A 相    xxx.x  V
Ⅰ路 B 相    xxx.x  V
Ⅰ路 C 相    xxx.x  V
```

```
Ⅱ路 A 相 供电    xxx.x  V
Ⅱ路 B 相 供电    xxx.x  V
Ⅱ路 C 相 供电    xxx.x  V
```

```
输入电源 A 相      xxx.x  A
输入电源 B 相      xxx.x  A
输入电源 C 相      xxx.x  A
```

```
轨道电路电源 1: xxx.x V xxx.x A
轨道电路电源 2: xxx.x V xxx.x A
局部电路电源 1: xxx.x V xxx.x A
局部电路电源 2: xxx.x V xxx.x A
```

```
信号点灯电源 1: xxx.x V xxx.x A
信号点灯电源 2: xxx.x V xxx.x A
道岔表示电源: xxx.x V xxx.X A
稳压备用电源: xxx.x V xxx.X A
```

（四）查看开关量状态

选中"查看开关量状态"后显示：

```
电源模块 A11       正常
电源模块 A12       正常
电源模块 A13       屏蔽
电源模块 A14       正常
```

```
输入电源防雷       正常
A 屏输出防雷       正常
电源模块 B11       正常
电源模块 B12       屏蔽
```

(五)查看当前告警

选中"查看当前告警"后,如果当前无告警,将显示"当前无告警",如果有告警则显示如下画面(假定交流转辙机电源欠压告警)。

```
最新告警              告警开始
交流转辙机电源:欠压
告警值:302V
时间:2009/08/02  12:25:05
```

(六)查看历史告警

选中"查看历史告警"后显示:

```
总告警条数:400 条
■按↓查看告警记录
```

```
--第6条--            告警结束
交流转辙机电源:欠压
告警值:302V
时间:2006-11-22  12:28:38
```

(七)查看系统状态

选中"查看系统状态"后显示:

```
电源屏站名
当前工作板号:×,×,×
当前等待板号:
T:2008-11-22
```

最多支持5块采集板,分别设为1~5号,不可有重号。当应该有×号板工作但实际没有,或×号板故障时,在"查看系统状态"中会有提示:"当前等待板号显示:×"。

(八)设　置

选中"设置数据"功能后,按 ↑ 键修改数值,按 ↓ 键移动光标,输入密码"****"按 确认 键后显示功能菜单:

　　　　□设置模拟量告警参数
　　　　■设置模拟量屏蔽启用
　　　　■设置开关量屏蔽启用
　　　　■设置密码
　　　　■设置时间

1. 设置模拟量告警参数

选中"设置模拟量告警参数"后显示：

```
        Ⅰ路输入 A 相
    过压：  xxx.x   V
    欠压：  xxx.x   V
```

```
        Ⅱ路输入 A 相
    过压：  xxx.x   V
    欠压：  xxx.x   V
```

```
        输入电源 A 相
    过流：  xxx.x   A
```

```
        信号点灯电源 1
    过压：  xxx.x V
    欠压：  xxx.x V
    过流：  x.x A
```

按 ↑ 键修改数值，使数值增大；按 ↓ 键修改数值，使数值减小；按 确定 键确认并移动光标。

2. 设置模拟量屏蔽启用

"屏蔽"可以屏蔽掉不用的监测通道。开机默认值是所有监测通道全部设为屏蔽状态，故必须按照电源的实际分路开放相应的监测通道（把相应的监测通道设置为"正常"）。但Ⅰ、Ⅱ路交流输入电源的每相电压和电流不可以屏蔽。

选中"设置模拟量屏蔽启用"后显示：

```
    Ⅰ路输入 A 相           启用
    Ⅰ路输入 B 相           启用
    Ⅰ路输入 C 相           启用
```

```
    Ⅱ路输入 A 相           启用
    Ⅱ路输入 B 相           启用
    Ⅱ路输入 C 相           启用
```

```
    输入电源 A 相           启用
    输入电源 B 相           启用
    输入电源 C 相           启用
```

```
    信号点灯电源 1：        启用
    信号点灯电源 2：        启用
    道岔表示电源：          屏蔽
    稳压备用电源：          启用
```

按 ↑ 键向上移动光标，按 ↓ 键向下移动光标，按确定键设置启动或屏蔽。

3．设置开关量屏蔽启用

选中"设置开关量屏蔽启用"后显示：

电源模块 A11	启用
电源模块 A12	启用
电源模块 A13	屏蔽
输入电源防雷	启用
A 屏输出防雷	启用
电源模块 B11	启用
电源模块 B12	屏蔽

按 ↑ 键向上移动光标，按 ↓ 键向下移动光标，按确定键设置启用或屏蔽。

4．设置密码

选中"设置密码"后显示：

| 旧密码：×××× |
| 请输入密码：×××× |

密码共 4 位，按 ↑ 键修改数值，按 ↓ 键移动光标，按确认键"密码设置生效"，按退出键返回上一级画面。

5．设置时间

选中"设置时间"后显示：

| 旧时间：2009－11－22　10－22－11 |
| 请设定时间：2009－11－22　10－22 XI |

"设置时间"可以修改时间，按 ↑、↓ 键修改数值，按确认键确认并移动光标，修改后的时间会立即替代原有时间，按退出键返回上一级画面。

七、PDZG 智能型综合信号电源屏维护

1．日常管理

（1）系统检查：
① 电源屏正常工作时，两路输入电源指示灯亮，故障时故障灯亮。
② 正常工作时电源模块电源灯亮，故障时灯灭。
③ 监测单元正常工作时工作灯亮，当监测内容有故障时故障灯亮。

（2）检查线缆连接：插座应连接良好，防雷和接地线缆及交流输入线缆应连接可靠，电缆无局部过热和老化现象。

（3）查验实时数据：

① 交流电压实时显示数据与实际电压误差不超过额定值的3%；

② 直流电压实时显示数据与实际电压误差不超过额定值的2%；

③ 电流误差不超过额定值的5%。

（4）检查通信功能：检查RS485通信接口是否与上位机连接。

（5）检查防雷单元：雷雨天气维护人员应及时检查输入防雷单元是否损坏，正常时防雷单元视窗颜色为绿色，雷击损坏后为红色。

（6）检查防护、防雷地线：定期检查防护、防雷地线应连接可靠，其接地电阻应符合各相关规定，接地连线线径应大于10 mm^2。

2. 定期维护

PDZG智能型综合信号电源系统全部调试、开通完毕后，维护人员需要对电源系统进行定期维护，对电源系统的输入、输出状态，监测参数等进行检查、测试，发现问题及时处理。

（1）对系统进行定期检查，仔细阅读使用说明书，特别牢记安全注意事项。要配备适当的测试仪表，如万用表、兆欧表等。

（2）定期检查、清除机柜表面、模块、导体、绝缘体上的尘埃及污物，清扫后注意电源模块插接是否牢固，接触器、断路器闭合是否良好。

（3）定期用兆欧表测量系统的绝缘电阻，绝缘电阻应符合指标要求。

八、PDZG智能型综合信号电源屏维护规则及故障处理

PDZG智能型综合信号电源屏维护工作内容、技术标准、故障现象及处理方法见表8.4。

表8.4 PDZG智能型综合信号电源屏维护规则

序号	信号维护工作内容	技术标准	故障现象与处理方法
1	维护人员应定期检查引入的两路输入电源电压	输入电源允许偏差范围： AC 380$^{+57}_{-76}$ V AC 220$^{+33}_{-44}$ V；	当维护人员发现输入电源偏差不在技术要求范围内时，可能是输入电源出现了故障，应查找引入的电源
2	维护人员应定期对交流输入的两路电源进行切换检查，其中一路发生断电或断相时，检查是否影响各路输出	Ⅰ路及Ⅱ路输入电源应能正常切换，正常情况下，两路输入电源互为主、备方式工作，当任一路发生断电或断相时，系统自动转为另一路供电。也可手动转换Ⅰ路、Ⅱ路旋钮至维修档，进行手动转换（手动转换后必须至工作档位），不影响向信号设备继续供电	当引入的两路交流电源不能进行自动切换时，应及时检查净化稳压屏交流接触器KM及控制继电器KA吸合、断开是否正常。 输入系统转换时需要点进行操作

续表 8.4

序号	信号维护工作内容	技术标准	故障现象与处理方法
3	维护人员应定期观察输入电源过压/欠压保护器的工作情况	① 正常时工作指示灯及各相电源指示灯亮绿色灯。 ② 过压时工作指示灯及相应相电源指示灯亮红色灯。过压启动电压AC（265±2）V，恢复电压（255V±2）V。 ③ 欠压时工作指示灯及相应相电源指示灯亮橙色灯。欠压启动电压AC（165±2）V，恢复电压（175±2）V	当输入电源引入正常，而过、欠压保护器出现故障时，处理办法：应按下保护器上的红色退出工作按钮，取消过、欠压保护 注意：更换过、欠压保护器时需断开该输入电源断路器，确认由另一路电源输入供电正常状态下方可操作，等待要点进行更换
4	维护人员应定期检测交流稳压器的输出电源电压	交流稳压电源电压： 单相：AC 220（1±3%）V（AC 213.4~226.6 V）	测量交流稳压电源电压不在所要求范围内时，应检查净化稳压屏中AFD模块的输出电压。当稳压器故障、稳压器面板上故障灯点亮、监测单元告警W11~W13故障时，稳压器内部将自动旁路直接供电。如果手动将稳压器旁路隔离开关置旁路位置，断开稳压器后再闭合输入断路器，如果重新启动稳压器仍然故障告警，则应电话联系厂家处理
5	雷雨天气维护人员应及时检查输入、输出防雷单元是否损坏	正常时防雷单元视窗颜色为绿色，雷击损坏后为红色	发现输入、输出防雷单元视窗颜色雷击损坏为红色后应及时更换
6	维护人员应检查50 Hz交流电源模块的工作状态并测量各路电源输出电压	50 Hz电源模块采用N+1方式工作，每组机框中的最后一个电源模块为本组其他电源的备用模块，正常时主用模块输出，备用模块热备工作，面板上电源红色指示灯、绿色工作指示灯点亮	主用模块故障后，绿色工作指示灯熄灭，监测单元有该模块告警内容，系统自动转为备用模块输出。先断开故障模块输入断路器，将该模块输出所对应的隔离开关闭合，拔下该模块。模块更换插牢，闭合该模块输入断路器，模块正常工作后，将该模块输出所对应的隔离开关断开，系统自动转为主用模块输出。主、备模块转换时间不大于0.15 s
7	维护人员应随时检查25 Hz电源模块的工作状态，并测量轨道电源和局部电源的输出电压	正常情况下，两组电源模块互为备用，一组工作（工作、正常指示灯点亮），另一组热备用（正常指示灯点亮）。工作中的模块故障时（工作、正常指示灯熄灭，故障指示灯点亮），电源系统自动转为另一模块工作，主、备模块自动转换，不间断供电，监测单元发出故障告警。2 000 V·A、4 000 V·A模块为一台一组，6 000 V·A模块两台为一组（A模块为轨道电源模块，B模块为局部电源模块）	模块故障后，先断开故障模块的输入断路器，拔下故障模块，换上冷备用的同型号模块并插牢。闭合该组模块的输入断路器，待正常指示灯点亮后，该组模块监测单元告警应消失

续表 8.4

序号	信号维护工作内容	技术标准	故障现象与处理方法
8	维护人员应经常巡检电源模块的工作状态，查看监测单元有无故障告警显示，发现告警应查出故障原因并及时处理	监测单元中设有模块状态监测	当监测单元出现模块告警时，应查看相对应模块。 当某直流模块故障时，关闭该模块上的电源开关，拔下该模块，将同型号的备用模块更换上，插牢后，闭合该模块电源开关。如果现场没有该型号的模块，则可在监测单元告警参数设置及开关量屏蔽启用中屏蔽该模块(同型号的模块在任何屏内均可通用，插入时，注意插头、插座要对准。模块更换完毕，将监测单元告警参数设置及开关量屏蔽启用中，设为"启用")。 注意：因直流模块有蓄流电容，插入时电容充电，会影响电源输出，因此更换时必须要点更换
9	维护人员应观察监测单元液晶屏所显示的监测数据，查看监测单元有无故障告警显示，发现告警应查出故障原因，并及时处理 注意：监测单元不可修改密码	(1) 监测范围： ① 模拟量：交流输入电源、交直流输出电源的电压、电流； ② 开关量：直流输出分路、直流模块、稳压模块、控制模块、逆变模块的工作状态；交流转辙机电源输入相序的工作状态。 (2) 各路负载在30%～100%范围内变化时，输出电压允许波动： ① 信号点灯、道岔、稳压备用、计算机联锁、微机监测、DMIS 电压：AC(220±10)V； ② 25 Hz 轨道电压：AC 220(1±3%)V； ③ 25 Hz 局部电压：AC 110(1±3%)V； ④ 直流转辙机电压：DC 220^{+20}_{-10} V； ⑤ 交流转辙机电压：AC 380 V^{+40}_{-20} V； ⑥ 继电器电压：DC $24^{+3.5}_{-0.5}$ V； ⑦ 表示灯、闪光灯电压：AC(24±3)V； ⑧ 闭塞、站间联系电源：DC[(24～75)±5]V	监测单元输出出现过压、欠压、过流告警时，信号维护人员应根据故障告警的状况进行具体分析： ① 测量该路输出端子电压、电流，检查断路器是否落下，断路器、配线是否发热，检查该路输出所对应的电源模块是否故障； ② 当输出过压、欠压告警时，应测量该路输出端子，若输出正常则可能为过压、欠压值设置不当或监测单元、监测采样板故障，可修改设置或对故障的监测单元、电压电流取样板组进行检查、修复或电话联系厂家处理(监测误告警不影响输出电源正常使用)

续表 8.4

序号	信号维护工作内容	技术标准	故障现象与处理方法
10	维护人员应观察监测单元液晶屏所显示的监测数据，定期用万用表测量各路输出电压、电流数值，并与监控系统液晶屏显示数据进行核对	测量精度：2%	电源屏输入、输出电压或电流数据与液晶屏显示数据不一致时，一般为电压、电流取样信号误差，可对取样板组进行检查、调整，使其基本一致。调整方法：查找并调整该路电源所对应的取样板组上输出电压、电流微调电位器（电压为：顺时针增大，逆时针减小；电流为：逆时针增大，顺时针减小）
11	维护人员应定期检查稳压、整流器件及各电源模块的温升	正常温升不应超过 65 ℃（温升＝实测温度－环境温度）	温升超过 65 ℃，电话联系厂家处理
12	维护人员应定期检测电源系统输入、输出端子单线对地的绝缘电阻，部颁标准规定：用 250 V/250 MΩ 表测量输出电压为 0 V～100 V；用 500 V/500 MΩ 表测量输出电压为 110～500 V	正常绝缘：当环境温度为 15 ℃～35 ℃、相对湿度为 45%～80% 时，正常大气压力条件下，正常绝缘电阻值应不小于 25 MΩ。潮湿绝缘：当环境温度为 －5 ℃～40 ℃、相对湿度为 90% 时，绝缘电阻不小于 1 MΩ	当检测电源系统绝缘电阻不符合标准时，可在天窗点从电源屏输出端子处将负载全部甩开，再检测绝缘电阻。若仍不符合标准，则应电话联系厂家处理
13	维护人员应随时检查交流转辙机电源屏相序继电器的工作状态	监测单元中有相序继电器故障检测电路，当相序继电器正常时，上面的绿色工作指示灯及各相电源红色指示灯点亮；当发生断相、相序错误时，系统自动转为另一路供电，相序继电器应有故障状态指示，上面的绿色工作指示灯熄灭、断相时各相电源对应的红色指示灯熄灭，监测单元中有断相、错相故障告警	输入电源错相时，应调整外电网输入电源相序。相序继电器故障更换时，需断开该路的输入电源断路器，确认由另一路电源输入供电正常状态下，方可操作

第三节　PZ 系列智能信号电源屏

一、系统特点

PZ 系列智能信号电源屏利用高频开关电源研制的技术平台，集综合化、高频化、模块化、智能化、网络化、自然冷却等高技术于一体，可以满足轨道交通信号系统的供电要求，为轨道交通信号设备提供高可靠、高稳定的信号电源。

系统按为不同负载提供电源，可分为站内屏、区间屏、提速屏、25 Hz 屏等。电源屏的容量根据站场的实际需求进行配置，最终组成一系列型号智能电源屏。该系列电源具有高可靠性、高效率、便于维护等优点。其主要特点如下：

（1）模块化设计：多种电源模块可灵活组成各种系统，模块智能自诊断，实现系统的免维修、少维护。

（2）高频化设计：所有交、直流模块均采用高频开关电源，应用有源功率因数校正（PFC）技术、脉宽调制（PWM）技术、正弦波脉宽调制（SPWM）技术，效率高、功率因数达 0.99。

（3）分散稳压设计：每路输出电源均由各自的稳压模块提供，某路电源故障，不会影响其他电源的稳压和输出指标，故障隔离，更安全、更可靠。

（4）交流模块热机备份：交流模块采用"1+1"或"N+1"多种备份模式，保证了系统高可靠性。

（5）直流模块均流输出：直流模块采用均负载、大冗余的输出模式，保证了系统切换时直流电源不间断输出。

（6）短路回缩技术：高可靠快速保护以及专门设计的短路回缩特性，确保模块发生长期短路时，回路电流控制在某一固定指标之下，确保在短路时不会发生灾害性事故。完善的保护功能保证了系统与模块安全可靠运行。

（7）热插拔技术：电源模块采用无损伤热插拔技术，在线更换时间小于 1 min，维护快捷方便。

（8）无污染：采用 PFC 技术，避免了模块内部高次谐波对外电网的污染；采用 EMI 技术，电磁兼容性好。

（9）25 Hz 电源高度集成：25 Hz 电源模块容量大（2 kV·A）、体积小、设计紧凑，可以在单机柜内配置 6 kV·A 的 25 Hz 电源。

（10）高效率：发热少，自身损耗电能少，整流模块的效率大于 90%，整机效率大于 85%。

（11）自然冷却：电源屏采用自然通风散热，风道采用"烟囱"原理，冷空气从电源屏下方进入，热空气从电源屏上部排出，自然对流。自然通风散热具有经济、可靠、噪声低等优点。

（12）低噪声：采用高频开关电源技术，系统和模块全部采用自然冷却技术，避免了工频噪声和风扇运转噪声。

（13）工频隔离：交流模块全部采用工频隔离，具有安全可靠的优点。

（14）智能切换：独特的两路交流电源输入自动切换装置和系统方案，可以保证系统的交、直流电源输出不间断。

（15）智能监控：可实时监测系统的工作状态，故障及时显示和告警，并具有故障记忆功能。

（16）网络化设计：可远程监控和集中监测组网，与微机监测设备实现无缝对接，最终实现信号电源的无人值守。

（17）维护性好。

① 故障定位、故障信息中文显示。

② 除系统有监控单元液晶集中显示外，模块还有电压、电流显示。

③ 当系统发生故障时，有声光报警。

④ 电缆连接多采用插接和压接方式，所有接线均有接线端子。

（18）完善的自我保护。

① 输入过、欠压保护；

② 输出过压、限流、短路保护；

③ 模块过温保护；

④ 完善的防雷击措施，输入两级、输出一级防雷；
⑤ 全部采用阻燃电缆。

（19）适应性强：
① 允许工作环境温度范围为 −5～+50 ℃；
② 超宽的工作电压范围：输入电压范围为 AC（165～275）V 或 AC（285～475）V；
③ 采用 EMI 滤波技术，有效地抑制外电网带入的高次谐波，特别适用于电化区段。

（20）安全可靠：系统设计符合国际安全标准 EN60950。

二、系统结构

PZ 系列智能信号电源屏系统框图如图 8.14 所示，两路输入交流电源经交流输入配电单元进入交流模块、直流模块，模块输出经交流输出配电单元和直流输出配电单元，给各类信号设备供电。

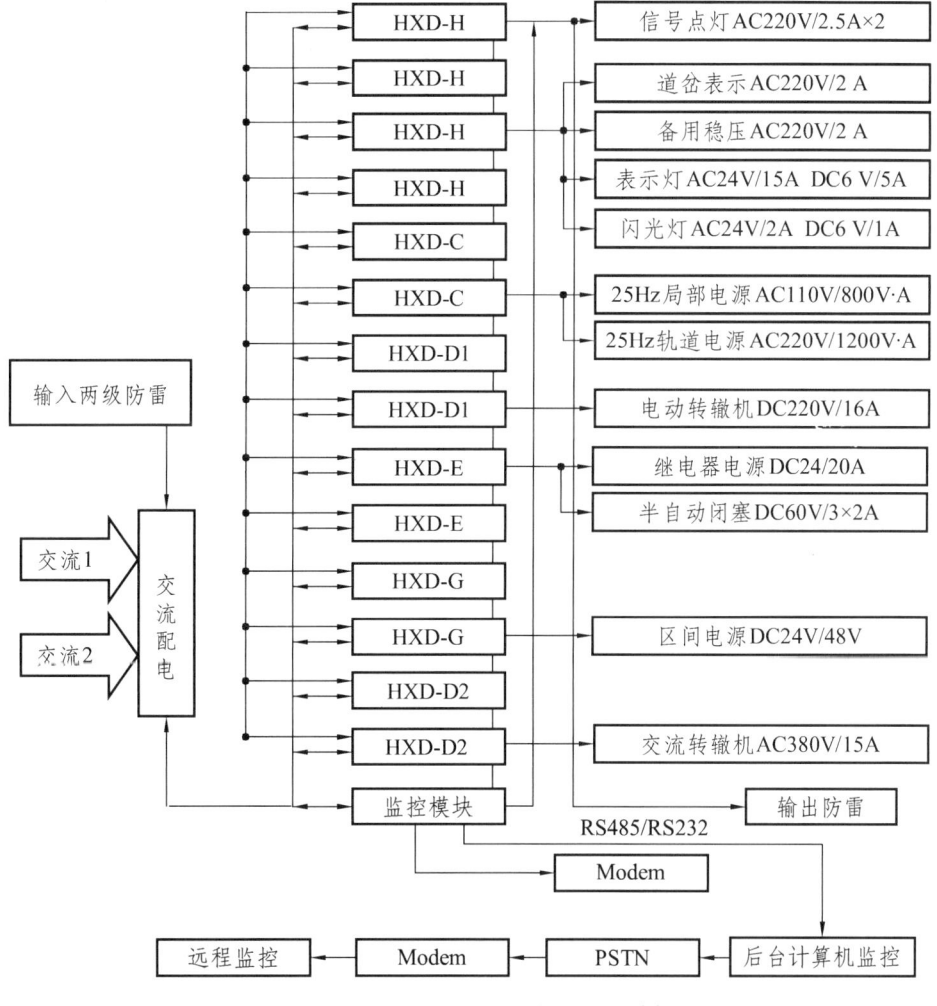

图 8.14 PZ 系列智能信号电源屏系统框图

系统采用三级集散式监控方式，交流配电单元、直流配电单元和各电源模块内均设有CPU监控板，负责对各自状态进行监测和告警，并与系统的监控模块通信。监控模块通过RS485接收交流配电单元、直流配电单元和模块的运行信息并进行相应的处理。监控模块还通过RS485、RS232连接本地计算机，并通过Modem或其他传输通道连接监控中心，实现信号电源的集中监控组网，如图8.15所示。

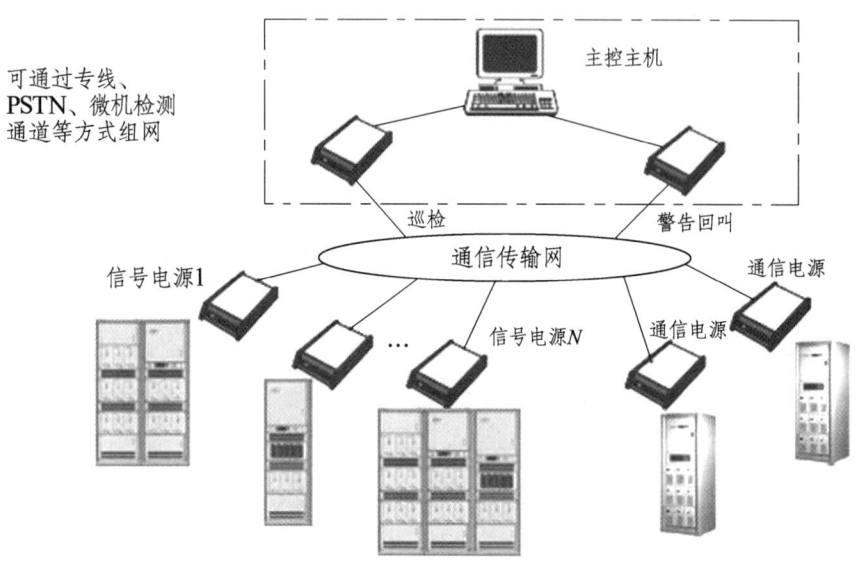

图8.15 集中监测组网示意图

三、电源模块

系统的电源模块分为50 Hz交流模块、25 Hz交流模块、直流模块。

1. 50 Hz交流模块

50 Hz交流模块包括模块HXD-A、HXD-B、HXD-D2、HXD-H等类型，目前常用的是HXD-H和HXD-D2模块。

HXD-H交流电源模块。该模块能够提供信号点灯电源、50 Hz轨道电源、道岔表示电源、控制台表示灯电源、站内电码化电源、微机监测电源及备用稳压电源等。50 Hz交流模块外观结构主要由前面板和盖板组成。前面板上有电源指示灯、保护指示灯、故障指示灯、模块通信地址拨码开关和操作把手等。其前面板如图8.16所示。

50 Hz交流模块由参数稳压器进行交流稳压。具有限流功能，可以短时过载；有完善的

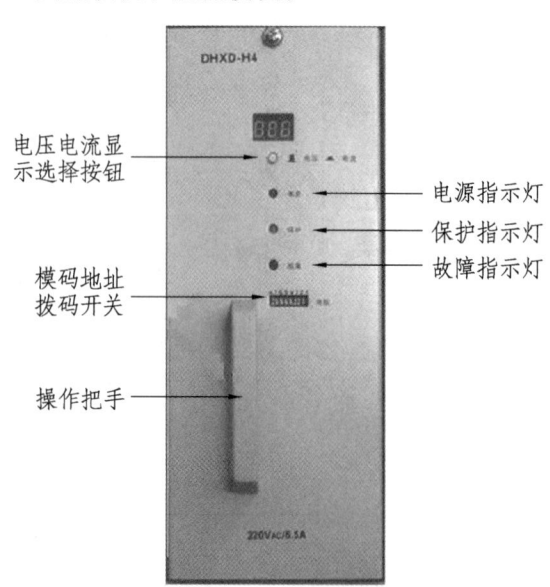

图8.16 HDX-H交流电源模块前面板

保护及告警功能，包括输出过压/欠压、模块过热等；采用一体化输入、输出及通信接口，可带电拔插，维护十分方便。模块内设有 CPU 监控板，可与监控模块通信。

（2）HXD-D2 交流电源模块。该模块能够提供提速道岔交流转辙机用的三相交流电源，其他基本与 HXD-H 交流电源模块。

2. 25 Hz 交流模块

25 Hz 交流模块为 HXD-C 型，能为 25Hz 相敏轨道电路提供局部电源和轨道电源。25 Hz 交流模块的外观结构主要由前面板、两块散热器和盖板等组成。前面板上有电源指示灯、保护指示灯、模块通信地址拨码开关和操作把手等。

25 Hz 交流模块电路方框图如图 8.17 所示。输入端经全波整流后，采用 APFC 技术，使功率因数大于 0.99，最大限度地减少对电网的影响。主电路为 DC/AC 逆变电路，采用 SPWM 技术，通过调节 PWM 波的脉宽，获得稳定的正弦交流电。在一个模块内提供轨道电源和局部电源，局部电源相位超前于轨道电源 90°。输出端除 LC 滤波外，还有 EMI 滤波器，以充分滤除干扰电压。

模块具有输入过压/欠压、输出过压/欠压、过热、输出过流、负载短路、相位差检测等保护及告警功能。具有短路回缩特性，在输入断电时，模块具有延时关机功能，解决了两路电源转换造成负载断电的问题。模块具有抗启动冲击功能，可直接带变压器负载使用。

模块设有 CPU 监控板，可与监控模块进行通信。

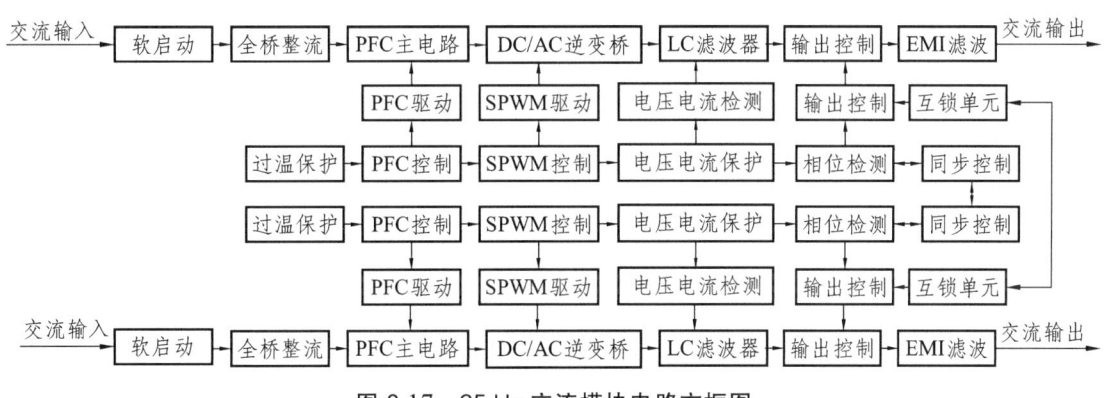

图 8.17　25 Hz 交流模块电路方框图

3. 直流模块

直流模块有 HXD-D1、HXD-E、HXD-F2 和 HXD-G 等类型，分别提供直流转辙机电源、继电器电源、半自动闭塞或站间条件电源、区间闭塞电源。

直流模块外观结构由前面板、散热器和盖板等部分组成。前面板上有电源指示灯、保护指示灯、故障指示灯、模块通信地址开关和操作手把等。HXD-E 模块前面板如图 8.18 所示。

直流模块采用高频开关电源技术，其电路框图如图 8.19 所示。直流模块在输入端采用有源功率因数校正技术（APFC），使功率因数大于 0.99，最大限度地减少对电网的干扰；采用脉宽调制（PWM）技术和自主均流技术，使均流不平衡度小于 5%，多模块并机运行时，具有理想的均流性能。模块具有输入过压/欠压、输出过压/欠压、过温、输出过流、负载短路等保护和告警功能。直流模块设置短路回缩特性，即使长期短路模块也不致损坏；采用自然冷却，长寿命无尘设计；设有 CPU 监控板，工作状态实时监测，可与监控模块进行通信。

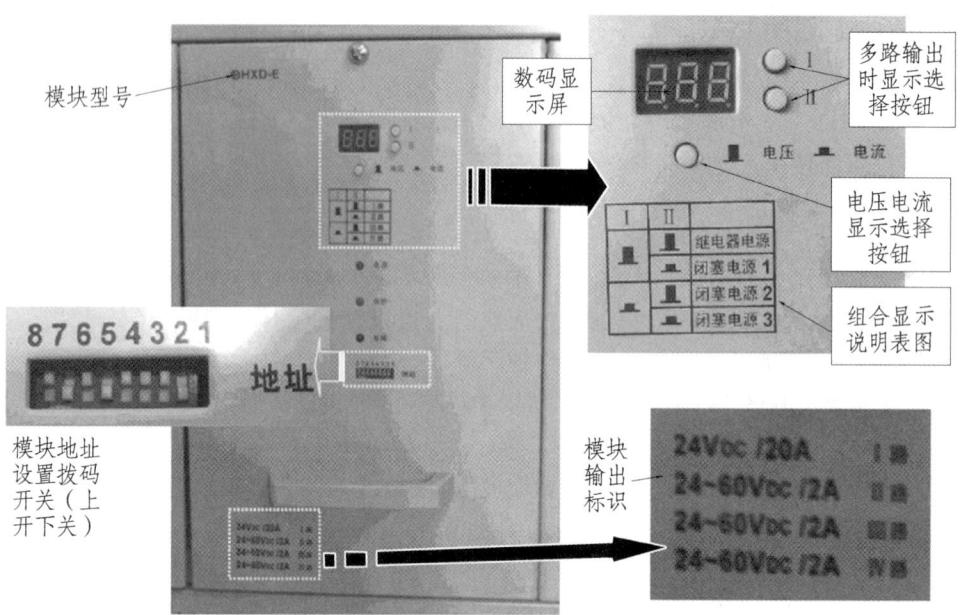

图 8.18 HXD-E 直流电源模块前面板

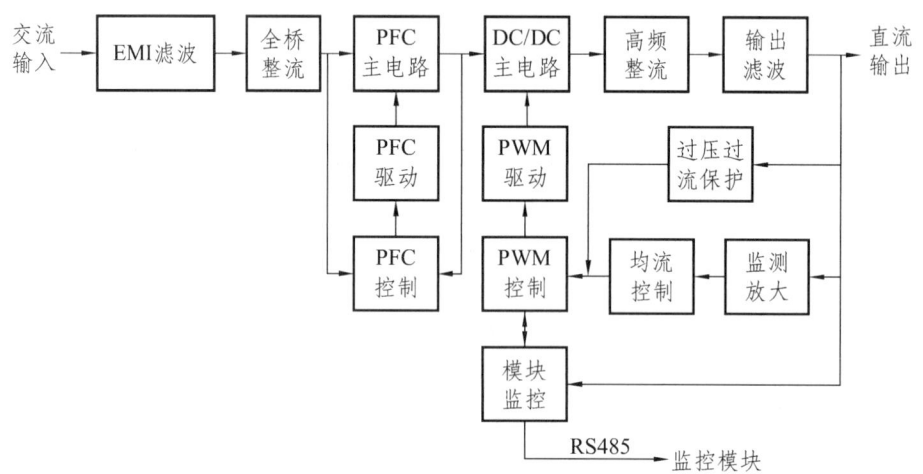

图 8.19 直流模块电路框图

直流模块输出电压调节方法如下：

（1）HXD-F2（站间联系）模块电压调节方法。

Ⅰ路对应模块输出一路（1&4 针）的电压调节，Ⅱ路对应模块输出二路（3&6 针）的电压调节，电位器顺时针旋转模块输出电压降低，逆时针旋转电压升高。HXD-F2 模块面板如图 8.20 所示。

（2）HXD-E 模块三路可调半自动闭塞电压调节方法。

模块内部每块半闭塞电路板上都有两个电位器 RV1 和 RV2，只需调节 RV1 即可调整电压，顺时针电压减小，逆时针电压增大。

例如，调半闭塞电源 1，只需用万用表量着 3 脚和 6 脚，然后调整"半闭 1"（见图 8.21）上的电位器 RV1 即可。

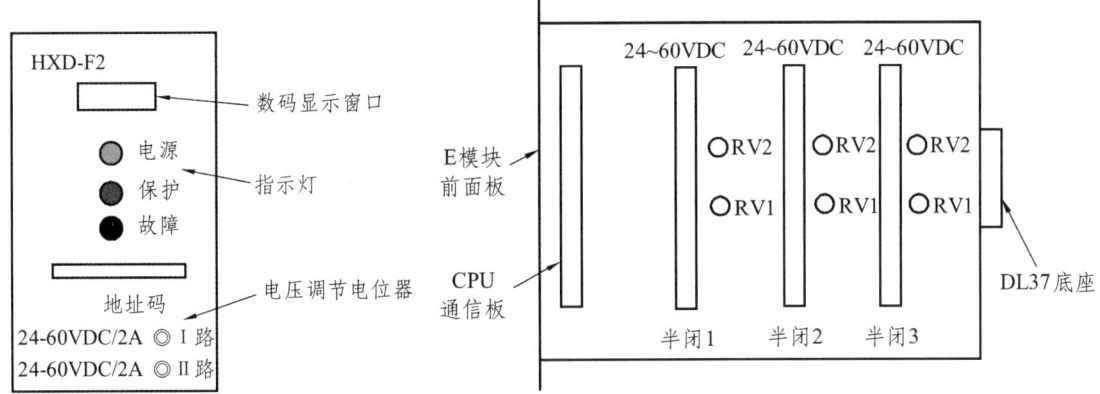

图 8.20 HXD-F2 模块示意图　　图 8.21 E 模块内部示意图

模块后部 DL37 底座如图 8.22 所示，其中：

1 脚和 4 脚：24 V 电源输出端；
3 脚和 6 脚：24～60 V 可调电源输出端，对应半闭 1；
28 脚和 22 脚：24～60 V 可调电源输出端，对应半闭 2；
10 脚和 11 脚：24～60 V 可调电源输出端，对应半闭 3；
34 脚和 36 脚：220 V 电源输入端，34 脚为火线，36 脚为零线。

（3）2475（区间轨道）模块输出调节办法。

打开 2475 模块外壳，调整控制板上电位器 R513，顺时针电压增大，逆时针电压减小。

例如：调节某台 2475 模块的输出电压时，只需用万用表量着 34 脚和 36 脚或观察模块显示窗口电压值，调整 R513 电位器即可。

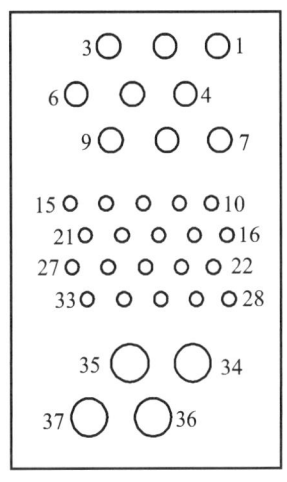

图 8.22 DL37 底座示意图

四、监控模块

PSM-C 监控模块用于显示电源系统的状态和数据，具有故障告警和记录功能、遥测遥信功能、与后台主机和下级设备通信功能。

（一）监控模块的特点

（1）全汉字显示，具有强大的在线帮助功能；
（2）可接上级监控中心，组成电源集中监控系统；
（3）通过声光报警和显示屏提供各种工作状态、故障类型和故障部位指示；
（4）可存储 100 条历史告警记录。

（二）监控模块的结构

监控模块的结构如图 8.23 所示。前面板上有大屏幕

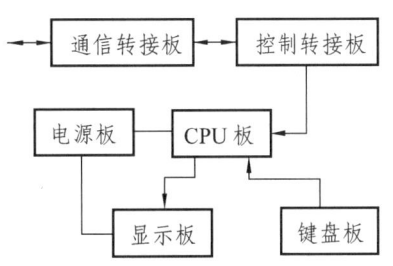

图 8.23 监控模块结构示意图

液晶显示屏和操作键盘，用于显示电源系统的各种状态和数据，并进行各项设置；后面板上有多个通信接口，分别用于与电源模块、交直流配电单元、上级监控中心通信。前面板图如图8.24所示。

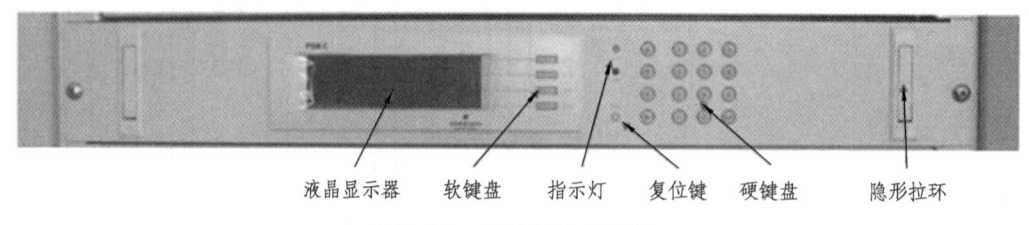

图8.24 监控模块前面板

软键盘的功能键有F1、F2、F3、F4，用来进行上页、下页、菜单、帮助等操作；硬键盘的数字键用来选择菜单或进行参数输入，确认键进行参数确认；复位键在进行维护及设置或在异常情况下可用其使系统重新启动。电源指示灯（绿色）在系统加电时点亮。告警指示灯（红色）在系统故障时点亮。背面通信接口为：输出1~输出7是1~7号继电器的输出接点；串口1是RS485接口，连接后台主机；串口2是RS232接口，连接后台主机；串口3连接Modem；串口4~串口6都是RS485接口，分别连接配电监控板、其他智能设备、模块；Modem（+ −）是给外接Modem供电的电源接口；电话接口为电话线输入口；4芯口是DC 20~24 V电源输入口。

（三）监控模块的功能

1. 显示与设置功能

监控模块能实时显示电源系统的各项运行参数、运行状态、告警状态、设置参数、系统配置数据。具有在线帮助、数据边界检查功能。

实时监测显示内容有系统状态、系统输入、系统输出、模块输出四部分。系统状态分为系统输入故障、空气开关故障、模块故障、模块正常。系统输入根据供电方式显示单相电或三相电的电压与电流，如三相电源可显示第一路、第二路各线电压、线电流、相电流，以及交流接触器的状态。系统输出、模块输出显示各种输出的交直流电源电压、电流，以及25 Hz轨道电路轨道电源频率、局部电源超前轨道电源的相位。

设置包括显示设置和系统配置设置。系统输入设置有用户级设置和维护级设置，分别设置告警点、配电监控板地址等。模块输出设置的用户级设置用来设置频率、相位告警点，维护级设置用来设置模块地址和通信口令。告警设置为告警类型、告警输出接点号的设置。系统设置主要有系统类型、模块个数等。远程通信设置波特率、本机地址、通信密码回叫次数、回收时间间隔、电话号码等。其他设置有屏幕保护时间、用户级密码、系统时间等。

2. 告警、记录功能

当系统发生故障时，监控模块根据所采集的数据对系统进行声光告警，同时上报后台主机。告警分为紧急告警、一般告警、不告警三种级别，可根据实际情况设定各告警的级别，并可为每种告警类型设定对应的继电器输出。

监控模块处理的主要告警量分为配电故障和模块故障两大类。配电故障包括交流输入空气开关跳闸、输出空气开关跳闸、C级防雷器故障、交流输入过压/欠压、交流输出缺相、交流输入停电以及配电监控通信中断。模块故障包括模块输出频率过高/过低、模块保护、模块故障以及模块通信中断。

另外,用户可利用监控模块查阅历史告警记录和当前记录。历史告警记录包括告警类型、发生结束时间。当前记录中只有告警类型和发生时间,显示顺序按发生时间的先后。历史告警记录按循环存储方式保存最多100条。

3. 故障回收功能

在设有监控后台的电源系统中,当发生紧急告警时,监控模块通过 Modem 向后台主机发出告警信息,用户可设置回收次数、回叫时间间隔、回叫电话号码,设置时必须通过密码校验。

4. 接点输出功能

监控模块后面共设有7个接点信号输出端。当发生任何告警时,用户可根据需要设置成其中一个接点信号输出。

5. 通信功能

与后台主机通信支持 Modem、RS232、RS485 三种方式,与下级设备的通信支持 RS485 方式。与后台主机通信的波特率为 1 200 ~ 19 200 Baud/s。

6. 遥测遥信功能

该模块可对系统输入、模块输出模拟量进行遥测,并实现配电系统开关量、模块状态量的遥信功能。

(四)监控模块的操作

1. 各操作键的基本功能及定义

F1 ~ F4 是四个功能键,对应着显示屏右侧反白显示的四种功能;0 ~ 9 和 确认 可用于设置菜单中数字的输入;四个方向键用于控制菜单中光标的移动,其中(→ ←)键用于选择设置项的值,(↑↓)键用于改变选择项。按 确认 键可使用户的设置生效。复位 键用于手动复位监控模块,其中进行维护级设置后必须复位才能生效。当监控模块工作时,可看到电源指示灯(绿色)亮;告警灯用来指示系统的状态,若有告警产生,告警灯点亮。系统使用时先将 24 V 的稳压电源引到机箱后面板的插座上,按正、负极性连接好,打开机箱电源开关,监控单元即可开始工作。

2. 使用环境

PSM-C 监控单元适用于 – 5 ~ 45 ℃ 的任意环境。

3. 操作说明

(1)启动说明。

监控模块上电时,首先要调入一些配置文件和系统自检工作,若配置文件打开成功,几秒钟后显示:

```
┌─────────────────────────┐
│   系统正配置下级设备,    │
│        请稍等…           │
└─────────────────────────┘
```

系统设置完毕后出现主屏幕:

```
┌─────────────────────────────────────┐
│ 系统信息                             │
│ 电源类型: 铁路信号电源      菜单    │
│ 型号:    5 kV·A 综合系统    帮助    │
│ 系统状态:  正常             关于    │
└─────────────────────────────────────┘
```

在主屏幕上按 F4 键即可查看"关于"系统的一些信息:

```
┌─────────────────────────────────────┐
│ 北方华为通信技术有限公司            │
│ 系统型号: 5 kV·A 综合系统   返回    │
│ 版本号:   10                帮助    │
│ 序列号:   9378058                   │
└─────────────────────────────────────┘
```

按 F2 键返回主屏幕。

(2) 系统主菜单。

在主屏上按 F2 键即可进入主菜单:

```
┌─────────────────────────────────────┐
│ 1 系统输入   2 系统输出             │
│ 3 模块输出   4 告警数据    返回     │
│ 5 系统管理   6 远程通信    帮助     │
│ 7 其他设备                          │
└─────────────────────────────────────┘
```

按 F2 键返回主屏幕,也可选择 1~7 数字键分别进入 7 个菜单。

(3) 系统输入。

在主菜单中按数字键"1"显示:

```
┌─────────────────────────────────────┐
│ 系统输入                             │
│ 1 实时数据              返回        │
│ 2 设置                  帮助        │
└─────────────────────────────────────┘
```

按 1~2 数字键可进入两个子菜单;按 F2 键返回到主菜单。

① 系统输入:实时数据。

在系统输入子菜单中按数字键"1"显示:

```
┌─────────────────────────────────────┐
│ 系统输入:实时数据                   │
│                         返回        │
│ 供电方式:三相交流相电压  帮助       │
│                         下页        │
└─────────────────────────────────────┘
```

反白显示表示该设备与监控模块通信中断;按 F2 键返回到系统输入子菜单;按 F4 键继续查看下一页的实时数据:

```
系统输入:实时数据            上页
第一路 A 相电压:0  V          返回
第一路 B 相电压:0  V          帮助
第一路 C 相电压:0  V          下页
```

按 F1 键可翻回上页;按 F2 键返回到系统输入子菜单;按 F4 键继续查看下一页的实时数据:

```
系统输入:实时数据            上页
第一路 A 相电流:0  V          返回
第一路 B 相电流:0  V          帮助
第一路 C 相电流:0  V          下页
```

按 F1 键可翻回上页;按 F2 键返回到系统输入子菜单;按 F4 键继续查看下一页的实时数据:

```
系统输入:实时数据            上页
第二路 A 相电压:0  V          返回
第二路 B 相电压:0  V          帮助
第二路 C 相电压:0  V          下页
```

按 F1 键可翻回上页;按 F2 键返回到系统输入子菜单;按 F4 键继续查看下一页的实时数据:

```
系统输入:实时数据            上页
第二路 A 相电流:0  V          返回
第二路 B 相电流:0  V          帮助
第二路 C 相电流:0  V          下页
```

按 F1 键可翻回上页;按 F2 键返回到系统输入子菜单;按 F4 键继续查看下一页的实时数据:

```
系统输入:实时数据            上页
接触器 KM1 状态:合           返回
接触器 KM2 状态:断           帮助
                              下页
```

按 F1 键可翻回上页;按 F2 键返回到系统输入子菜单;按 F4 键继续查看下一页的实时数据:

```
系统输入:实时数据            上页
接触器 KM3 状态:合           返回
接触器 KM4 状态:断           帮助
```

按 F1 键可翻回上页;按 F2 键返回到系统输入子菜单;此时有关系统输入中实时数据的内容已查看完毕。

② 系统输入:设置。

在系统输入子菜单中按数字键"2"显示：

```
请输入密码                    返回


```

按 F2 键返回到系统输入子菜单。密码由 6 位数字组成，输入时以"******"显示，密码可由用户修改，出厂的缺省值为"123456"。若输入的密码错误，将提示：

```
    密码输入错误,
    按任意键返回。
```

此时按任意键返回到系统输入子菜单；若密码输入正确，则进入下级菜单：

```
系统输入：用户级设置
交流过压告警点：270  V          返回
交流欠压告警点：170  V          帮助
交流缺相告警点：100  V
```

将光标移到要修改处，输入数字键，并用"确认"键确认修改。其中，"交流过压告警点"出厂时整定为 270 V；"交流欠压告警点"出厂时整定为 170 V；"交流缺相告警点"出厂时整定为 100 V；以上数值若超出设定范围，则确认时系统提示重新输入。按 F2 键返回系统输入子菜单。

若在密码输入时输入维护级密码"××××××"（对用户不开放），则进入维护级设置，系统显示：

```
系统输入：维护级设置
通信地址：80                    返回
通信口号：4                     帮助
供电方式：三相交流相供电压      下页
```

其中"通信地址"和"通信口号"的设置至关重要，其中"通信地址"的范围是 80~95，"通信口号"的设置范围是 4~7，设置方法详见系统说明。供电方式项有三种选项"单相输入""三相交流相供电压""三相交流线电压"，通过方向键选择。应根据系统的实际配电情况选择，绝对与配电方式一致。按 F2 键返回系统输入子菜单；按 F4 键继续下一页的设置：

```
系统输入：维护级设置            上页
                                返回
                                帮助
交流电流互感器系数：133.33      下页
```

其中"交流电流互感器系数"应根据系统的实际情况设置。交流电流显示测量方式有"三相""单相"和"隐藏"三种选项，用方向键进行选择，用户应根据实际情况进行设置；按

F2 键返回系统输入子菜单；按 F4 键继续下一页的设置：

```
系统输入：维护级设置            上页
轨道电路类型：电气化            返回
区间电源空开路数：0             帮助
备用空开路数：    0             下页
```

轨道电路类型、区间电源空气开关路数、备用空气开关路数，根据系统的实际配制进行设置。此时有关维护级设置内容完毕。

（4）系统输出。

在主菜单中按数字键"2"显示：

```
系统输入：实时数据
信号机点灯电源                  返回
输出电压：   220.0   Vac        帮助
输出电流：   5.0     A          下页
```

此屏数据的有效性应参考模块与监控模块通信状态；按 F2 键返回到系统输出子菜单；按 F4 键继续查看下一页的实时数据。

（5）模块输出。

在主菜单中按数字键"3"，模块类别选择菜单显示：

```
模块输出
输出模块类别：                  返回
    HXD-H1 信号机点灯           帮助
请按左右键选择
```

用户选定模块类别号后，用 确认 键完成确认，进入模块选择菜单：

```
模块输出
                                返回
    信号机点灯-模块 1           帮助
请按左右键选择模块
```

用户选定模块后，用 确认 键完成确认，则显示：（下面以 HXD-C 类模块为例）

```
模块 HXD-C
1   实时数据                    返回
2   设置                        帮助
```

按数字键 1~2 可进入 2 个子菜单；按 F2 键返回模块输出屏。

① 模块输出：实时数据。

在模块输出子菜单中按数字键"1"显示：

HXD-C-1：	实时数据	
模块状态：	工作	返回
25 Hz 轨道电源		帮助
220　Vac	0.0　A	下页

反白显示表示该模块与监控模块通信中断；按 F2 键返回到模块输出子菜单，按 F4 键继续查看下一页的实时数据。

HXD-C-1：	实时数据	
		返回
25 Hz 局部电源		帮助
110　Vac	0.0　A	下页

反白显示表示该模块与监控模块通信中断；按 F2 键返回到模块输出子菜单，按 F4 键继续查看下一页的实时数据。

HXD-C-1：	实时数据	
		返回
轨道电源频率：	25.0 Hz	帮助
局部超前轨道相位：	90.0 度	

② 模块参数：设置。

在模块输出子菜单中按数字键"2"显示：

请输入密码：	返回

按 F2 键返回到整流模块子菜单。密码由 6 位数字组成，输入时以"******"显示。密码可由用户修改，出厂的缺省值为"123456"。若输入的密码错误，将提示：

密码输入错误，
按任意键返回。

此时按任意键返回到模块输出子菜单；若密码输入正确，则进入下级菜单：

HXD-C-1：	用户级设置	
轨道电源频率		返回
过高点：	26.0 Hz	帮助
过低点：	24.0	下页

将光标移到所要修改处，输入数字键，按 确认 键后确认修改。按 F2 键返回到模块输出子菜单，按 F4 键继续查看下一页的设置数据。

若输入密码时输入维护级密码"××××××"（对用户不开放），则进入维护级设置，系统显示：

```
HXD-C-1:      维护级设置         上页
25 Hz 轨道局部电源              返回
通信口号：        6            帮助
通信地址：       12            下页
```

"通信地址"和"通信口号"的选择至关重要，其中"通信地址"的范围是 0～63，"通信口号"的设置范围是 4～7，详见系统操作手册。按 F1 键可翻回上页设置；按 F2 键返回模块输出子菜单；按 F4 键继续下一页的设置。

（6）告警数据。

在主菜单中按数字键"4"显示：

```
1  当前告警浏览
2  历史告警浏览              返回
3  历史告警清除              帮助
4  告警级别设置
```

按数字键 1～4 进入四个子菜单；按 F2 键返回到主菜单。

① 告警数据：当前告警浏览。

在告警数据子菜单中按数字键"1"显示：

```
当前告警浏览
       信号机点灯-模块 1        返回
类型：HXD-A1 通信中断          帮助
时间： 1999-11-18  11:33:19    下页
```

按 F2 键返回到告警数据子菜单；按 F3 键能消除告警蜂鸣器的声音；按 F4 键可翻到上页浏览。

如果系统当前无告警，则显示：

```


         此屏无内容！


```

② 告警数据：历史告警记录。

在告警数据子菜单中按数字键"2"显示：

```
历史告警记录  55  HXD-H1 保护   上页
       信号机点灯-模块 1        返回
起始： 1999-11-16  08:33:19     帮助
时间： 1999-11-16  11:33:19     下页
```

此时显示的是第 55 条告警记录，按 F1 键显示第 54 条告警纪录；按 F2 键返回告警数据子菜单；按 F4 键显示第 56 条告警记录。各条记录的格式完全相同，系统最多存储 100 条历史告警记录，超过 100 条时自动清除最旧的记录。

③ 告警数据：历史告警记录清除。

在告警数据子菜单中按数字键"3"显示：

```
请输入密码：              返回
```

按 F2 键返回到告警数据子菜单。密码由 6 位数字组成，输入时以"******"显示。密码可由用户修改，出厂的缺省值为"123456"。若输入的密码错误，将提示：

```
密码输入错误，
按任意键返回。
```

此时按任意键返回到告警数据子菜单；若密码输入正确，按 确认 键则清除历史告警记录。

④ 告警数据：告警级别设置。

在告警数据子菜单中按数字键"4"显示：

```
请输入密码：              返回
```

按 F2 键返回到告警数据子菜单。密码由 6 位数字组成，输入时以"******"显示。密码可由用户修改，出厂的缺省值为"123456"。若输入的密码错误，将提示：

```
密码输入错误，
按任意键返回。
```

此时按任意键返回到告警数据子菜单；若密码输入正确，则进入告警级别设置。

```
告警级别设置
配电监控通信断：   紧急告警 1    返回
交流停电：        紧急告警 1    帮助
交流输入空开跳：   紧急告警 1    下页
```

告警级别设置有"不告警""一般告警""紧急告警"三项选择，并可指定一路继电器输出，用户用方向键选择，选定后用 确认 键确认修改。紧急告警不但在本机自动弹出告警屏并发出告警声,而且通过 MODEM 回叫;而一般告警只在本机自动弹出告警屏并发出告警声。后面的数字代表告警时将产生某号继电器接点输出,允许多个告警对应一个节点输出,也可以不设置继电器输出,此时应把继电器号设为"无"。按 F2 键返回到告警数据子菜单;按 F4 键继续下一页告警级别的查看和设置:

```
告警级别设置              上页
交流输入过压:  一般告警 1   返回
交流输入欠压:  一般告警 1   帮助
交流输入缺相:  一般告警 1   下页
```

```
告警级别设置              上页
C 级防雷器故障: 紧急告警 1   返回
系统输出空开跳: 紧急告警 1   帮助
模块通信断:    紧急告警 1   下页
```

```
告警级别设置              上页
模块故障:     紧急告警 1   返回
模块保护:     紧急告警 1   帮助
环境仪通信断:  一般告警 1   下页
```

```
告警级别设置              上页
输出相位差告警: 一般告警 1   返回
输出频率告警:  一般告警 1   帮助
```

(7)系统管理。

在主菜单中按数字键"5"显示:

```
请输入密码:              返回
```

按 F2 键返回到主菜单。密码由 6 位数字组成,输入时以"******"显示。密码可由用户修改,出厂的缺省值为"123456"。若输入的密码错误,将提示:

```
密码输入错误,

按任意键返回。
```

此时按任意键返回到主菜单;若密码输入正确,则显示:

```
┌─────────────────────────────┐
│ 1  设置              返回    │
│                             │
│                     帮助    │
└─────────────────────────────┘
```

在系统管理子菜单中按数字键"1"显示：

```
┌─────────────────────────────┐
│ 系统时间设置                │
│  2009 年 07 月      返回    │
│  18  日 20 时       帮助    │
│  40 分 0 秒         下页    │
└─────────────────────────────┘
```

用户可将光标移动到所要修改处，输入合法的值来改变系统的日期和时间，输入完毕用 确认 键确认；若输入的值非法，系统将给出提示。按 F2 键返回到系统管理子菜单；按 F1 键可翻回上一页；按 F4 键继续下一页内容：

```
┌─────────────────────────────┐
│ 用户密码修改         上页    │
│                     返回    │
│ 输入新密码                  │
│                     下页    │
└─────────────────────────────┘
```

输入新密码后，提示用户修改确认：

```
┌─────────────────────────────┐
│ 密码修改确认                │
│                     返回    │
│ 确认新密码                  │
└─────────────────────────────┘
```

修改成功后，提示修改成功。按 F4 键进入下页设置：

```
┌─────────────────────────────┐
│ 用户习惯设置         上页    │
│                     返回    │
│ 屏幕保护时间：10 分钟 帮助  │
│ 告警声音：    有            │
└─────────────────────────────┘
```

"屏幕保护时间"指若在设定的时间内仍无键盘操作，监控模块将自动关闭背光电源，以延长液晶屏的使用寿命。监控模块每次复位或重新上电后，该值自动设置为 10 min。将光标移到所要修改处，输入数字键，用 确认 键确认修改。按 F2 键可返回到系统管理子菜单。此时有关系统管理中其他的内容已设置完毕。

五、智能电源屏系统配置

PZ 系列智能信号电源屏分为区间信号电源屏、25 Hz 信号电源屏、地铁信号电源系统、提速电源屏、继电电气集中信号电源屏、计算机联锁信号电源屏。无论是哪种类型的电源屏都离不开直流屏和交流屏。直流屏及交流屏的正面和背面及侧面如图 8.25 所示。

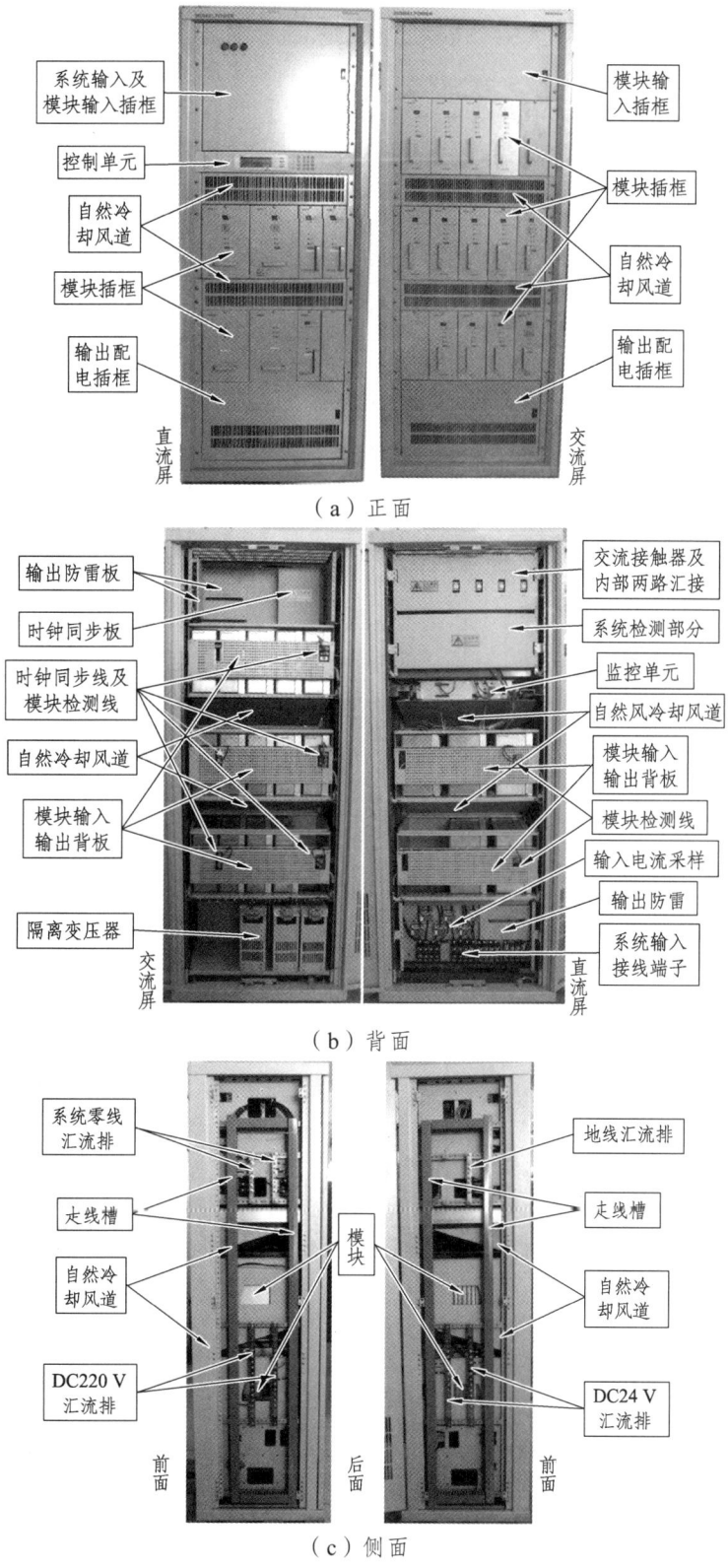

图 8.25 直流屏、交流屏正面/背面/侧面配置图

六、PZWJ-35/380/25 型智能轨道交通信号电源屏

PZWJ-35/380/25 型智能轨道交通信号电源屏为计算机联锁系统供电,它由四面屏组成,分别为直流屏、交流屏 1、交流屏 2、交流屏 3,配置图如图 8.26 所示。其中直流屏能够提

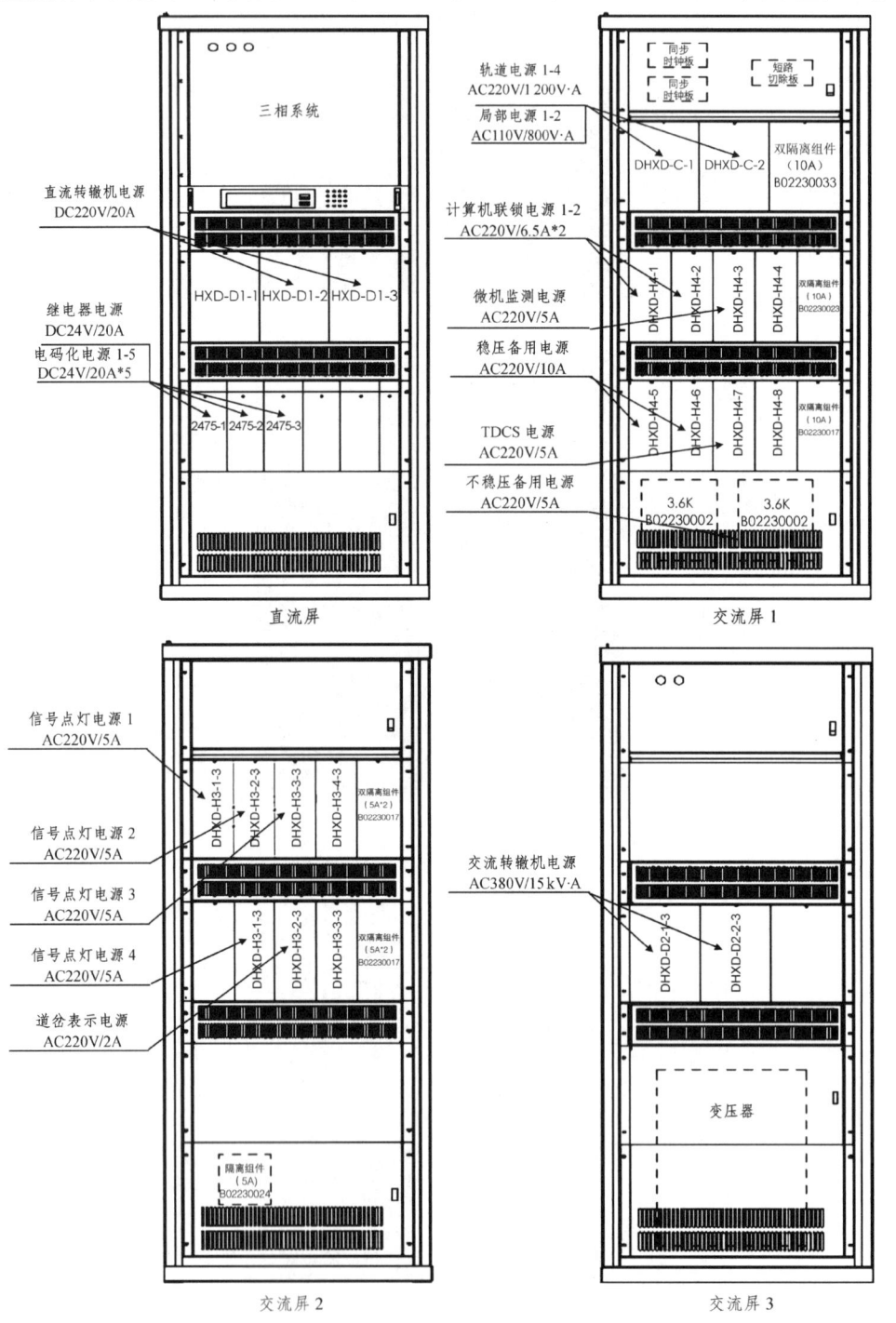

图 8.26 PZWJ-35/380/25 型智能轨道交通信号电源屏配置图

供直流转辙机电源、继电器直流电源及电码化电源；交流屏 1 能够提供计算机联锁电源、轨道电源、微机监测电源及 TDCS 电源；交流屏 2 能够提供信号点灯电源和道岔表示电源；交流屏 3 能够提供交流转辙机电源。

整个电源系统分为主回路、防雷、智能监测三大功能板块。主回路又分为系统输入智能切换系统、模块及其配电、输出配电三部分；防雷系统分为系统输入防雷和输出防雷两部分，输入防雷分 C 级和 D 级两部分，输出防雷由防雷保险熔芯开关、防雷板组成；智能监控分为系统监控、模块监控两大块，最后通过监控单元进行文字显示。再结合模块面板指示灯和直流屏上的系统有电和故障告警灯及故障蜂鸣器，组成电源屏全套的声光报警和数字监控系统。

下面结合原理图，对该智能电源屏各部分分别加以说明和介绍。

（一）主回路部分

1. 智能切换系统

PZ 系列智能电源屏采用"H"型切换系统（新铁标系统采用"Y"型切换系统），外电网 Ⅰ路、Ⅱ路经过电源屏切换控制系统后到系统内部仍为两路，即 Ⅰ路、Ⅱ路互为备用，均挂有负载。切换控制系统通过控制开关接在主回路上的 4 台交流接触器（KM）的励磁线圈来控制接触器动作，以实现"H"型桥式切换。对于三相输入系统，切换系统分别切换两路的三相火线，两路零线并联后直接接入系统内部；而单相系统则零线、火线同时经过切换，再接入系统内部。

如图 8.27 所示，HL1 和 HL2 分别为外电网 Ⅰ路和 Ⅱ路电源指示灯，当外电网有电时对应的绿色指示灯亮。QF2 为系统 Ⅰ路输入断路器、QF3 为系统 Ⅱ路输入断路器。两台断路器与 4 台交流接触器（KM）的具体对应关系如表 8.5 所列。

表 8.5　断路器与交流接触器关系

输入状态	KM2	KM1	KM4	KM3
只闭合 Ⅰ路输入断路器（QF2）	释放	吸合	吸合	释放
只闭合 Ⅱ路输入断路器（QF3）	吸合	释放	释放	吸合
Ⅰ/Ⅱ路输入断路器同时闭合	释放	吸合	释放	吸合

以上任何一种状态，吸合的两台交流接触器都能给电源屏内部 Ⅰ路和内部 Ⅱ路供上电。

系统切换控制部分由电压采样板、切换逻辑板、切换驱动板、掉电检测板、切换转换控制板组成。电压采样板、切换逻辑板、切换驱动板由两套组成，一套控制两个接触器励磁线圈，两套控制四个接触器进行切换动作。

如图 8.28 所示，上边的 DB1、DB2 和 DB3 为一组，控制第 1 对交流接触器 KM1 和 KM2 动作；DB4、DB5 和 DB6 为一组，控制第 2 对交流接触器 KM3 和 KM4 动作。每对接触器通过机械互锁和电气互锁，在同一时刻，只能有一台交流接触器吸合。

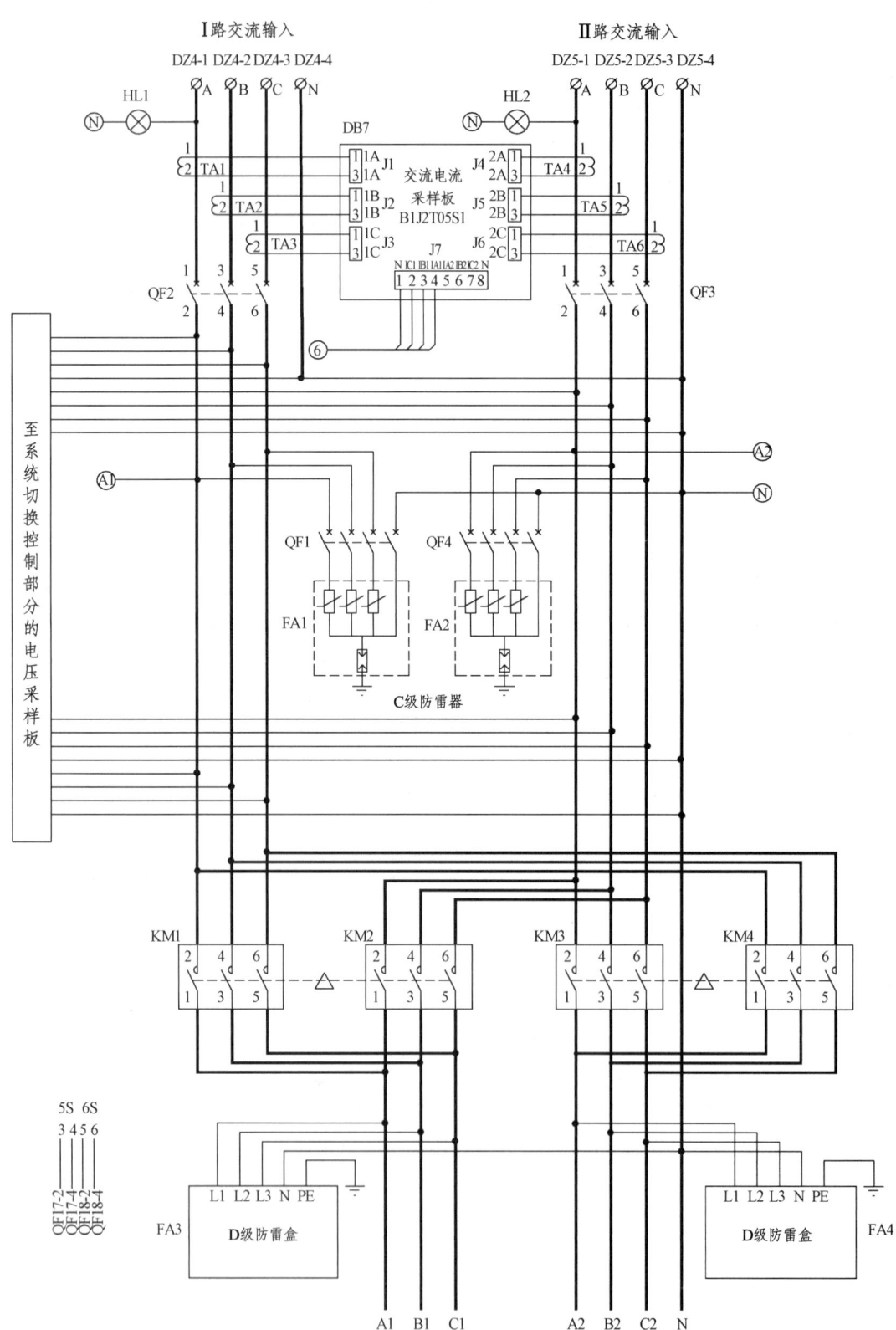

图 8.27 H型切换系统图

184

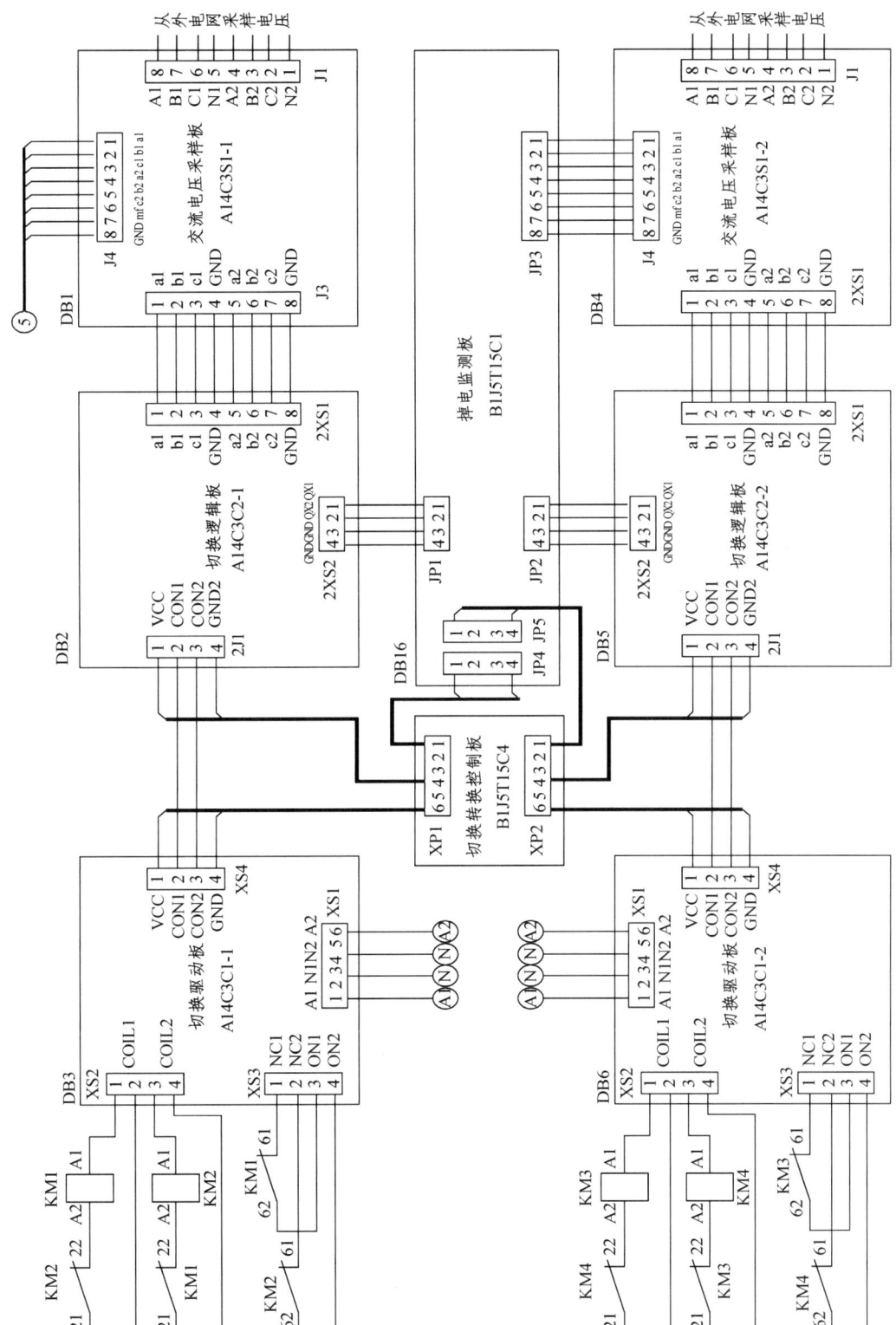

图 8.28 H 型切换控制原理图

交流电压采样板采集外电网Ⅰ路、Ⅱ路电压,并将采集到的电压值送给切换逻辑板。切换逻辑板对电压值进行逻辑判断,如果外电网电压正常,则将逻辑判断信号送给切换驱动板。切换驱动板接收到逻辑判断信号后,直接驱动交流接触器吸合。

电压采样板相当于人的眼睛,实时监测外电网的电压波动情况;切换逻辑板相当于人的大脑,进行逻辑判断,送出动作命令;而切换驱动板相当于人的手臂,去执行切换逻辑板送来的命令。

当外电网电压不正常时,如欠压、过压或缺相,切换逻辑板给出断开信号,切换驱动板收到信号后,断掉驱动电压,交流接触器在内部弹簧的作用下自动释放,断开其所控制的电路通道。各板的工作原理说明如下。

交流电压采样板:J1 口采集 AC 220 V 电压,并将 AC 220 V 变压到 AC 5.6 V,然后由 J3 口送给切换逻辑板 2XS1 口。

切换逻辑板:第一,对采样电压进行逻辑判断。当外电网相电压低于 AC 140 V 时系统欠压,高于 AC 280 V 时系统过压。系统欠压、过压、缺相、断相时,切换逻辑板均由 2J1 口向切换驱动板 XS4 口发出逻辑判断信号,驱动交流接触器进行切换。第二,实现交流接触器间的逻辑互锁。4 台交流接触器分为两对。在同一时刻,当外电网Ⅰ路、Ⅱ路同时有电时,切换逻辑板控制第Ⅰ路对交流接触器中的 KM1 优先吸合,第Ⅱ路对交流接触器中的 KM3 优先吸合。每一对交流接触器是互斥关系,切换逻辑板实现这种逻辑互锁关系。

切换驱动板:在接收到逻辑判断信号后,由 XS2 口向交流接触器 A1 和 A2 两端提供 190 V 交流高电压,使交流接触器吸合;等交流接触器吸合后,切换驱动板开始向交流接触器 A1 和 A2 两端提供 9 V 直流低电压,维持交流接触器吸合状态。"高压吸合,低压维持",有利于延长交流接触器寿命。

掉电监测板:当外电网某一路发生断电时,掉电检测板从下方那块电压采样板的 J4 口得到采样信号后,经过切换逻辑板直接向切换驱动板送出掉电信号以驱使交流接触器动作。这样的好处是,当系统掉电时缩短切换逻辑板掉电的时间常数,直接向切换驱动板发送掉电信号,加快系统切换响应时间。

切换转换控制板:为切换逻辑板和掉电检测板提供可靠的工作电源。

2. 模块及其配电

如图 8.29 所示,模块输入直接引自内部Ⅰ路、内部Ⅱ路总线(注:经过交流接触器之后的总线称为内部Ⅰ路和内部Ⅱ路),经模块输入空气开关 QF5 和 QF8 后给到模块背板(如图 8.29 的 B1J5T10X1)。模块背板通过 DL37 连接器与模块相连,模块背板端为 DL37 连接器的母头(图 8.29 中的 z1、z2),模块后部为 DL37 连接器的公头(图 8.29 中的 Z1、Z2)。模块获得 220 V 工作电压后,将输出电源经过输出配电,再经过液压空气开关,最后引到输出万可端子。

图 8.29 中 D1 模块输出 DC 220 V(直流转辙机电源),两台模块并联、均流输出。直流模块如 D1 模块、E 模块、F2 模块和 2475 模块等均采用并联、均流的输出配线方式,且采用 N + 1 模块冗余备份。

常见模块输出管脚定义如表 8.6 所列。

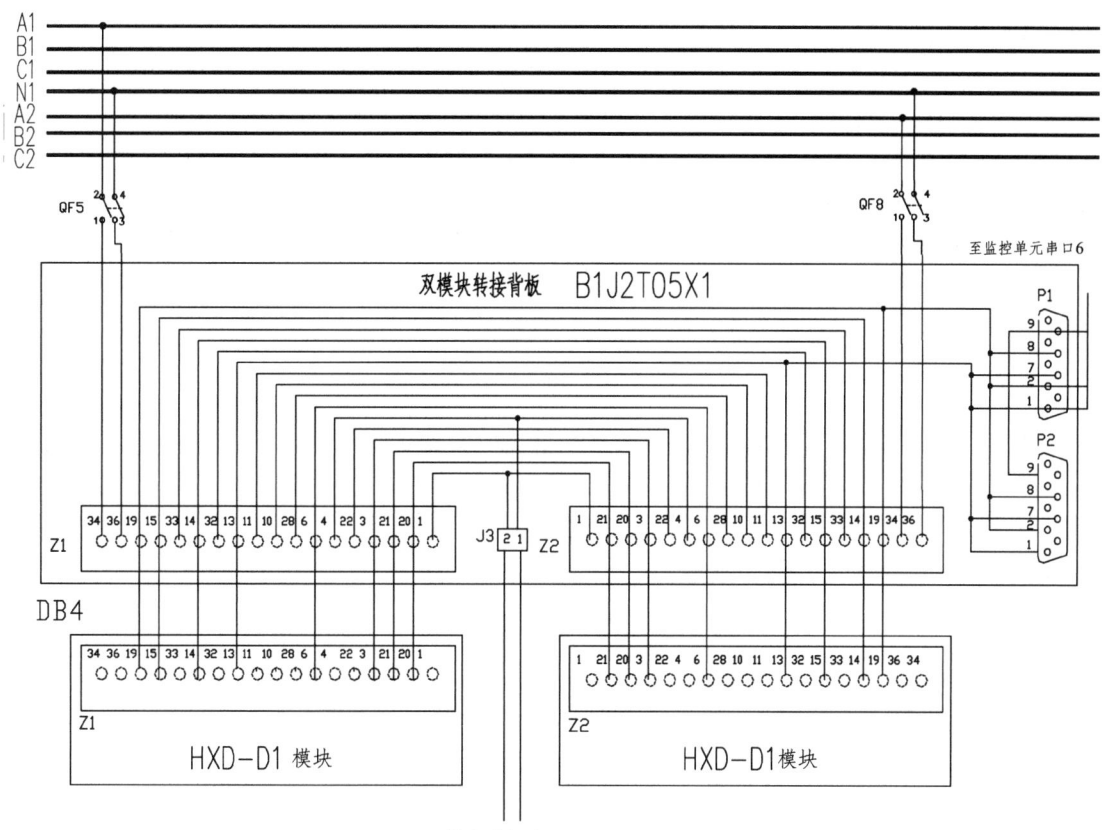

图 8.29 模块配电图

表 8.6 常见模块输出管脚定义表

管脚号	模块 D1	模块 D2	模块 H3	模块 H4	模块 E	模块 F2	模块 F3	模块 C
用途	直流转辙机	交流转辙机	AC 220 V 电源	AC 220 V 电源	继电器电源 闭塞电源	站间联系电源	AC 220 V×3 路	轨道电源 局部电源
3、6		3 输出 C	输出 220 V/5.5 A	输出 220 V/5.5 A	输出 DC 220 V/2 A	输出 24～60 V/2 A	输出 AC 220 V/2 A	输出 AC 110 V/7.2 A
1、4	输出 DC 220 V/16 A	1 输出 A 4 输出 B			输出 24 V/20 A	输出 24～60 V/2 A	输出 AC 220 V/2 A	输出 AC 220 V/5.6 A
28、22		模块互锁			输出 24～60 V/2 A		输出 AC 220 V/2 A	
10、11					输出 24～60 V/2 A			
5	接 地							
34、36	输入 220VAC	34 输入 A 36 输入 B	输入 AC 220 V	输入 AC 220 V	输入 AC 220 V	输入 AC 220 V	输入 AC 220 V	输入 AC 220 V
35、37		35 输入 C 37 输入 N						输入 AC 220 V
13、19	模块通信							
32、33	模块均流				模块均流			

常见模块的分类及用途如下：

直流模块：D1 模块用于直流转辙机电源，E 模块用于继电器电源、半自动闭塞电源，F2 模块用于站间联系电源，2475 模块主要用于区间轨道和电码化等 DC 24 V 电源。

50 Hz 交流稳压模块：H3 模块、H4 模块、F3 模块等，用于计算机联锁、道岔表示和信号点灯等 AC 220 V 电源。

三相相序检测模块：D2 模块、D3 模块等，用于交流转辙机 AC 380 V 电源。

25 Hz 轨道电源模块：C 模块，用于轨道电源（AC 220 V）、局部电源（AC 110 V），局部电压相位超前轨道电压相位 90°。

3．输出配电

50 Hz 交流电源经模块稳压输出后还要经过 220 V 隔离变压器，然后再经输出液压空气开关送到万可端子，如图 8.30 所示。每台稳压模块输出电流为 6.5 A，当两台稳压模块输出同相位时，模块后端可以连接 110 V 隔离变压器，再将两台 110 V 隔离变压器输出端串联，从而实现更大容量电源（220 V/13 A）。

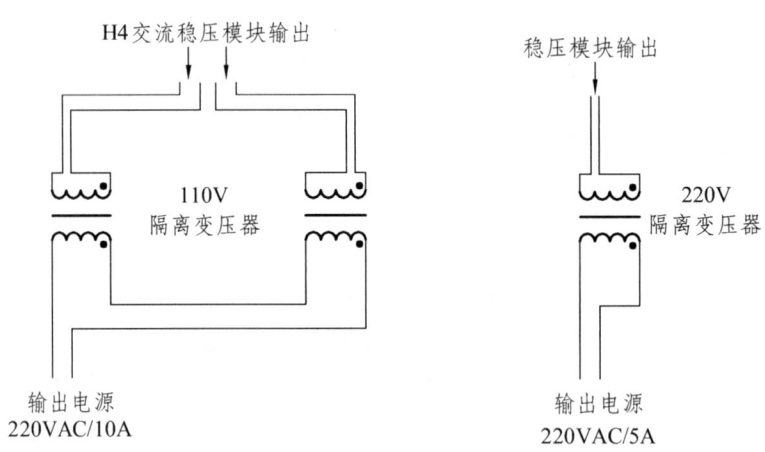

图 8.30　50 Hz 电源输出配电图

25 Hz 轨道电源（AC 220 V）和局部电源（AC 110 V）是由 C 模块提供的，如图 8.31 所示。与 50 Hz 交流稳压电源不同的是：50 Hz 交流电源是先稳压再隔离，而 25 Hz 电源是先隔离后稳压。

外电网经过隔离变压器后输入到 C 模块，轨道电源（AC 220 V）经过短路切除板送到轨道电源输出端子，局部电源（AC 110 V）经过隔离倒相（目前的施工图纸基本不需要这一组件）后分成两束。短路切除板的作用是当某一路轨道电源发生短路时，直接将该束电源切断，避免影响到其他轨道电源的正常输出。QF13、QF14 为轨道电源输出液压空气开关，QF15、QF16 为局部电源输出液压空气开关。输出空气开关后端就直接引到万可端子上。

（二）防雷系统

防雷系统由输入防雷和输出防雷两部分组成，其中包括两级输入防雷和一级输出防雷。

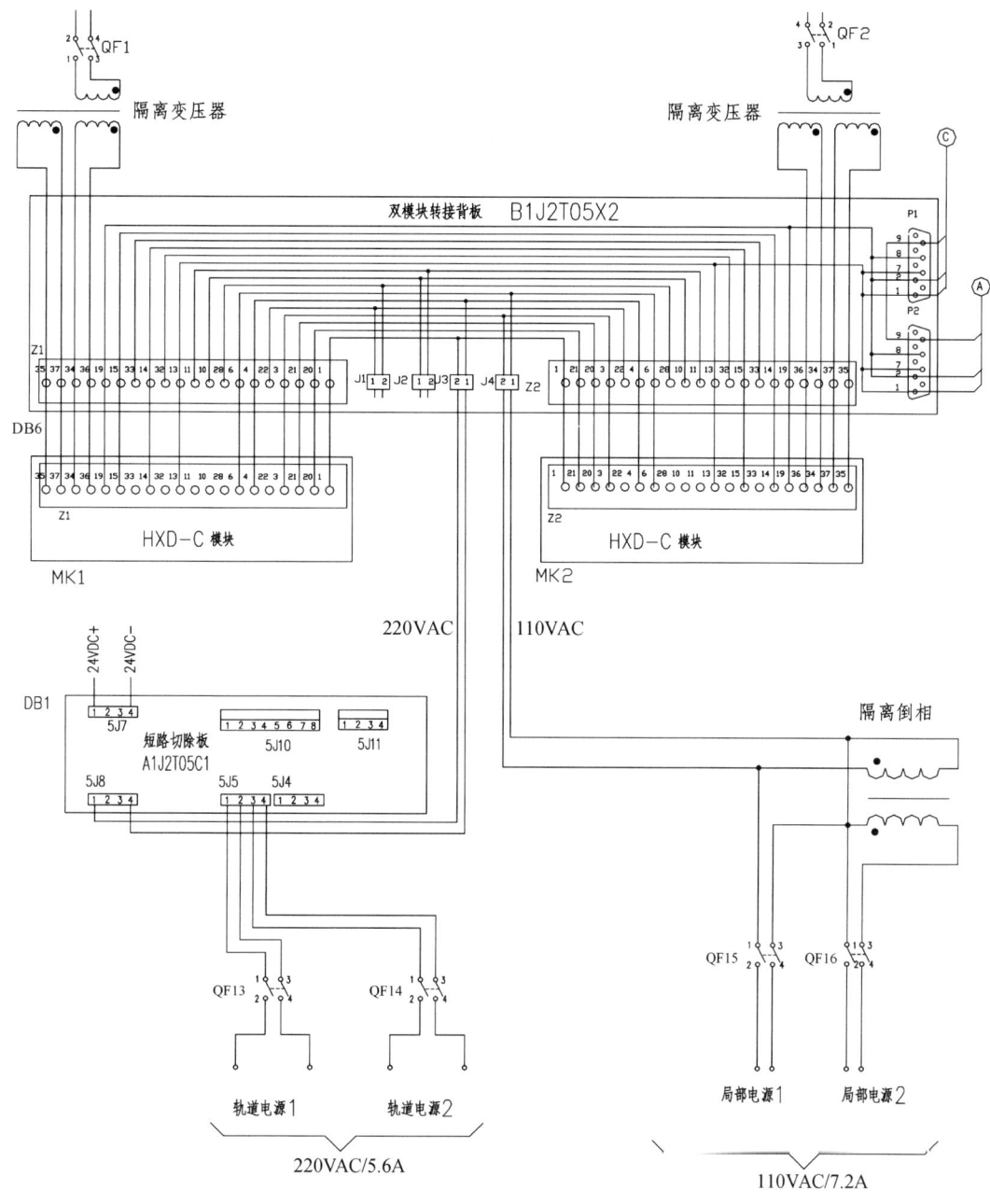

图 8.31 25 Hz 电源输出配电图

1. 输入级防雷

系统输入级防雷可以承受 8/20 μs 电流冲击 20 kA，20 次；8/20 μs 电流冲击 40 kA，1 次。图 8.32 为输入级防雷系统。C 级防雷的位置在系统输入断路器之后，交流接触器之前。当 C 级防雷故障时会在监控单元中告警。图 8.32 中的 FA1 和 FA2 为 C 级防雷，QF1 和 QF4 为 C 级防雷的输入开关。D 级防雷的位置在交流接触器之后，模块之前。D 级防雷正常工作时绿色指示灯发光显示，故障时绿色指示灯灭灯显示。

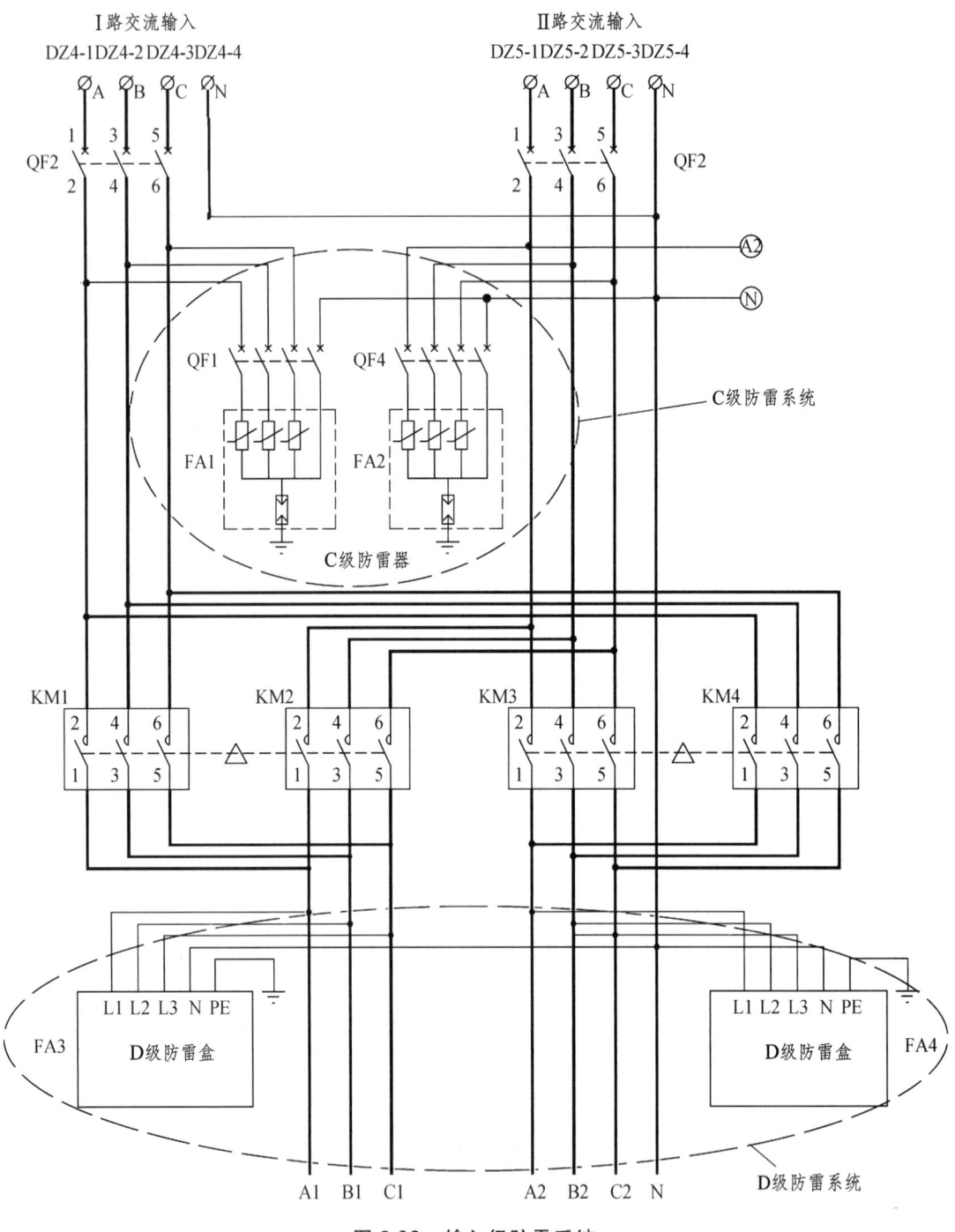

图 8.32 输入级防雷系统

2. 输出级防雷

输出级防雷可以承受 8/20 μs 电流冲击 5 kA，10 次。其位置在隔离变压器之后，系统输出空气开关之前。图 8.33 中 FU3 和 FU4 为输出防雷保险开关，图右下侧标号为⑤⑥、⑦⑧的是输出防雷板，其正常工作时绿色指示灯亮，故障时绿色指示灯灭。

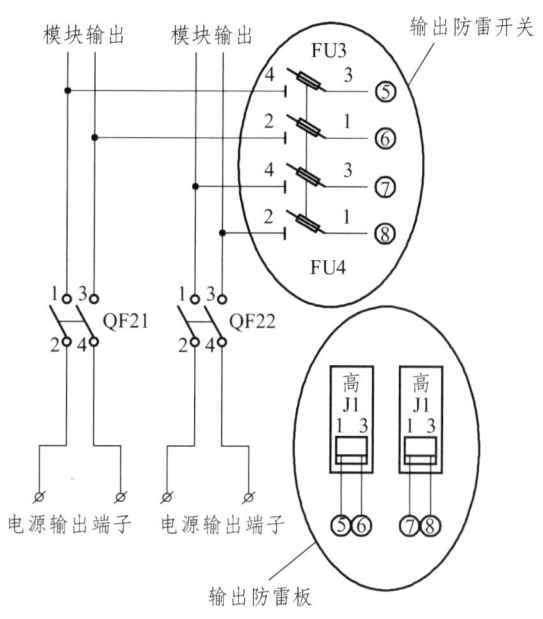

图 8.33 输出级防雷系统

(三) 监控系统

系统内部的监控由模块监控、配电监控和监控单元 (PSM-C) 三部分组成。模块监控和配电监控是最底层监控,模块监控和配电监控通过 RS485 接口与监控单元通信。监控单元对配电监控和各个电源模块的 CUP 板进行巡检,模块监控和配电监控将监控数据上传到监控单元。

1. 监控单元 (PSM-C) 与模块监控 (CUP 板)

监控单元具有实时显示、系统设置、通信三大功能。液晶显示屏完成实时显示功能;键盘完成系统设置功能;监控模块通过串口 4 和串口 6 通信(见图 8.34),获取配电监控数据和模块监控数据。

模块监控是通过每个模块内部的 CUP 板实现的,不同类型的电源模块都使用同一种模块监控 CUP 板。模块监控 CUP 板通过拨码开关地址区分模块的类型。模块监控 CUP 板的功能有:采集电源模块的输出电压、电流值;采集电源模块的工作状态,包括保护、故障、工作/备用。模块监控 CUP 板将监测数据通过 RS485 接口上传给监控单元的串口 6。

2. 配电监控

配电监控对整个系统的配电状态进行监测,完成输入/输出配电的数据采集、声光报警、通信等功能。

数据采集功能:配电监控采集量包括模拟量、开关量和报警量。模拟量包括输入电的电流、电压值,开关量包括 4 路输入交流接触器状态,报警量包括 C 级防雷器状态、交流输入空气开关跳闸、各路输出空气开关跳闸和交流输入停电等。

报警功能:当报警量出现时控制故障灯亮,蜂鸣器进行相应的声光故障告警。

通信功能:当接收到监控模块发来的命令,及时将监测到的各路模拟量、开关量及报警量通过 RS485 通信给监控单元的串口 4。

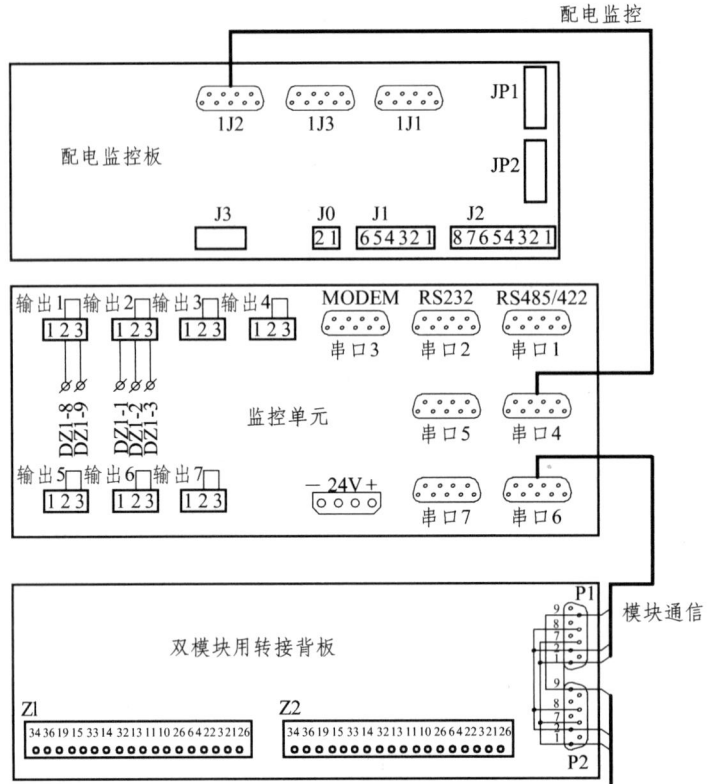

图 8.34 监控系统

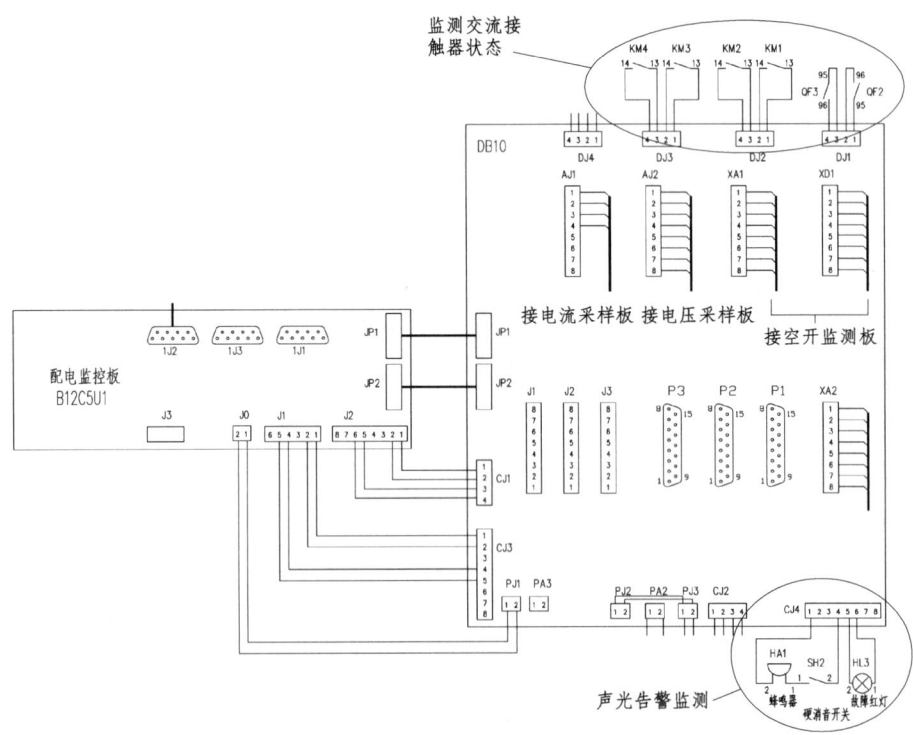

图 8.35 模块通信

系统输入相电压监测过程是：交流电压采样板（见图8.36）采样后通过J4口送到配电监控转接板AJ2口（见图8.35）。

系统输入相电流监测过程：电流互感器（图8.37中TA1～TA6）采集到相电流后传送给交流电流采样板（图8.37中DB7板），该板通过J7口送到配电监控转接板AJ1口（见图8.35）。

各路输出电源断的告警是通过空气开关检测板实现的（见图8.38）。空气开关检测板J3和J4口为电压采集口，每口检测3路，每块最多检测6路电源输出。J2口为空气开关检测板24VDC。

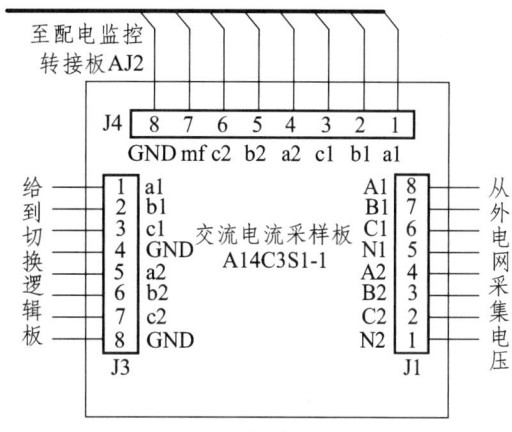

图8.36 相电压采样

工作电源。当J3或J4口采集到电源有输出时，J1口上1～6针对8针的电压为0，否则将有DC 24 V电压。J3和J4上方的1S～6S与J1口上方的1～6相对应。J1口与配电监控转接板相连，将监测数据最终上传给监控单元。

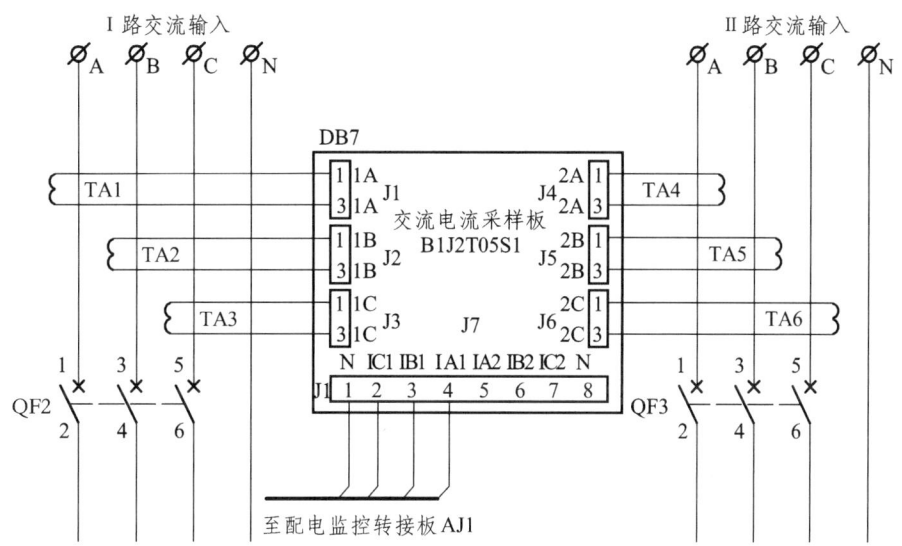

图8.37 相电流采样

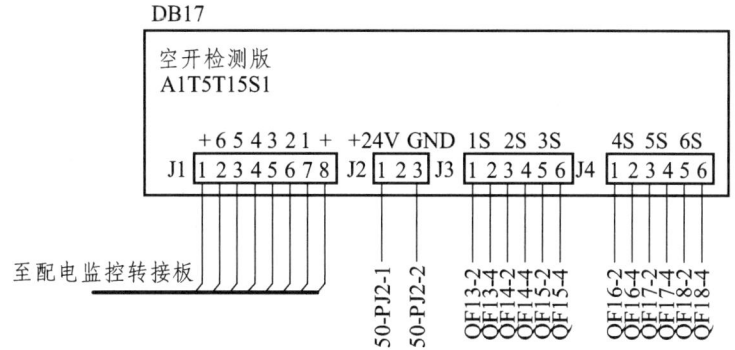

图8.38 空气开关监测板

七、PZ系列智能型信号电源屏日常检修测试

（1）检查直流屏面板一、二路电源指示灯。
① 在一、二路都有电的情况下，一、二路电源指示灯亮绿灯。
② 当其中一路电停电时，对应指示灯灭。
（2）检查切换屏后交流接触器吸合状态是否正确。
（3）检查直流屏故障灯。
① 正常情况下，此灯灭。
② 当电源屏出现任何一个告警（包括停一路电）时，此红灯常亮。
（4）检查告警蜂鸣器。
告警蜂鸣器电源开关和告警开关应置于开位置，以提示告警。
（5）平面巡视各个电源屏各个模块面板指示灯是否正常。
① 模块正常时，各个模块面板指示灯"工作"绿灯常亮。
② 如果模块出现保护或故障，模块面板指示灯中"保护"黄灯常亮或"故障"红灯常亮。关机时三个指示灯都不亮。
（6）记录各个模块面板数码显示器显示的电压电流。
正常情况下，直流模块带载时主备模块都会显示电压电流，如果出现有电压无电流的情况，请及时检查。交流主用模块显示电压电流，交流备用模块显示"—"。
（7）检查各个220 V模块背板（屏后测）主备切换板工作指示灯。
① 切换板工作正常时，指示灯亮绿灯。
② 切换板工作异常时，指示绿灯灭。
（8）检查输入、输出防雷板指示灯及防雷块状态。
① 正常情况下输入C级防雷块压敏电阻，窗口显示绿色，异常显示红色。
② 正常情况下各个防雷指示灯亮。
③ 如果板件损坏，则指示灯熄灭。
（9）检查电源屏系统（包括UPS内部）各个开关（包括输入、输出、防雷等）状态。
正常情况下，各个开关应该处于闭合状态。
（10）检查电源屏监控器告警数据。
① 正常情况下，电源屏显示无告警。
② 如电源屏出现故障，电源屏监控器会显示告警数据。
（11）记录监控器上输入电压电流及输出电压电流数值。
对应标准进行比较，正常情况下，各个数值不应该出现太大偏差，如出现偏差较大的数据，应进行检查。
（12）查看两台UPS面板指示灯UPS。
面板指示灯显示正常，表示UPS在正常工作情况下，即处于主路逆变状态。如果处于旁路或者电池放电或者输出禁止等异常状态，相应的指示灯会指示。此时应结合UPS上的LCD告警信息进行排查并及时通知厂家。
（13）查看两台UPS的LCD面板显示内容。
对UPS输入、输出、电池、当前记录等内容进行查看，输入、输出、电池数据不应该出

现太大偏差，如果出现偏差太大的数据，请注意检查。UPS当前记录应该显示主路逆变供电

（14）检查有无异常噪声及风扇运行情况。

正常情况下，无巨大异常噪声，风扇运行。

八、PZ系列智能型信号电源系统故障分析及处理方法

（一）故障处理一般步骤

（1）告警内容系统出现故障时，一般会有声光告警:故障灯亮，蜂鸣器告警;监控单元故障灯亮，蜂鸣器告警。查看系统监控单元的告警内容，根据告警内容便可以确认故障范围。电源模块发生故障时，一般还可以根据模块面板上的状态指示灯大致判断模块的故障内容。

（2）根据告警内容，对故障进行核实确认。

（3）根据故障内容和实际情况，迅速消除故障隐患，保证设备的安全运行。

（4）记录故障系统编号、故障部件编号、故障现象。

（二）故障处理案例分析

1. 故障案例1

（1）故障现象：整个系统全部停电，同时两路电源指示灯灭灯。

（2）原因分析：外电网停电或外电网缺相或零线断开。

（3）故障处理：

① 检查配电箱两路输入断路器是否闭合。如果断路器断开，重新闭合断路器。

② 测量电源屏输入端子相电压及线电压，例如缺相或只有线电压而无相电压，然后从配电箱确认外电网送电情况。

2. 故障案例2

（1）故障现象：电源指示灯亮，接触器全部断开，模块面板全部灭灯，输出全部中断或部分中断。

（2）原因分析：

① 电网电压均超限。

② 接触器（KM1，KM2，KM3，KM4）主回路接线有掉线、松动或虚接现象，四个接触器全不吸。

③ 系统输入切换控制电路板件间接线掉线、松动或接触不良。

④ 统两路输入控制电路板件出现故障。

（3）故障处理：

① 测量电源屏输入端子座各相电压，确认两路有至少一相的相电压>275 V 或<165 V，然后从配电箱确认外电网输入状态。

② 查看直流屏后面四个接触器至少有一个是吸合的。然后查看释放接触器1、2、3、4、5、6接脚上的接线是否有掉线、松动或虚接现象，并做好处理，保证接触器上的全部接线接触良好。

③ 检查各接线及端子接线是否良好。接好并紧固接线。
④ 查看电压采样板、切换逻辑板、掉电检测板、切换驱动板等共 7 块电路板上的电子元器件，特别是切换驱动板。

(三) 应急故障处理办法案例

1. 切换系统故障

（1）故障现象：外电网输入正常，4 个交流接触器只吸合 1 个或是都不吸合，造成整个系统半数模块或所有模块断电，断电模块面板指示灯全部熄灭，系统输出电源受到大面积影响。

（2）应急处理办法：
① 关掉Ⅰ路外电网输入开关，如未恢复再闭合，反复两次。
② 关掉Ⅱ路外电网输入开关，如未恢复再闭合，反复两次。
③ 上述两步如未恢复，再关掉机械室配电盘Ⅰ、Ⅱ路开关，同时关掉电源屏Ⅰ、Ⅱ路外电网输入开关，将外电网输入端子与柜内电源转接端子短接，A、B、C、N 要分别对应。
④ 闭合配电盘Ⅰ、Ⅱ路开关。
⑤ 保持电源屏Ⅰ、Ⅱ路输入开关处于断开状态。
⑥ 此时电源屏切换系统已被绕开，系统可以恢复正常输出。

2. 短路切除板故障

（1）故障现象：站场局部红光带，某一路 25 Hz 轨道电源输出中断。
① 用电压表测试输出中断的 25 Hz 轨道电源，确认仅有一路中断。
（2）应急办法：
② 确认轨道电路无短路。
③ 确认后，打开短路切除板的防护盖板。
④ 直接拔掉短路切除板插头，输出就可以恢复。

3. 220 V 交流主、备模块同时故障

（1）故障现象：某路电源主、备模块同时故障，模块面板指示灯全部熄灭，或保护灯亮（黄灯亮），或故障灯亮（红灯亮），对应的输出电源中断。
（2）应急处理办法：
① 关掉对应的输出空气开关，断掉负载，所有模块如果恢复正常，说明是负载问题，需要检查负载。
② 若关掉负载后，模块未在 20 s 之内恢复，或是没有全部恢复，则需要将保护的模块输入空气开关关掉，10 s 后再闭合，看是否恢复正常，反复进行两次。
③ 上两步如果没有恢复，说明是模块问题，此时直接用同型号的备用模块更换故障模块。220 V 交流模块主要有 HXD-H1、HXD-H2、HXD-H3、HXD-H4 四个类别，更换时需要同类别更换。
④ 如果现场没有备用模块，可以用本机柜其他处于备用状态的同型号模块替换故障模块，恢复输出。
⑤ 第④步如果条件不具备，可以用短接插座替代备用模块，恢复输出。

（四）PZ 系列智能型信号电源系统故障分析及处理方法（见表 8.7）

表 8.7 PZ 系列智能型信号电源系统常见故障现象及维护方法

序号	故障现象	原因分析	检测方法及步骤	检测状态	处理办法	工具仪表	备注
1	整个系统全部停电，同时两路电源指示灯熄灭	外电网停电	① 检查配电箱两路输入断路器是否闭合	断开	重新闭合断路器		只有一路停电将不会出现该现象
				闭合	跟供电部门确认	万用表	
		外电网缺相或零线断开	② 测量电源屏输入端子相电压及线电压	缺相或只有线电压而无相电压	从配电箱确认外电网送电情况	万用表	
2	电源指示灯亮，接触器全部断开，模块面板全部熄灭，输出全部中断或部分中断	两路电网电压均超限	① 测量电源屏输入端子座各相电压，确认两路是否都有至少一相的相电压高于 AC 275 V 或低于 AC 165 V	是	从配电箱确认外电网输入状态	万用表	
		接触器（KM1、KM2、KM3、KM4）主回路接线有掉线、松动或虚接现象，四个接触器全不吸	② 查看直流屏后面四个接触器是否至少一个吸合	有	查看释放接触器 1、2、3、4、5、6 接脚上的接线是否有掉线、松动或虚接现象，并做好处理，保证接触器上的全部接线接触良好	大十字螺丝刀	
		系统输入切换控制电路板件间接线掉线、松动或接触不良	③ 检查各接线及端子接线是否良好	接线不良	接好并紧固接线	万用表、大十字螺丝刀、小一字螺丝刀	
			④ 查看电压采样板、切换逻辑板、掉电检测板、切换驱动板共 7 块电路板上的电子元器件，特别是切换驱动板	有烧损的迹象	更换烧损板件		
			⑤ 供电情况下，测量两块电压采样板输入口（J1）2、3、4 脚对 1 脚及 6、7、8 脚对 5 脚的 AC 220 V 电压	与系统输入端子上所测电压不一致	检查系统输入端子座至 C 级防雷空气开关上端输入口接线、接至电压采样板线路是否有掉线、虚接等接触不良现象，并接好		
		系统两路输入控制电路板件出现故障	⑥ 测量两块电压采样板输出口 J3 的 1、2、3 脚对 4 脚及 5、6、7 脚对 8 脚的电压是否为 AC 5.6 V 左右；J4 的 1、2、3、4、5、6 脚对地 8 脚的电压是否为 AC 1.5 V 左右	不符合要求	更换没有输出的电压采样板		
			⑦ 测量切换驱动板 XS1 接口 1、3 脚之间与 4、6 脚之间是否有 AC 220 V 电压	没有电压	检查采样板输入插座 J1 上的端子 1、4、5、8 四个脚上的接线和本电路板的 XS1 接口之间的接线是否连接良好，并确保连接良好		

续表 8.7

序号	故障现象	原因分析	检测方法及步骤	检测状态	处理办法	工具仪表	备注
2	电源指示灯亮,接触器全部断开,模块面板全部熄灭,输出全部中断或部分中断	系统两路输入控制电路板件出现故障	⑧合上系统一路输入断路器瞬间,测量切换驱动板 XS2 接口 1、2 脚之间是否有 AC 220 V 电压,之后有 DC 9 V 电压;或合上系统二路输入断路器瞬间,测量切换驱动板 XS2 接口 3、4 脚之间是否有 AC 190 V 左右电压,之后有 DC 9 V 电压	没有 AC 220 V 或 DC 9 V 电压	更换没有输出的切换驱动板 更换对应切换逻辑板 更换掉电检测板 更换切换转换控制板		
		接触器（KM1、KM2、KM3、KM4）的线包、触点等辅助回路接线掉线、松动或接触不良	⑨检查接触器上的各接线是否有掉线、松动或接触不良现象	有	接好接线,紧固松动接线	大十字螺丝刀,小一字螺丝刀	带电紧固接线端子时,一定要注意螺丝刀露出的金属部分不要与其他接线端子发生短路
			⑩两路系统输入断路器闭合时,测量接触器 A1、A2 接口间是否有 DC 9 V 电压	无电压	检查切换驱动板 XS2 接口上的接线至接触器 21、22 号接点再到接触器上 A1、A2 接点的通路是否连通良好,并做好接线处理,保证接通良好	万用表,大十字螺丝刀,小一字螺丝刀	
		接触器损坏	⑪两路系统输入断路器处于闭合状态,测量接触器 A1、A2 接口间是否有 DC 9 V 电压	有电压	更换接触器:关闭系统输入两路断路器系统全部断电,拆下接触上的全部接线,用大一字螺丝刀挑动接触器上部的弹簧卡子的外环,接触器即可拆下。按反顺序安装上新接触器	万用表,大十字、大一字、中十字螺丝刀	一定要在系统全部关电后才能做更换处理!!
3	系统全部无输出或部分无输出,接触器频繁吸合、释放	接触器励磁线圈接线端子及辅助触点接线接触不良,接触器维持不住或频繁动作	①打开直流屏后面接触器盖板,检查接触器上的各接线是否有掉线、松动或接触不良现象	有掉线、松动或接触不良现象	接好接线,紧固松动接线	大十字螺丝刀	
		系统两路输入控制电路板件间接线掉线、松动或接触不良	②打开直流柜系统切换控制系统的盖板,检查各接线及端子	接线与接线端子间有松动现象	紧固接线	大十字、小一字螺丝刀	
		故障接触器内有线扣等杂物垫住铁心,影响接触器吸合并维护吸合状态	③关闭系统输入断路器,摘下频繁吸合的接触器;先向外倒杂物,如果没倒出来,则打开接触器,检查内部是否有杂物	有杂物	倒出杂物重新装好接触器,并安装到机柜上,接好各接线端子上的接线	大十字螺丝刀,小一字螺丝刀	一定要在系统全部停电后再拆下接触器。拆下接触器时注意所有接线的接入位置,必要时做好各接线端子的位置标记,保证再安装时的正确性
				无杂物	重新装好接触器,并恢复安装到机柜上,接好各接线端子上的接线		

续表 8.7

序号	故障现象	原因分析	检测方法及步骤	检测状态	处理办法	工具仪表	备注
4	站场局部红光带,同时监控单元报某一路25 Hz 轨道电源输出中断,同时对应输出断路器合闸,对应的DHXD-C模块显示正常	短路切除板故障	① 用电压表测试输出中断的25 Hz 轨道电源输出断路器上端	确认仅有一路中断,且此测量点也没电	检查轨道电路,清除短路,并确认没有短路。打开短路切除板的防护盖板,更换短路切除板	万用表、大十字螺丝刀、万可螺丝刀	配置2个DHXD-C 模块的2 kV·A 轨道系统短路切除板在DHXD-C 模块所在机柜的后面上方,在试纸中编号为42
			② 排除或确认没有短路后	仍不能恢复输出	打开防护盖板,更换短路切除板		
5	监控单元报某一路交流电源输出中断,同时对应输出断路器合着,对应的交流50 Hz 模块显示正常	交流50 Hz 输出断路器故障不通	用电压表测试输出中断的50 Hz 电源输出端子	无电压	关闭对应输出断路器,再合上,看是否输出端子上已有电,不行可重复几次,如果还没有电压,则更换输出断路器	万用表、万可螺丝刀	
6	模块面板指示灯全部熄灭,或保护黄灯亮,或故障灯红灯亮,对应的输出电源中断;监控单元同时显示两条以上"+模块通信中断、"+输出中断	220V 交流模块(DHXD-H1、DHXD-H2、DHXD-H3、DHXD-H4)四个类别主、备同时故障	① 断开对应的输出空气开关,断掉负载	所有模块如果恢复正常	说明是负载问题,需要检查负载	大十字螺丝刀、事先做好的短接插座	如果现场没有备用模块,可将本机柜其他处于备用状态的同型号模块替换故障模块
			② 断开负载后在20 s 内	模块未恢复,或是没有全部恢复	将保护的模块输入空气开关断开,10 s 后再闭合,看是否恢复正常;反复进行两次		
			③ 以上两步后	模块未恢复,或是没有全部恢复	用同型号的备用模块更换故障模块		
7	DHXD-D2 模块故障红灯亮,交流转辙机电源无输出;监控单元报交流转辙机模块D2 通信中断,交流转撤机电源输出中断	外电网相序接反,交流转辙机电源模块DHXD-D2 故障	调换三相电外电网相序	故障未排除	更换DHXD-D2 模块	大十字螺丝刀	如果电务部门之前维修时没有进行相序调整,则由电务部门协调水电部门恢复正确相序
8	DHXD-E 模块、DHXD-D1 模块或DHXD-F2 模块主、备同时故障,继电器电源、站间联系电源输出中断,或直流转辙机电源输出中断	直流模块同时故障,没有输出	将模块输入空气开关断开再闭合,反复几次	故障未排除	更换同型号模块	大十字螺丝刀	更换的新的E 模块或F2 模块上的24～60 V 可调电压一定要先调到与原来模块电压一致

续表 8.7

序号	故障现象	原因分析	检测方法及步骤	检测状态	处理办法	工具仪表	备 注
9	DHXD-C 模块主备同时故障，25 Hz 轨道电源、局部电源输出中断	25 Hz 模块主备同时故障	将 C 模块输入空气开关断开，再闭合，反复几次	故障未排除	更换同型号模块	大十字螺丝刀	配置 2 个 C 模块的 2 kV·A 轨道系统的 C 模块可以互换；配置 4 个 C 模块的 4 kV·A 轨道系统的左侧两个 C 模块（称为从模块）、右侧两个 C 模块（称为主模块）同侧之间可以互换，左右之间不能互换
10	站场局部红光带，同时监控单元报某一路 25 Hz 轨道电源输出中断，同时对应输出断路器合闸，对应的 DHXD-C 模块显示正常	25 Hz 轨道电源或局部电源输出断路器故障不通	①用电压表测试输出中断的 25 Hz 轨道电源或局部电源输出端子	无电压	关闭对应输出断路器，再合上，看是否输出端子上已有电，不行可重复几次	大十字螺丝刀，万可螺丝刀	
			②打开输出断路器面板盖板，用万用表测量断路器上端有无电压	有电压	更换输出断路器		
11	站场局部红光带，同时监控单元报某一路 25Hz 轨道电源输出中断，同时对应输出断路器合着，对应的 DHXD-C 模块显示正常	短路切除板故障	①打开输出断路器面板盖板，用万用表测试输出中断的 25 Hz 轨道电源输出短路器上端	确认仅有一路中断，且此测量点也没电	检查轨道电路，排除短路，并确认没有短路	万用表、大十字螺丝刀、万可螺丝刀	
			②排除或确认没有短路后	仍不能恢复输出	打开短路切除板的防护盖板，更换短路切除板		
12	监控单元报 25 Hz 轨道电源、局部电源相位差超限，站场红光带	25 Hz 轨道电源或局部电源相位异常	用万用表测量 25 Hz 轨道电源和局部电源电压	正常	先关闭 DHXD-C 模块，再逐个打开，看红光带是否解除。如果不行，则更换模块		
13	监控单元报某一路交流电源输出中断，同时对应输出断路器合闸，对应的交流 50 Hz 模块显示正常	交流 50 Hz 输出断路器故障不通	用电压表测量输出中断的 50Hz 电源输出端子	无电压	关闭对应输出断路器，再合上，看是否输出端子上已有电，不行可重复几次。如果还没有电压，则更换输出断路器	万用表、万可螺丝刀	
14	C 级防雷器前面绿色视窗翻转变成红色	输入 C 级防雷器遭到雷击故障不通	更换 C 级防雷器		打开 C 级防雷器外盖板后，取下故障防雷器，用新的防雷器更换即可	大十字螺丝刀	

续表 8.7

序号	故障现象	原因分析	检测方法及步骤	检测状态	处理办法	工具仪表	备注
15	D级防雷器盒面板绿色指示灯灭	输入D级防雷器遭到雷击，故障不通	更换D级防雷器盒		全系统停电，打开D级防雷器外盖板后，拆下接线和防雷盒，按反顺序装上新防雷盒即可	大十字螺丝刀	注：更换D级防雷盒一定要在全系统停电的情况下进行
16	模块输入空气开关处于闭合状态，而模块面板三个指示灯全灭	模块输入断路器故障不通	① 关闭模块输入空气，再合上，看模块是否有电，不行可重复几次 ② 在断路器合着的情况下，用万用表导通档测量断路器上下两接线点是否导通	不导通	更换断路器：打开模块输入断路器盖板后，拆下断路器接线，用一字螺丝刀撬动断路器上面底部卡子拉钩，即可将断路器从机柜中拆下。按反顺序安装新断路器即可	大十字、小一字螺丝刀	注：更换模块输入空气开关时，一定要全系统停电的情况下进行
17	输出防雷开关上的红色指示灯亮	熔芯烧坏	① 拉开防雷开关，取出熔芯，看外观是否烧黑 ② 用万用表测试导通档是否导通	烧黑 不导通	更换熔芯：取出新熔芯更换即可	万用表	
18	输出防雷板指示灯灭	防雷板烧损	测量两输入端是否有电压	有	更换防雷板：先把对应防雷熔芯开关拉开，拔下防雷板插头，拆下防雷板；再按反顺序安装新防雷板即可	万用表	
19	监控单元报时钟同步板故障，同时同步板上的工作灯不闪，或电源灯、工作灯全灭	时钟同步板故障			更换同钟板步板：不用关电源，直接拔下故障板上的所有插头，从机柜上拆下电路板，再按反顺序安装新板件即可		
20	监控单元同时报一台机柜的几路输出中断，而对应电源实际输出正常	空气开关监测板故障			更换空气开关监测板：关闭对应输出空气开关，接着拔下故障板上的所有插头，从机柜上拆下电路板，再按反顺序安装新板件即可		注：要在天窗点内进行，如果没有天窗点，可暂时先不更换；如果急于更换，有高电压的，一定要注意安全

第四节　DSG系列智能信号电源屏

一、系统简介

DSG系列智能信号电源屏是信号设备的专用供电设备，面向国有铁路、城市轨道交通、地方铁路及工矿企业，给信号机、转辙机、轨道电路、微机监测、计算机联锁、CTC、列控、区间移频等信号设备提供稳定的交、直流电源。

系统采用模块化、智能化、标准化设计，可实现信号电源的智能化管理；能适应现场各种负荷种类及容量的需要，可实现不同厂家同类电源屏模块的互换，统一智能电源屏与微机监测系统之间的通信协议。

工频交流电源模块采用"1+1"热机备用工作方式，直流电源模块采用"N+M"并联冗余工作方式。

二、系统使用要求

系统设备放置于车站信号电源室或机械室内，使用环境必须符合以下要求：
（1）环境温度：-5 ~ +40 ℃；
（2）相对湿度：空气相对湿度不大于 90%（20 ℃）；
（3）海拔高度：不超过 2 000 m；
（4）污染等级：3 级。

为确保设备有良好的可靠性和避免过热，柜体通风口不可被塞住或盖住。本系统为大漏电流设备，必须保持良好的接地。当系统供电正常运转时，切勿动作电源屏输入、输出电源断路器，以免造成用电设备故障或停电。

三、系统特点

1. 模块化

DSG 电源系统采用模块化结构，系统容量能灵活配置、易于扩容，能适应不同站场规模和不同联锁制式的车站及不同长度自动闭塞的需求，并预留了一定的模块插接空间，能满足车站及区间一段时期内的扩容要求。

2. 高可靠

DSG 系列智能电源屏采用输入配电一主一备的工作方式，正常情况下由可靠性高的 I 路电源供电，II 路电源备用；当 I 路电源故障时，自动切换到 II 路电源供电。同时为满足现场各种供电环境的不同需求，DSG 系列电源系统可设置主路电源跟踪功能（用户可根据需要自行设定）。

两路电源切换环节除具有自动和手动转换功能外，还具有维修直供功能。

DSG 电源系统根据不同的供电要求采用了不同的冗余技术来保证系统运行的可靠性。交流供电回路采用数字补偿式交流稳压电源，交流电源模块为 1+1 冗余热备配置，当主用模块故障时可自动退出并自动转换至备用模块工作；直流模块采用 N+M（M>N，3）均流冗余技术，当任一直流模块出现故障时，可自动退出，冗余模块继续向负载供电。模块内设有防浪涌干扰电路，可有效去除干扰脉冲。功率半导体器件全部高频软开关化，使模块的可靠性有本质的提高。交流模块为冗余热备份，直流电源模块为并联冗余工作方式，可实现不间断供电。

3. 智能化

监控系统功能全面，操作简单，显示直观，各种信息表示清晰，有利于故障的分析判断；监控系统软、硬件按模块化设计；各机柜均配置监测分机，监测分机与各功能模块、机笼和监控模块相连接，监测模块对供电系统各供电回路参数（电压、电流、工作状态）能够实时在线监测；供电系统工作或故障时，可通过监控模块显示屏和键盘进行人机对话，利用监控模块的屏幕显示、声光报警、设置等功能进行当地预报、记录、调看系统工作状态、历史故障查询等；还能够设置密码，用来阻止误操作及错误数据对系统的破坏。

监控模块可通过 RS-232、RS-485 方式与微机监测系统连接，提供各种模拟量及开关量的检测数据，实现信号电源的远程监控和灵活组网。

监控系统工作或故障时，不影响供电系统的正常工作。

4. 不间断供电

采用续流技术的直流电源、闭塞电源、25 Hz 电源在输入两路电源转换期间可实现输出不间断供电。

驼峰智能电源屏采用 UPS 供电和蓄电池储能，可使转辙机在两路输入电源失电时不间断供电，保证转换到底。

5. 设置双套测量和报警电路

电源模块设有电压表、电流表及工作状态指示灯，并输出监控信息至监测主机，系统设置了输入电源电压、电流参数的测量（可通过监测主机查询）、工作状态（有电、供电）指示灯，输出电源工作状态绿色指示灯及故障状态红色报警指示灯和蜂鸣器故障报警。

监控系统正常时，可通过监控单元，查询各供电参数及故障历史记录，电源故障时通过监控单元，查询故障信息，确定故障类别；屏内声光报警，并将故障条件引至控制台，且通过信号微机监测系统将各种信息传输至维修终端。

监控系统故障时，可通过电源系统声光报警电路提示电源状态。

6. 完善、有效的保护技术

交流电源模块具有过流、短路保护；直流电源模块具有过压、短路、限流、软启动等保护技术，且具有短路消除自动恢复的功能。

具有多级防雷设计，阻止雷电流侵入电源系统危及信号设备的安全，保护电源设备本身。

防雷器件采用模块化结构，可在线插拔更换故障模块。配置遥信接点可以实时在线检测防雷元件工作状态。

7. 综合化设计

DSG 系列智能信号电源屏包含铁路信号电源所有负荷种类模块，不同电压等级、频率、交流、直流等电源模块系列，可根据不同车站的具体情况灵活组合，构成不同功能、不同容量的电源系统，并根据发展的需要扩容。

8. 标准化设计

DSG 系列智能信号电源屏采用标准尺寸机柜，模块、机笼标准化设计，封闭式，外壳防护等级 IP20。采用高电位一点接地方式，可确保人身安全。便于安装调试，便于工厂化流水线生产，便于现场应用。

模块电路标准化，采用标准化接口。电源模块可通过鉴别销加以区别。模块采用合理的结构设计，提高系统的可靠性。

9. 模块采用带电插拔技术

DSG 系列智能信号电源屏采用先进的线簧式连接器件，电源模块、接触器、监测分机等可实现带电插拔、在线更换，提高产品易用性和易维护性，缩短故障维护时间，提高供电可靠性。

10. 高额开关电源

DSG 系列智能信号电源屏采用有源功率因数校正技术、脉宽调制技术、续流技术等成熟的电力电子技术，提高供电可靠性。

11. 电磁兼容

自主开发的高频开关电源，满足电磁兼容技术指标的要求。

12. 元器件选用

断路器、接触器、耐高温阻燃绝缘导线、接线端子采用国内外知名厂家元器件，确保产品质量。

四、系统原理

（一）电源屏工作原理

1. DSG 系列智能电源屏系统框图

DSG 系列智能电源屏系统框图如图 8.39 所示，电源屏主要由输入切换电路、输出模块和报警电路三大部分组成。输入切换电路主要由输出模块、稳压模块等组成；输出模块主要由交流高频模块、直流高频模块、直流工频模块、25 Hz 模块等组成。两路电源经防雷配电箱引线进入电源屏输入端子，闭合输入断路器，电源经主、备输入模块转换后，选择一路可靠电源为电源屏其他模块供电，屏与屏之间由屏间连线跨接，以保证各屏可靠供电，闭合各模块输入、输出断路器，电源屏正常供电。当某路供电电源发生故障或人为进行转换时，能在 0.15 s 内转换至另一路电源；报警电路主要由辅助报警电路控制板、BJ 等组成。电源屏系统正常工作时，GD 也不点亮。当有模块故障时 GD 点亮，同时使 FMQ 电路接通报警。

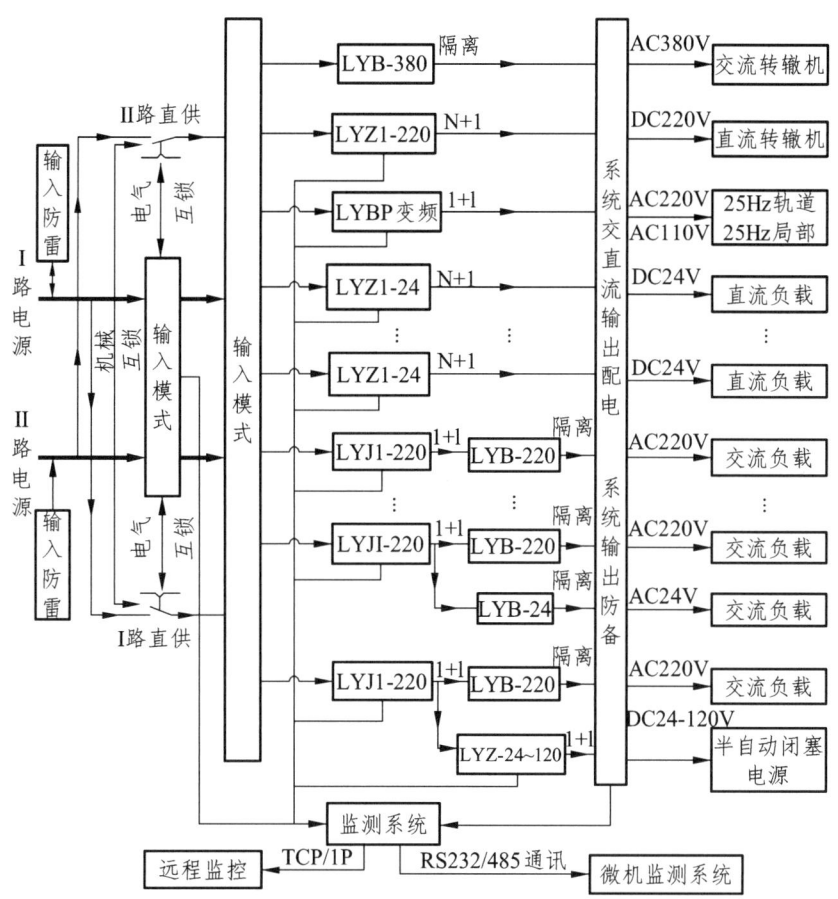

图 8.39 DSG 型系列智能电源屏系统框图

2. 两路电源切换电路原理

电源屏由输入配电单元与输出配电单元、屏顶层（底层）接线端子、汇流排等组成，经过功能模块单元中的稳压模块，实现Ⅰ路、Ⅱ路输入电源的引入、选择、稳压（直供）等功能，如图 8.40 和图 8.41 所示。

两路电源可以自动切换，也可以手动切换。如图 8.40 所示，如果先闭合 1IK，Ⅰ路电源向输入模块Ⅰ供电，此时 2XLC 处于落下状态，其常闭触头接通，此时 1XLC 吸起，常开触头闭合，电源屏由Ⅰ路电源供电。同理，如果先闭合 2IK 开关，2XLC 吸起，电源屏由Ⅱ路电供电。当供电电源故障基断电时，其 1（或 2）XLC 落下，备用电源控制的 2（或 1）XLC 吸起，电源屏会自动改由备用电源供电。通过按压手动按钮 1TA 或 2TA 也可实现人工切换供电电源。

图 8.40 中的 1PK 和 2PK 是旁路直供开关，平时为断开状态。

3. 系统辅助报警电路原理

如图 8.41 所示，平时，电源屏系统正常工作时，BJ 处于吸起状态，其常开接点闭合，由于 HK 开关的 13-14 是断开的，所以电源屏的 FMQ 不响，GD 也不点亮。当有模块故障时，其故障报警接点接通，BJ 落下，BJ 的常闭接点接通，GD 经 BJ 的 ZJ1-CB1 点亮，同时经 BJ

的 ZJ1-CB1、HK11-12 使 FMQ 电路接通报警。按下 HK 切断 FMQ 电路。当故障恢复，BJ 吸起，GD 熄灭。

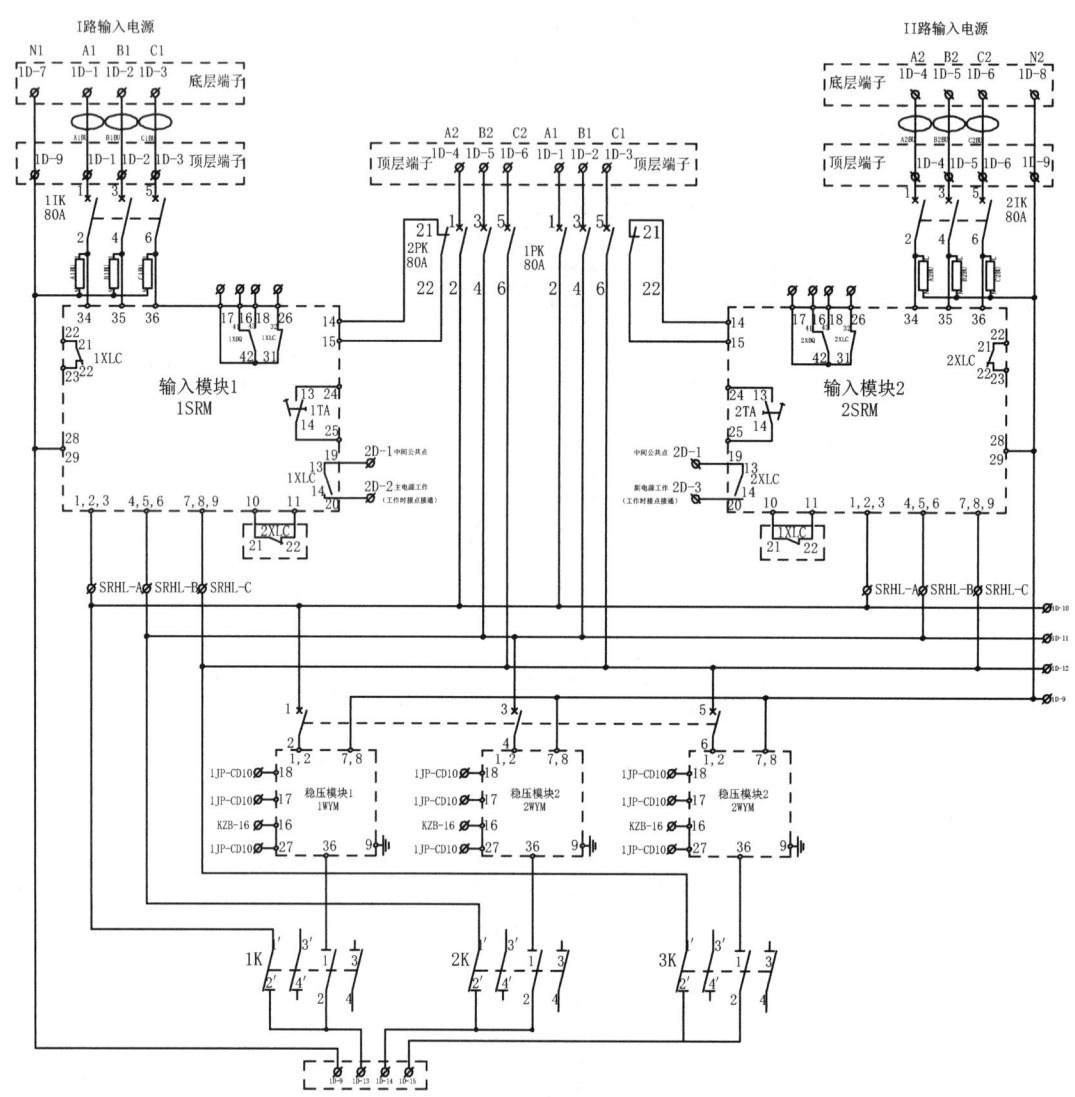

图 8.40　电源屏总输入配电原理图

（二）主要模块工作原理

1. 输入模块

如图 8.42 和图 8.43 所示，系统输入为一主一备的"Y"型供电模式，电源屏内设有两路输入电源转换电路，当某路供电电源发生故障或需要人为进行转换时，能在 0.15 s 内转换至另一路电源。

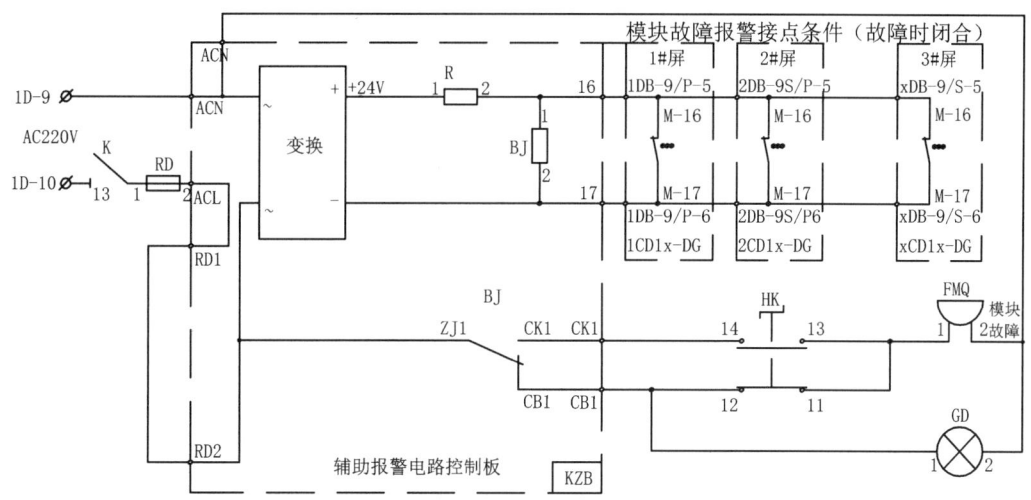

图 8.41 电源屏报警原理图

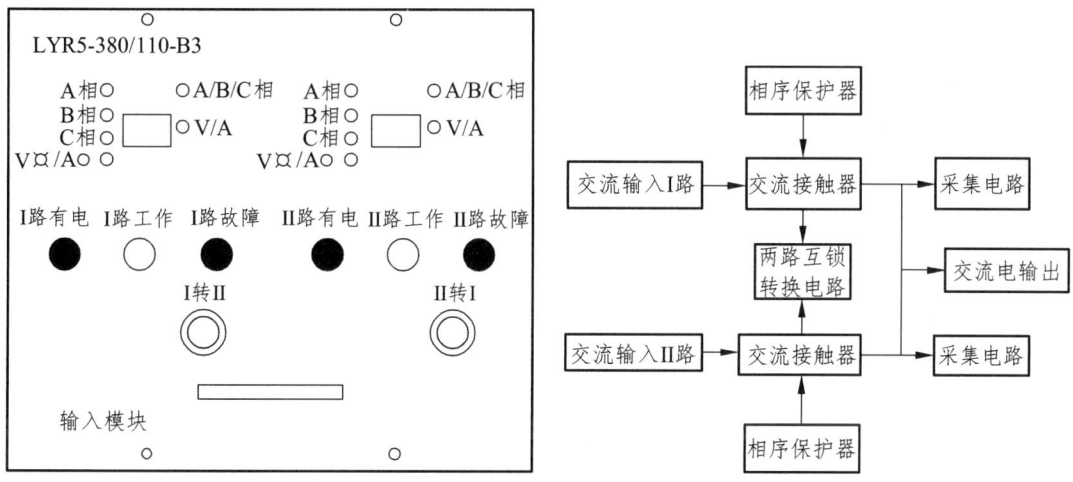

图 8.42 DSG 系列智能信号电源屏输入模块图

图 8.43 DSG 系列智能信号电源屏输入模块原理框图

Ⅰ路有电时,"Ⅰ路有电"红色指示灯点亮;Ⅰ路电源供电时,"Ⅰ路工作"绿色指示灯点亮;Ⅰ路电源故障时,"Ⅰ路故障"红色指示灯点亮。Ⅱ路有电时,"Ⅱ路有电"红色指示灯点亮;Ⅱ路电源供电时,"Ⅱ路工作"绿色指示灯点亮;Ⅱ路电源故障时,"Ⅱ路故障"红色指示灯点亮。

Ⅰ路供电时,按下"Ⅰ转Ⅱ"转换按钮,人工转换为Ⅱ路供电;Ⅱ路供电时,按下"Ⅱ转Ⅰ"转换按钮,人工转换为Ⅰ路供电。

2. 交流高频模块

如图 8.44 和图 8.45 所示,交流高频模块采用电力电子技术,输入电源经过 AC-DC-AC 变换后,输出稳定的工频交流电源,再经过隔离后输出。系统配置时交流高频模块采用"1+1"热备用工作方式。

模块输入电源正常时,"有电"指示灯点亮;模块工作正常时,"工作"指示灯点亮;模块故障时,"故障"指示灯点亮。

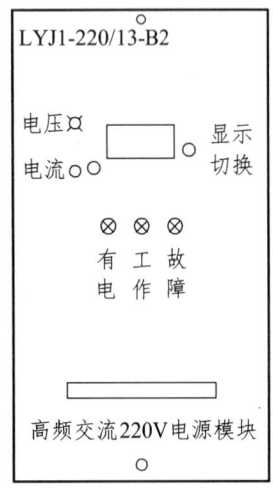

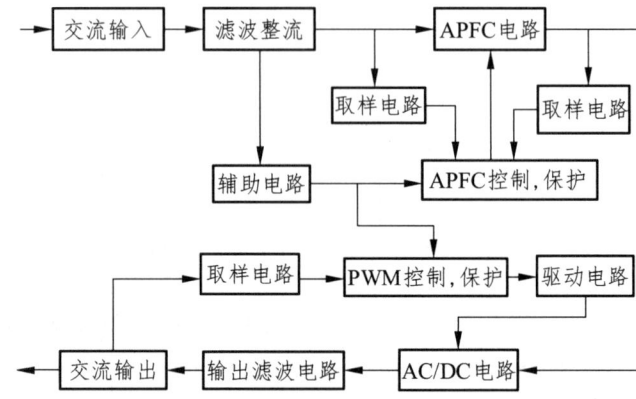

图 8.44 DSG 型系列智能电源屏交流高频模块图

图 8.45 DSG 型系列智能电源屏交流高频模块原理框图

3. 直流高频模块（一）

如图 8.46 和图 8.47 所示,直流电源模块采用电力电子技术,输入电源经过 AC—DC—DC 变换后,输出稳定的直流电源。系统配置时直流电源模块采用"N+M"并联冗余输出的工作方式。

模块输入电源正常时,"有电"指示灯点亮;模块工作正常时,"工作"指示灯点亮;模块故障时,"故障"指示灯点亮。

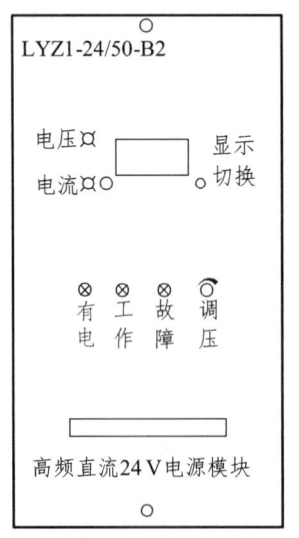 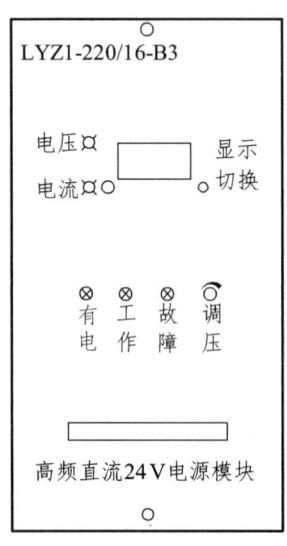

图 8.46 DSG 系列智能信号电源屏直流高频模块图

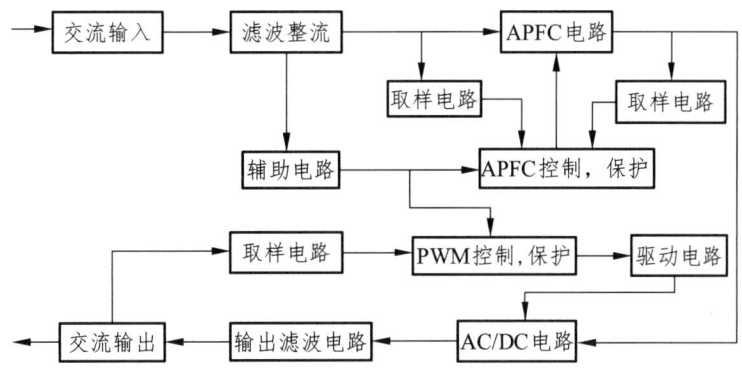

图 8.47　DSG 系列智能信号电源屏直流高频模块原理框图

4. 直流高频模块（二）

如图 8.48 和 8.49 所示为直流高频可调模块，它用作站间联系（闭塞）模块，采用"1+1"并联工作方式，输出电压在 DC（24～120）V 范围内连续可调，模块面板上设有电压、电流显示窗口，并有调节旋钮对输出电压进行调节。

（注意：主、备用模块对应的输出电压要求调整一致。）

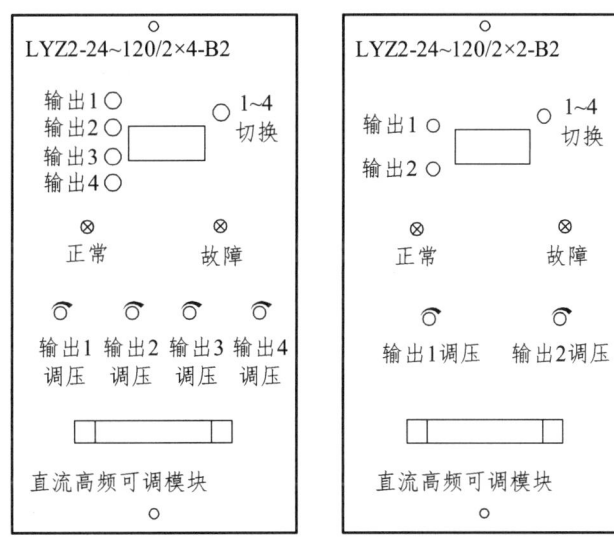

图 8.48　DSG 系列智能信号电源屏直流高频可调模块图

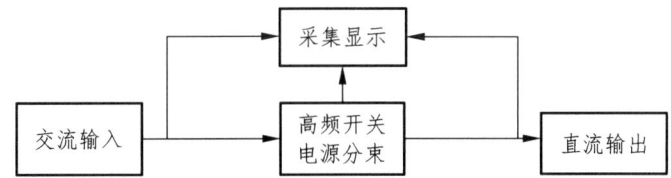

图 8.49　DSG 系列智能信号电源屏直流高频可调模块原理框图

5. 直流工频模块

如图 8.50 和图 8.51 所示为直流工程模块，它用作站间联系（闭塞）模块输出电压在 DC（24～120）V 范围内分档可调（6 V/档），在每束输出电源的"+"输出侧均串联一只堵截二极管，模块面板上设有窗口，打开后可调整变压抽头，对输出电压进行调节。模块采用"1+1"并联工作方式。

（注意：主、备用模块对应的输出电压要求调整一致。）

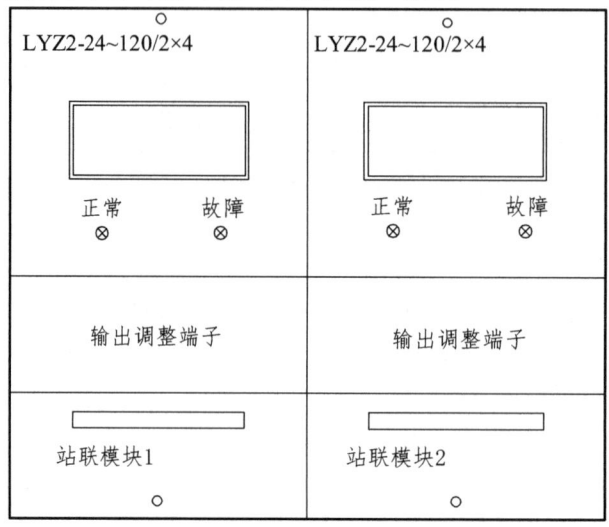

图 8.50　DSG 系列智能信号电源屏直流工频模块图

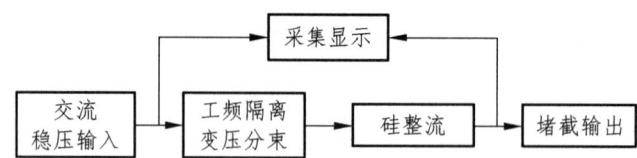

图 8.51　DSG 系列智能信号电源屏直流工频模块原理框图

6. 25 Hz 模块

如图 8.52 和图 8.53 所示，25 Hz 高频模块采用电力电子技术，输入电源经过 AC—DC—

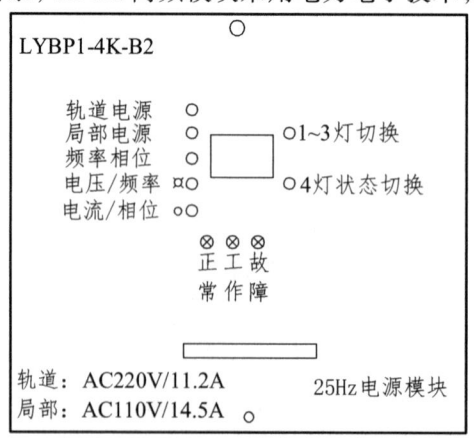

图 8.52　DSG 系列智能信号电源屏 25 Hz 电源模块图

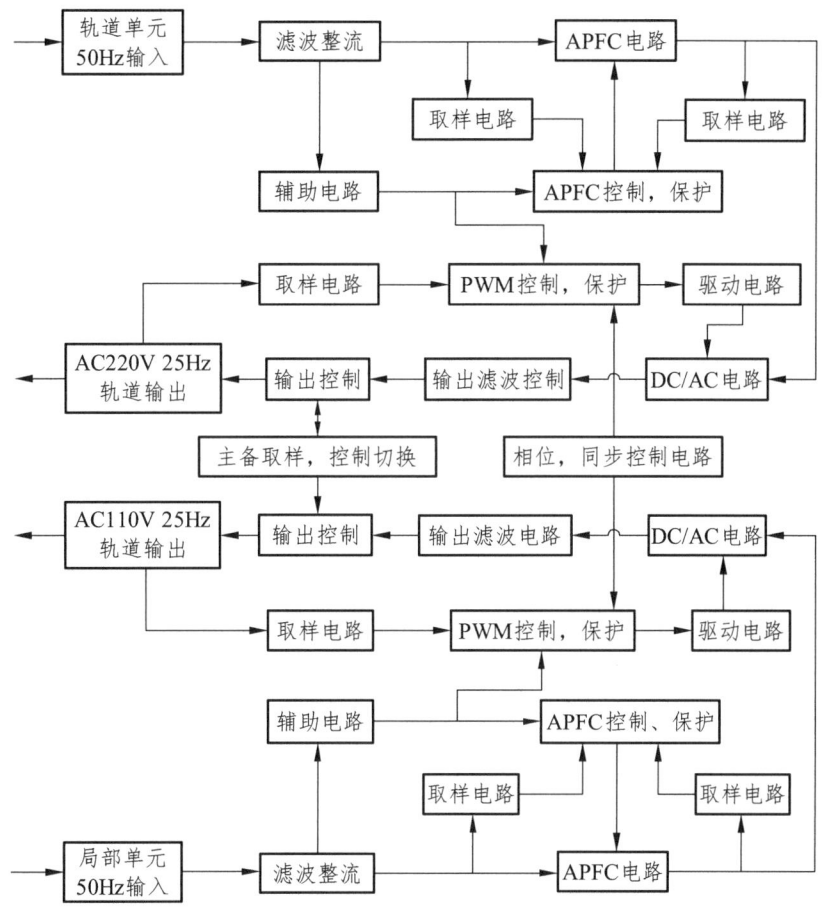

图 8.53 DSG 系列智能信号电源屏 25 Hz 电源模块原理框图

AC 变换后,输出两束稳定的 25 Hz 交流电源,通过锁相技术,局部电源电压恒定超前轨道电源电压 90°相位角。系统配置时 25 Hz 电源模块采用"1+1"热备用工作方式。

模块输入电源正常时,"有电"指示灯点亮;模块工作正常时,"工作"指示灯点亮;模块故障时,"故障"指示灯点亮。

7. 监测模块

如图 8.54 和图 8.55 所示,智能监测模块能够实时显示各供电单元的工作情况及状态信息,可通过标准通信接口将数据(标准通信接口 RS-485 在 1#屏中)上传给上位机或微机监测系统,可提供历史数据查询。当输入停电时,监测模块内部的蓄电池作为备用电源为系统供电,维持系统正常采集、监测工作至少 10 min。

(三)主要技术参数

DSG 系列智能信号电源主要技术参数如表 8.8 所示。

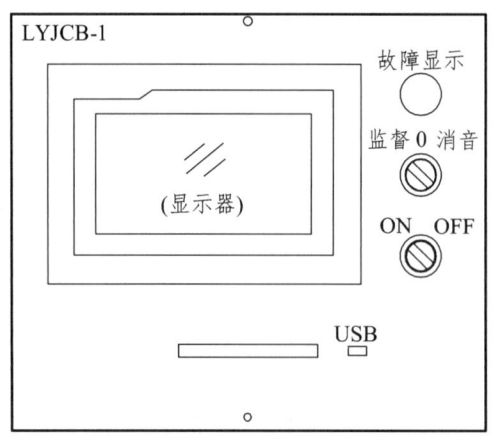

图 8.54 DSG 系列智能信号电源屏监测模块图

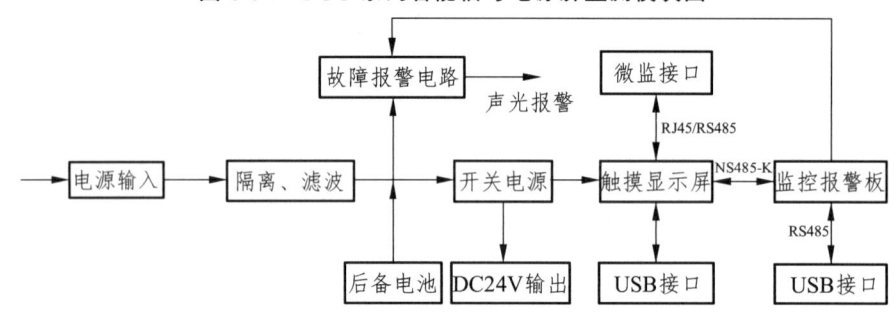

图 8.55 DSG 系列智能信号电源屏监测模块框图

表 8.8 DSG 系列智能信号电源主要技术参数

序号	项目名称	额定电压值	变化范围	电流及分束	工作方式
1	输入电源	两路独立电源，AC 380^{+57}_{-76} V/ 220^{+33}_{-44} V；（50±0.5）Hz 三相电压不平衡度≤5% 电压波形失真度≤5%			
1-1	输入电源	AC 380 V/220 V	−20%~+15%	工程设计确定	自动转换+手动直供
1-2	输入功率因数	高频模块：≥0.99；系统：>0.95			
1-3	两路电源转换时间	<150 ms			
2	输出电源	30%~100%负载范围内			
2-1	AC 380 V 电源	AC 380 V	随输入变化	工程设计确定	隔离
2-2	AC 220 V 电源	AC 220 V	±6.6 V	工程设计确定	隔离、稳压
2-3	AC 110 V 电源	AC 110 V	±3.3 V	工程设计确定	隔离、稳压
2-4	DC 220 V 电源	DC 220 V	±6.6 V	工程设计确定	N+M
2-5	DC 24 V 电源	DC 24 V	0~+2 V	工程设计确定	N+M
2-6	DC（24~120）V 可调	DC（24~120）V 可调	±5 V	工程设计确定	1+1
3	噪声指标	≤60 dB			
4	系统效率	≥80%			
5	监测系统采集精度	1.0			

（四）电源状态指示

DSG系列智能信号电源屏电源状态指示图如图8.56所示。

电源屏输出指示灯：绿灯亮则输出正常，绿灯不亮则无输出。

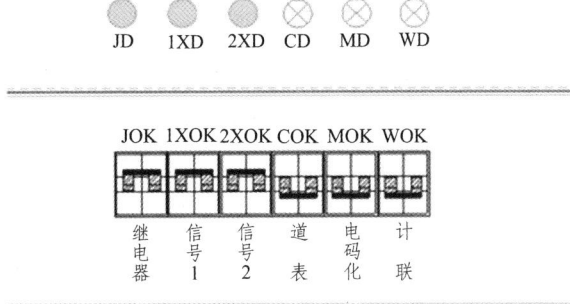

图8.56 DSG型系列智能电源屏电源状态指示图

（五）开机程序

DSG系列智能信号电源屏开机步骤如图8.57所示。

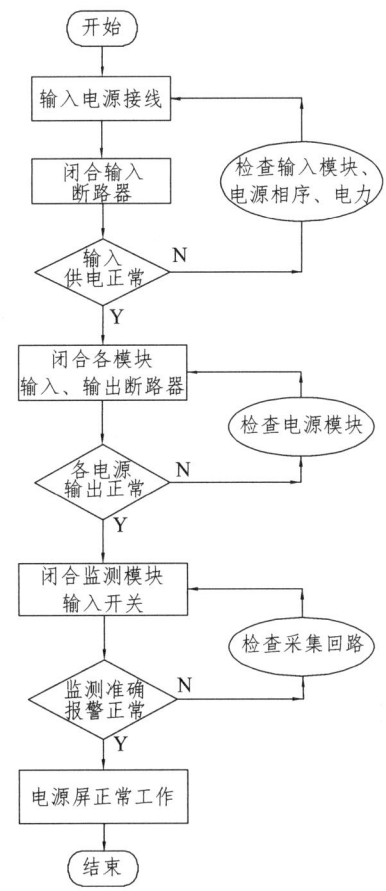

图8.57 DSG系列智能信号电源屏开机步骤框图

213

按图纸正确接入系统两路输入电源线、输出电源线及屏间连线。

在使用前要认真确认1#屏内输入配电单元中Ⅰ路电源旁路直供开关1PK和Ⅱ路电源旁路直供开关2PK处于断开位置，严禁同时闭合两路电源的直供开关，1PK和2PK同时闭合容易造成停电事故。

1#屏中Ⅰ路电源输入开关闭合时，则输入模块"Ⅰ路有电"指示红灯点亮，输入模块Ⅰ交流接触器吸起，Ⅰ路电处于工作状态，同时工作指示灯点亮绿灯；Ⅱ路电源输入开关闭合时，输入模块"Ⅱ路有电"指示红灯点亮，Ⅱ路电源处于备用状态。

依次闭合各功能单元的输入开关，观察各模块工作正常后再闭合各输出开关，电源屏即可供出所需电源。

闭合监测模块面板上的电源开关，检查监测及电源屏正常运行。

五、监测说明

（一）概　述

智能监测系统采用 800×480 分辨率，65535 色数字真彩触摸屏，画面清晰，操作直观简便，设计合理。系统实时监测电源屏输入/输出电源电压、电流及模块的工作状态等。主要功能如下：

实时显示：对输入/输出电源电压、电流、25 Hz 电源频率/相位、模块工作状态等信息进行实时显示。

数据采集：快速高精度地采集处理电源屏输入/输出电压、电流等模拟量和报警开关量，模拟量测量精度优于 1.0 级。

采集通信：通过检测监控主机与采集分机之间的通信状况，有助于对系统故障进行判断。

数据上传：提供多种标准通信接口，采用标准通信协议与上位机或微机监测系统实现监测数据、报警信息的通信传输。

UPS 数据采集：支持与铁路主流 UPS 的通信，采集 UPS 的模拟量和报警信息，并上传上位机。（可选）

漏流检测：检测系统输出电源的漏泄电流数据，为设备的正常运行提供参考数据信息。（可选）

故障报警：对系统输入/输出电源的过压、欠压、过流等故障进行监测，"报警查看"中详细列出故障发生时间、恢复时间及故障内容。对外提供一组状态接点并可外接报警电路，可使用户第一时间了解故障情况。

（二）系统操作

系统上电后，自动进入开机界面，如图 8.58 所示。界面显示监测系统的主功能。

（三）功能描述

（1）查看模拟量：实时显示电源屏输入/输出电压、电流、频率和相位等数据信息，如图 8.59 所示。

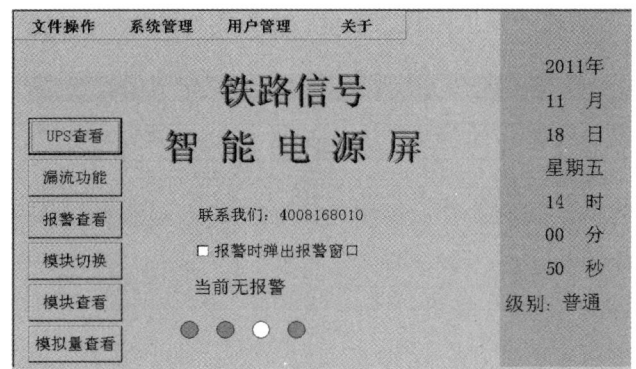

图 8.58　DSG 系列智能信号电源屏开机界面

名称	电压	电流	频率	相位
1路输入电源A	230.7	0.1	49.8	
1路输入电源B	231.3	0.1	49.8	
1路输入电源C	212.4	0.1	49.9	
2路输入电源A	230.0	1.6	50.0	
2路输入电源B	227.1	0.9	49.8	
2路输入电源C	211.4	1.8	49.8	
计算机联锁1	227.9	0.0		
计算机联锁2	228.0	0.0		
备用自投1	227.8			
1路输入电源AB				116.4
1路输入电源BC				124.6
2路输入电源AB				117.1
2路输入电源BC				123.3

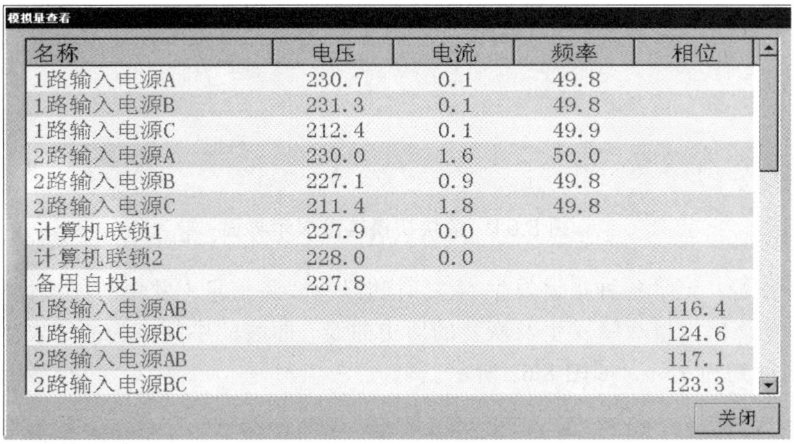

图 8.59　模拟量显示界面

（2）查看模块状态：实时显示电源模块与关键元器件工作状态，包括主备用、报警等信息，如图 8.60 所示。

名称	主备	报警1	报警2	报警3	报警4
输入模块1	备用	断错相			
输入模块2	主用	断错相			
稳压模块1		故障	超温		
稳压模块2		故障	超温		
稳压模块3		故障	超温		
输入防雷开关Ⅰ		脱扣			
输入防雷开关Ⅱ		脱扣			
备用投入系统1		故障	故障		
计联1备用电源		投入			
计联2备用电源		投入			
25Hz模块1		故障			
25Hz模块2		故障			
备用投入系统2		故障			

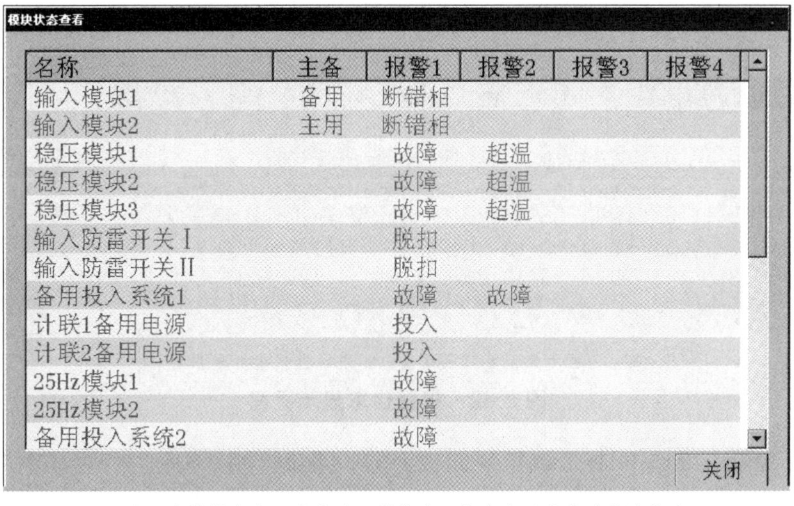

注：字体绿色表示当前为正常状态，红色表示当前为故障状态。

图 8.60　模块状态显示界面

（3）模块切换：查看模块在工作状态下主、备模式切换的历史记录，如图8.61所示。

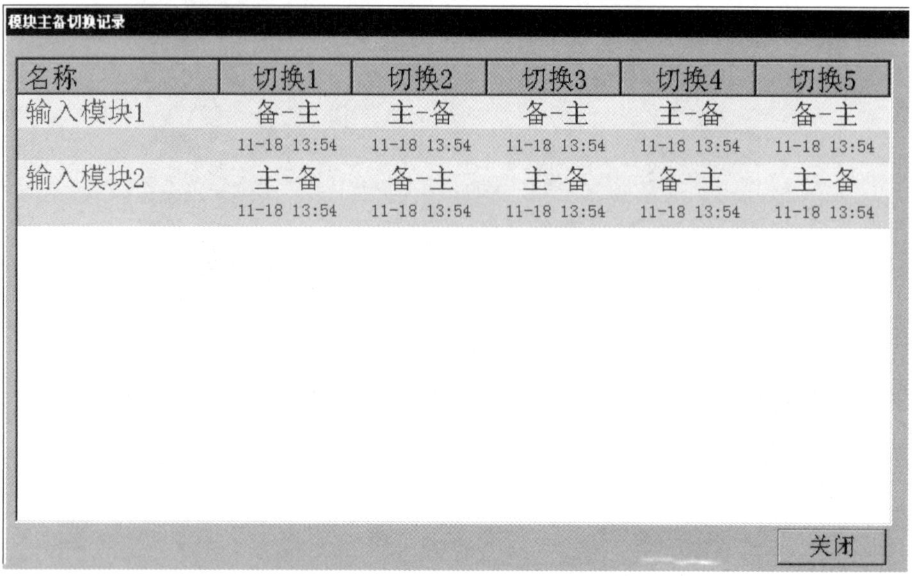

图 8.61　模块切换信息显示界面

（4）查看报警：记录各种报警发生/恢复时间以及故障信息，发生的模拟量故障可通过点触"查看"浏览该模拟量故障发生及恢复的历史曲线，曲线的中间点为故障发生、恢复时间，曲线两端的时间约为 18 s，如图 8.62 所示。

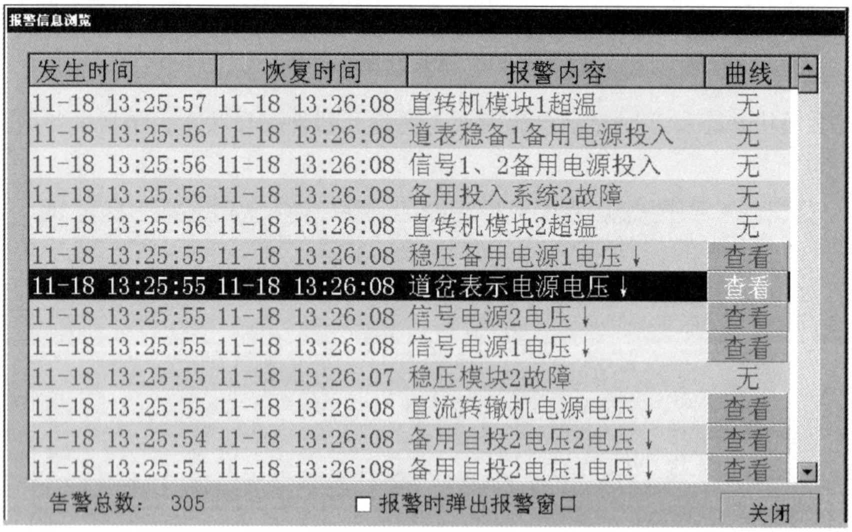

注：↑表示模拟量超限报警，↓表示模拟量低限报警。

图 8.62　报警信息显示界面

（5）漏流功能（可选）：将监测模块面板上的"漏流检测"按钮按下，点触屏幕上"漏流功能"按键进入漏流测试界面，点触"启动测试"，弹出测试提示框，"确认"后，系统开始测试。系统测试完毕后，如图 8.63 所示。相应的漏流测试数据可通过屏幕进行查看，超限的测试数据在数据后方有一个“↑”指示。

注意：当系统菜单“系统管理”→“其他”中有漏流测试功能且系统具备漏流检测分机时，漏流检测功能有效；进行漏流测试，需具备中级（含）以上用户权限。漏流测试完毕务必将监测模块面板上的“漏流检测”按钮复位（按钮内部红灯灭灯，漏流检测报警信息恢复为绿色）。

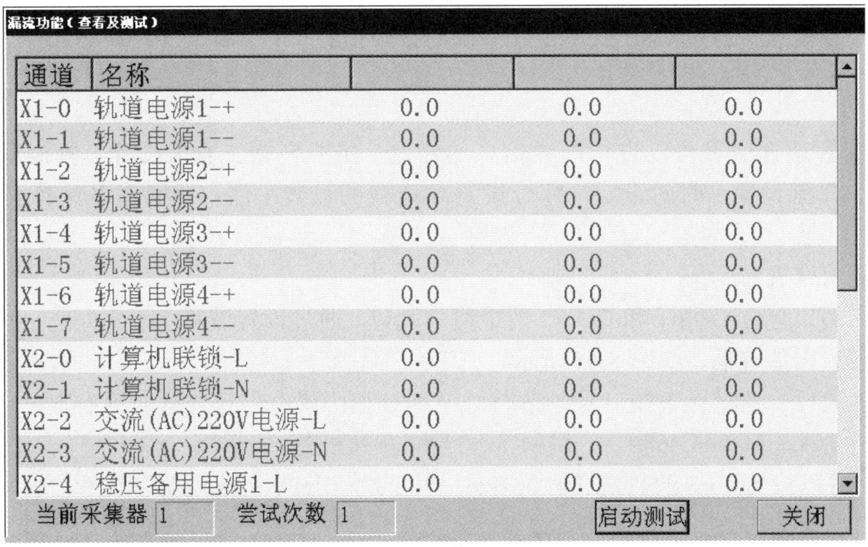
漏流功能（查看及测试）

通道	名称			
X1-0	轨道电源1-+	0.0	0.0	0.0
X1-1	轨道电源1--	0.0	0.0	0.0
X1-2	轨道电源2-+	0.0	0.0	0.0
X1-3	轨道电源2--	0.0	0.0	0.0
X1-4	轨道电源3-+	0.0	0.0	0.0
X1-5	轨道电源3--	0.0	0.0	0.0
X1-6	轨道电源4-+	0.0	0.0	0.0
X1-7	轨道电源4--	0.0	0.0	0.0
X2-0	计算机联锁-L	0.0	0.0	0.0
X2-1	计算机联锁-N	0.0	0.0	0.0
X2-2	交流(AC)220V电源-L	0.0	0.0	0.0
X2-3	交流(AC)220V电源-N	0.0	0.0	0.0
X2-4	稳压备用电源1-L	0.0	0.0	0.0

当前采集器 1 尝试次数 1 启动测试 关闭

图 8.63　漏流测试界面

（6）UPS 监测查看（可选）：当菜单“系统管理”→“通信设置”中，协议不为无时，此按键有效。进入后可查看当前 UPS 的数据信息，如图 8.64 所示。

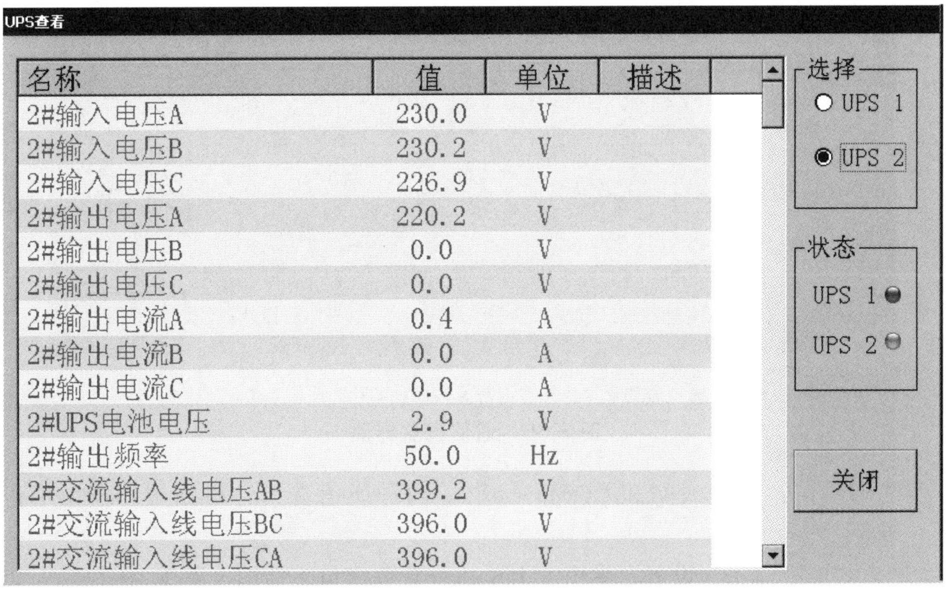
UPS查看

名称	值	单位	描述
2#输入电压A	230.0	V	
2#输入电压B	230.2	V	
2#输入电压C	226.9	V	
2#输出电压A	220.2	V	
2#输出电压B	0.0	V	
2#输出电压C	0.0	V	
2#输出电流A	0.4	A	
2#输出电流B	0.0	A	
2#输出电流C	0.0	A	
2#UPS电池电压	2.9	V	
2#输出频率	50.0	Hz	
2#交流输入线电压AB	399.2	V	
2#交流输入线电压BC	396.0	V	
2#交流输入线电压CA	396.0	V	

图 8.64　UPS 数据信息显示界面

（四）菜单描述

1. 文件操作

导出设置：实现将系统的配置和信息导出到 USB 设备中。
导入设置：通过 USB 设备更新系统的配置信息。
导出报警信息：实现将监测报警信息导出到 USB 设备中。
导入报警信息：通过 USB 设备更新系统的报警信息。

2. 系统管理

在系统管理选项里可以进行配置信息的修改。主要包括：通信设置、模拟量设置、开关量设置、漏流设置、时间设定、综合设置等选项的设置（注：此操作需具备高级用户权限）。

（1）通信设置。

本监测端口包含 COM1 和 COM2 两个通信端口。通过设置波特率、数据位、停止位和校验位，实现数据的传输，如图 8.65 所示。

以太网通信：通过设置端口号、站码、IP 地址、协议，实现数据的传输。

上位机协议：709#、458#、心跳帧 7 号线和 709#报警。

UPS：可以设置 UPS 的数量和协议名称，可点击"UPS 协议说明"查看。

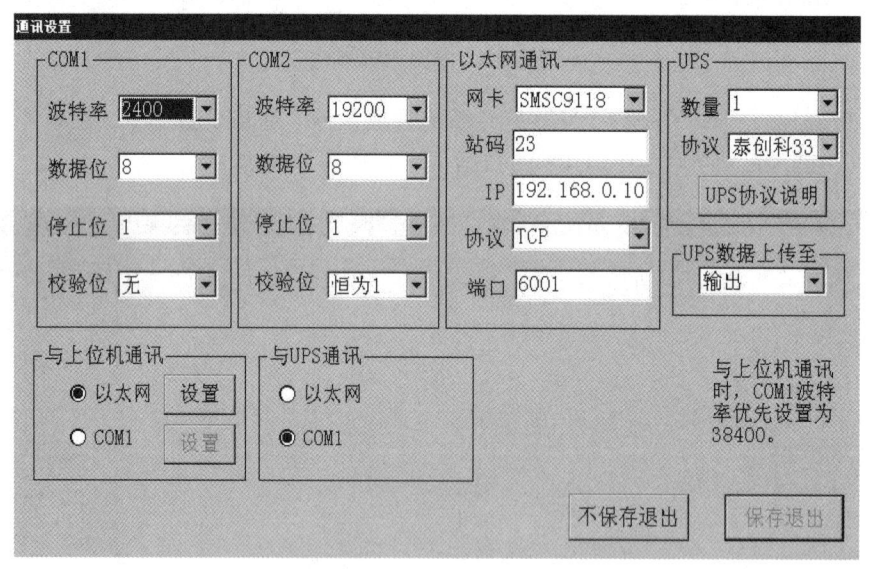

注意：修改通信设置后，要重新启动方可使设置有效。

图 8.65　通信设置界面

与上位机通信：有以太网和 COM1（485）两种通信端口，根据用户需求可以灵活配置。

以太网方式时，点击"设置"弹出"上位机设置"窗口，如图 8.66 所示；点击"添加"，在弹出的"上位机添加"窗口中添加上位机通讯协议和 IP 地址（客户端），如图 8.67 所示。

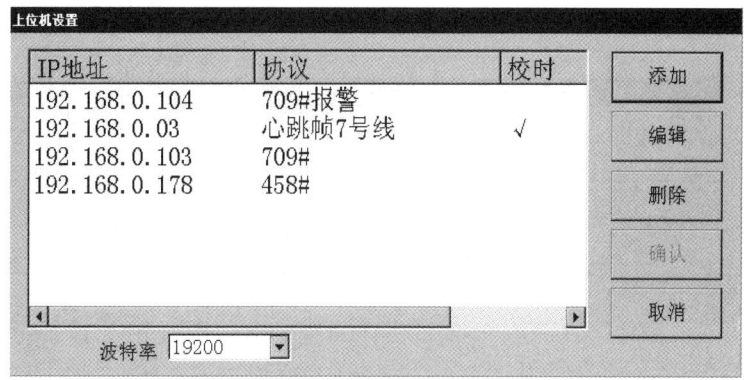

注：波特率为设置当前上位机上传速率的控制。

图 8.66 "上位机设置"窗口

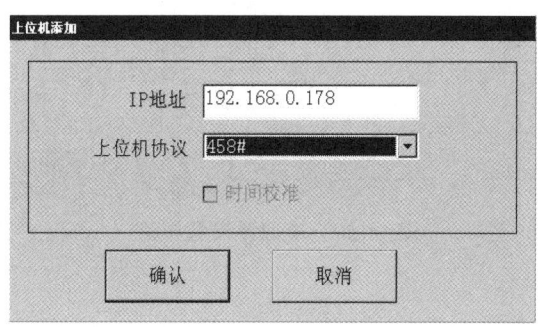

图 8.67 "上位机添加"窗口

Com1 方式时，则点击"设置"后弹出"COM1 协议选择"窗口，其中有 458#和 709#两种协议可供选择，按照实际情况进行配置即可，如图 8.68 所示。

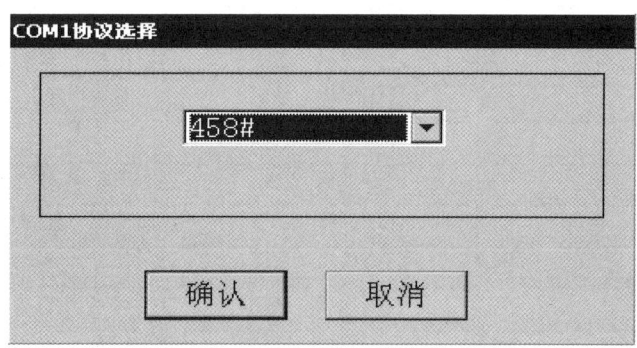

注意：修改通讯设置后，要重新启动，方可使设置有效。

图 8.68 "COM1 协议"选择窗口

（2）模拟量设置。

模拟量设置界面如图 8.69 所示。所有设置内容根据技术监测量表文件进行设定，报警限值可根据实际需要进行调整。

图8.69 模拟量设置界面

（3）开关量设置。

开关量设置界面如图8.70所示。所有设置内容均可根据技术监测量表文件进行设定。

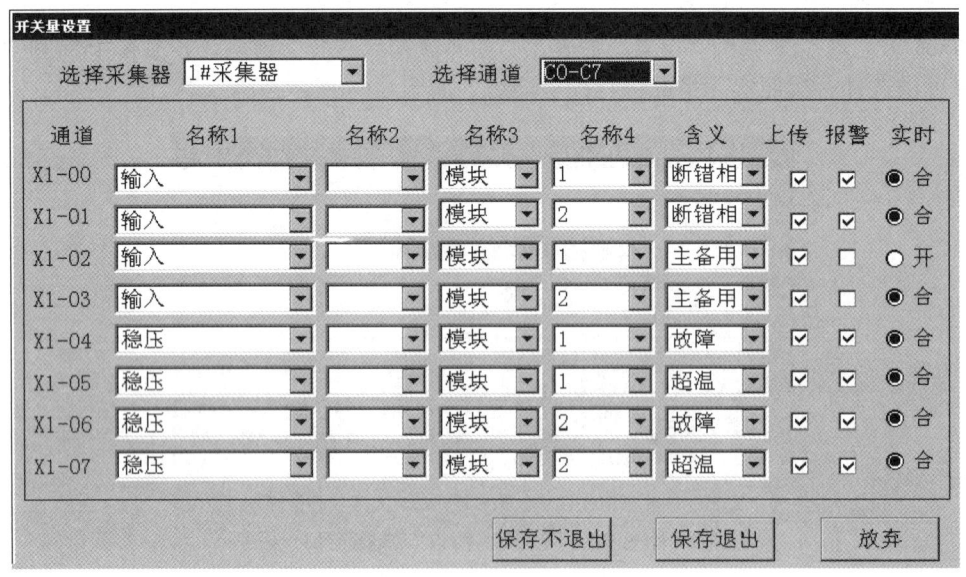

图8.70 开关量设置界面

（4）漏流设置。

漏流设置界面如图8.71所示。所有设置内容均可根据技术监测量表文件进行设定，报警限值可根据实际需要进行调整。

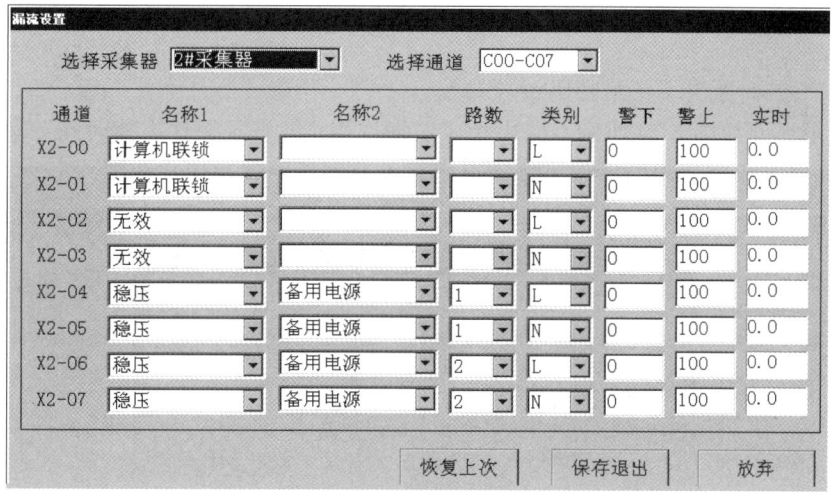

图 8.71 漏流设置界面

(5) 时间设定。

时间设定界面如图 8.72 所示。可通过时间设定界面设定系统时间。

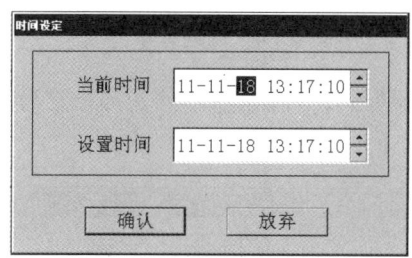

图 8.72 时间设定界面

(6) 综合设置。

综合设置界面如图 8.73 所示。所有设置内容均可根据技术监测量表文件进行设置，但建议不要修改。

通过点触"删除报警信息"按键，可将保存的报警信息内容全部删除。

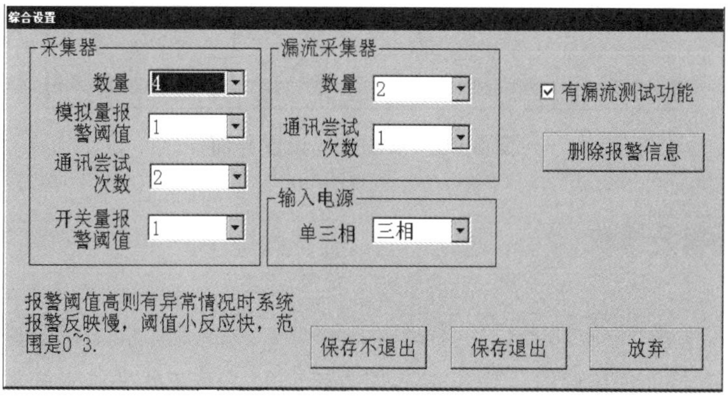

图 8.73 综合设置界面

221

3. 用户管理

(1) 用户登录/退出（初始密码：1234）。

系统登录界面如图 8.74 所示。选中相应的操作用户，选择操作有效时间，输入密码，按"确认"后可进入相应权限的操作。按"退出登录"则返回普通用户权限。

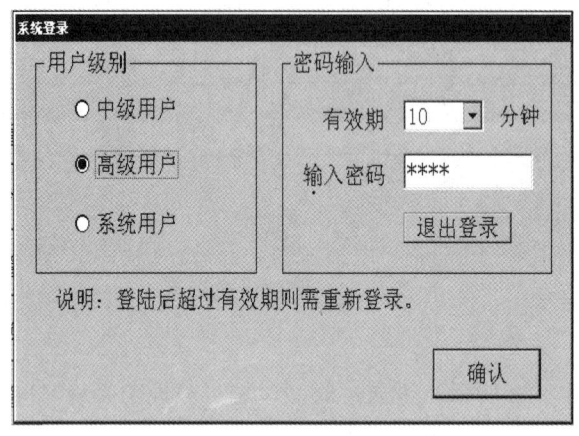

图 8.74　系统登录界面

(2) 用户维护。用户可以通过修改登录权限的密码来进行维护。系统密码设置界面如图 8.75 所示。

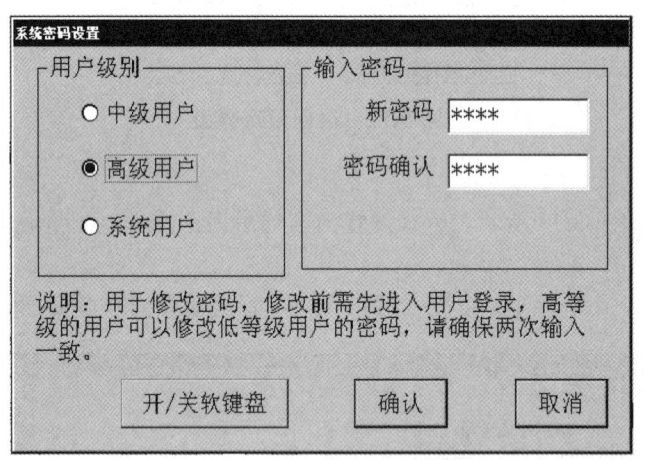

图 8.75　系统密码设置界面

六、系统检修及维护

（一）系统检修注意事项

对系统输入模块进行检修时，应保证备用直供的输入电源处于正常状态。将该路电源直供开关闭合后，断开模块输入开关，即可对输入模块进行检修。如果供电不可靠，在检修时停电，系统不能转至另一路电源供电，会导致整个系统无输出。

对 25 Hz 电源模块和交流 220 V 电源模块进行检修时，应先确认备用模块处于正常状态后再断开待检修模块的输入开关，此时备用模块带负载；恢复供电时应先将模块插入后再闭合模块的输入开关，确认模块正常后，可通过断开主/备用模块的输入开关来验证模块转换功能是否正常。

对直流电源模块进行检修时，可关闭故障模块的输入开关，更换正常模块即可。

更换 24~120 V 可调压直流电源模块时，应将输出电压与现场使用电压调整成一致。（特别注意：同一绕组的不同抽头严禁用导线相连，否则将烧毁变压器绕组。）

屏内设有监测及报警回路，在输入、输出模块故障时，模块故障指示灯点亮，同时接通声光故障报警回路。此时可转动监测模块上的开关 HK 至故障"消音"位置并查找故障原因。当故障修复后，故障报警器亦会鸣响，以提醒值班员将 HK 恢复至正常"监督"位置。智能监测系统具有良好的人机界面，值班人员可根据汉字提示进行操作。

（二）日常维护

为保证系统安全、稳定运行，应对电源屏进行日常和定期保养及维护。

（1）定期检查两路电源手动/自动转换情况及高频交流电源模块、高频 25 Hz 电源模块主备用状态，看转换动作是否灵活可靠，主、备间相互转换是否正常，报警电路是否正常。注意：以上检查应在车站作业空闲时进行。

（2）定期对电源屏进行清扫除尘，冷却风扇（如有）的进/出风口、接线端子及断路器表面为重点清扫部位。

（3）定期测量输入、输出端电压，比较其与监测系统、模块仪表的差值，以确认测量精度在范围之内，其中监测系统误差为 ±1%（1/2 量程以上），模块仪表误差为 ±2.5%（1/2 量程以上）。

（4）定期检验防雷元件性能，特别是在雷雨天气前后；日常巡检时应注意观察防雷元件的失效指示窗口是否变红色，如果窗口变红色应及时更换新防雷元件。

（5）用 DC 500V 兆欧表定期测量对地绝缘电阻，测量前应取下防雷模块。

（6）LYR 系列输入模块维护：

① 接触器维护：建议每 3 年对 LYR 系列输入模块中的接触器触点进行目视检查，如发现触点表面有电弧烧灼产生的毛刺、凹陷且变形严重时，应进行触头打磨或更换接触器。

② 建议每 3 年对 LYR 系列输入模块中电气元件的紧固螺钉和接线螺栓进行检查紧固，确认无松动及脱落现象。

（7）高频开关电源维护：

① 使用年限超过 5 年之后，建议做一次性能指标检测，确认其输出指标满足使用要求。

② 日常巡检时，对采用并联均流工作方式的直流高频开关电源，应注意观察电源模块自身仪表显示的电流值，判断其均流状态是否符合要求。

（8）建议每 3 年对 LYB 隔离组件中电气元件的紧固螺钉和接线螺栓进行检查紧固，确认无松动及脱落现象；检查屏内分流器的接线端子，确认紧固状态良好；检查断路器、变压器、防雷元件的接线端子，确认紧固状态良好。

（9）日常可用手掌轻触模块面板的方式判断模块温升状况，模块正常工作温度可以手掌能够长时间接触模块面板为粗略判断标准。对于并联均流工作方式的直流开关电源模块，当模块均流精度符合要求时，如果其中个别模块出现温度较其他模块高的情况，应着重关注该模块的工作状况，以防模块突然发生故障。

（10）建议两路输入电源的相间电压（即 A1-A2、B1-B2、C1-C2 间的电压）应尽量保持在 100 V 以下，以减小输入交流接触器的在两路切换时的触头电腐蚀及切换浪涌电流。

（11）所有冷备用的电源模块、电子板件，存储时间超过一年后，在投入使用前应单独通电进行测试，确认状态良好再投入使用。

（12）根据使用情况，对监测模块内的蓄电池进行更换，一般不超过三年。

七、故障处理

（一）输入配电回路应急故障处理（见表 8.9）

表 8.9 输入配电回路应急故障处理

序号	故障现象	故障分析	故障应急处理
1	主用/备用模块之间不能转换	接触器常闭互锁接点接线接触不良	先滑动机械互锁装置，闭合输入直供开关 1PK 或 2PK，将该路输入电源转为直供供电，立刻更换输入模块
2	输入模块工作正常，工作指示灯点亮，但后级部分模块无供电电源，导致部分输出电源停电	接触器主回路接线接触不良	按压工作模块上的转换按钮进行手动转换，转至另一路输入电源工作。若此时另一输入电源也因故障无法投入，应急可先滑动机械互锁装置，闭合输入直供开关 1PK 或 2PK，采用输入直供方式。然后及时更换故障模块，或严格按输入模块检修方法查找故障点
3	输入有电，断相/错相报警，模块不工作	控制回路断线或相序保护器故障	判定输入正常时，则为输入模块内部故障。若另一路输入电源也无法投入工作，应急可先滑动机械互锁装置，闭合输入直供开关 1PK 或 2PK，采用输入直供方式。然后及时更换故障模块或严格按输入模块检修方法，查找故障点

（二）输出配电回路应急故障处理（见表8.10）

表8.10 输出配电回路应急故障处理

序号	故障现象	故障分析	故障应急处理
1	25 Hz电源某路无输出	主回路故障或模块故障	检测25 Hz交流电源主回路输入/输出开关、汇流排、隔离组件、端子等部位，更换相关故障器件或模块
2	直流电源某路无输出	主回路故障或模块故障	检测直流电源主回路输入/输出开关、汇流排、端子等部位，更换相关故障器件或模块
3	AC 220 V等交流电源无输出	主回路故障或模块故障	检测AC 220 V等交流电源主回路输入/输出开关、隔离组件、端子等部位，更换相关故障器件或模块

（三）监测回路应急故障处理（见表8.11）

表8.11 监测回路应急故障处理

序号	故障现象	故障分析	故障应急处理
1	输出电源欠压，导致停电	电源输出开关脱扣	检查是否电源输出端短路或输出过负载
2	通信状态中某一分机指示变红	通信线断开或监测分机故障	检查通信线连接；断开监测模块输入电源开关，备用监测分机拨好地址码后进行更换
3	电压/电流值显示与实际值有较大出入（可能过压、欠压、过流报警）	监测分机故障	断开监测模块输入电源开关，备用监测分机拨好地址码后进行更换

复习思考题

1. 何谓智能型信号电源屏？
2. 智能型信号电源屏应用了哪些先进的技术？
3. 智能型信号电源屏遵循了哪些技术原则？
4. 什么叫零中断？实现零中断有哪几种技术？
5. 什么叫假性并联？
6. 信号设备对智能型电源屏有哪些技术要求？
7. 智能型信号电源屏分为哪几种？每种电源屏的特点是什么？
8. 智能型信号电源屏的监测系统分为哪几种类型？
9. 第三代智能型信号电源屏采用了哪些技术措施？
10. PDZG智能型综合信号电源系统由哪些设备构成？
11. PDZG智能型综合信号电源系统有哪些特点？

12. 试述 PDZG 智能型电源屏两路电源切换电路的工作原理。
13. FV 模块是怎么实现过、欠压保护作用的?
14. 什么是"N+1"热备用? 备用模块是如何工作的?
15. 试述 PDZG 电源屏各电源输出控制原理。
16. PDZG 电源屏当任意一个模块出现故障时，电源屏如何工作?
17. PDZG 电源屏直流模块是怎么实现短路保护的?
18. PDZG 电源屏直流模块是怎么实现过压保护和欠压保护的?
19. PDZG 电源屏直流模块是怎么实现过温保护的?
20. PDZG 电源屏监测单元有哪些功能?
21. 简述 PDZG 电源屏监测模块的操纵方法。
22. 如何设置 PDZG 电源屏模拟量屏蔽的启动项?
23. 如何设置 PDZG 电源屏模拟量告警参数?
24. 如何设置 PDZG 电源屏开关量屏蔽的启动项?
25. 简述 PDZG 智能型电源屏日常维护内容及方法。
26. PZ 系列智能信号电源屏的特点有哪些?
27. PZ 系列智能信号电源屏由哪些设备构成?
28. HXD-C 型模块具有哪些功能?
29. PZ 系列电源屏中使用的直流模块具有哪些功能?
30. PZ 系列智能电源屏的监控模块由哪些设备构成?
31. PZ 系列智能电源屏的监控模块如何操作?
32. PZWJ-35/380/25 型智能电源屏由哪些设备构成?
33. 试述 PZWJ-35/380/25 型智能电源屏切换系统的工作原理。
34. 试述 PZWJ-35/380/25 型智能电源屏切换逻辑板的功能。
35. 简述 PZWJ-35/380/25 型智能电源屏切换驱动板的工作原理。
36. PZWJ-35/380/25 型智能电源屏掉电监测板的作用是什么?
37. PZWJ-35/380/25 型智能电源屏 25 Hz 轨道电源是如何实现短路切除功能的?
38. PZWJ-35/380/25 型智能电源屏监控模块有哪些监控作用? 如何实现的?
39. 简述 PZWJ-35/380/25 型智能电源屏的日常维护内容及方法。
40. 简述 DSG 系列铁路信号智能电源屏电路原理
41. 简述 DSG 系列铁路信号智能电源屏系统特点。
42. 简述 DSG 系列铁路信号智能电源屏系统组成。
43. 简述 DSG 系列铁路信号智能电源屏检修作业标准。
44. 日常如何保养信号智能电源屏?
45. 简述 DSG 系列铁路信号智能电源屏常见故障及处理方法。

第九章 通信电源系统概述

第一节 通信设备对电源系统的要求

通信电源是通信设备的"心脏",在通信局中具有不可比拟的重要地位。随着通信事业的飞速发展和通信设备的不断更新,现代通信对通信电源的要求也越来越高。通信设备对电源系统的一般要求是:可靠、稳定、小型、高效率。

1. 可　靠

为了确保通信畅通,除了必须提高通信设备的可靠性外,还必须提高电源系统的可靠性。通常,电源系统要给许多通信设备供电,因此电源系统发生故障后,对通信的影响很大。许多城市的电话局容量普遍在 2 万门以上,电信综合枢纽楼的装机容量和规模更大,负担的通信任务非常重要,一旦电源中断,将造成巨大的经济损失和极坏的社会影响。现在较先进的开关整流器都采用多个整流模块并联工作的方法,这样当某一个模块发生故障时不会影响供电。

为了确保可靠供电,由交流电源供电的通信设备都应当采用不间断电源(UPS)。在直流供电系统中,应当采用整流器与电池并联浮充电方式。此外,还必须提高各种通信电源设备的可靠性。目前,先进的通信电源设备的平均无故障时间可达 20 年。

2. 稳　定

各种通信设备都要求电源电压稳定,不能超过允许变化范围。电源电压过高,会损坏通信设备中的电子元件;电源电压过低,通信设备不能正常工作。此外,直流电源电压中的脉动杂音也必须低于允许值,否则,也会影响通信质量。

3. 小　型

随着集成电路的迅速发展和应用,通信设备正在向小型化、集成化方向发展。为了适应通信设备的发展,电源装置也必须实现小型化、集成化。各种移动通信设备和航空、航天装置中的通信设备更要求电源装置体积小、质量小。为了减少电源装置的体积和质量,各种集成稳压器和非工频变压器的开关电源得到越来越广泛的应用。近年来,国外在通信设备中已大量采用工作频率高达几百千赫且体积非常小的谐振型开关电源。

4. 高效性

随着通信设备的用电量日益增加,电源系统的负载也不断增大。为了节约电能,必须设法提高电源装置的效率。据国家统计部门和邮电部门公布的统计数字,1992 年邮电部门用电量为 25 亿 kW·h，占当年全国发电量的 0.339%，1993 年该百分比上升到 0.45%，1995 年该百分比超过 0.5%，1997 年该百分比超过 0.60%，如果再加上其他专业通信网的用电量，这个百分比更大，因此必须采用各种措施，提高能源利用率和经济效益。

节能的主要措施如下：

（1）采用高效率通信电源设备。过去，通信设备大多数都采用相控型整流器，这种电源效率低（小于 70%），变压器损耗较大。PWM 型开关电源效率超过 80%，谐振型开关电源效率超过 90%，因此采用谐振型开关电源可以大大节约能源。

（2）采用分散供电系统。在通信设备的容量不断增加的情况下，大型通信局所需的总电流达到 5 000 ~ 6 000 A，采用集中供电系统，将造成巨大的能源损耗。为了节约能量，应尽量采用分散供电系统。

（3）采用自然能。有些通信设备和光缆干线的无人值守站，采用了太阳能电源和风力发电系统。

第二节　通信电源系统的组成

为各种通信设备及保证通信的建筑负载供电的多种电源设备组成的系统，称为通信电源系统。该系统由交流供电系统、直流供电系统和相应的接地系统组成。为了保证稳定、可靠、安全供电，通信电源系统采用的供电方式有集中供电、分散供电和混合供电。

一、集中供电方式电源系统的组成

集中供电方式电源系统的组成如图 9.1 所示。该系统由交流供电系统、直流供电系统、接地系统和集中监控系统组成。

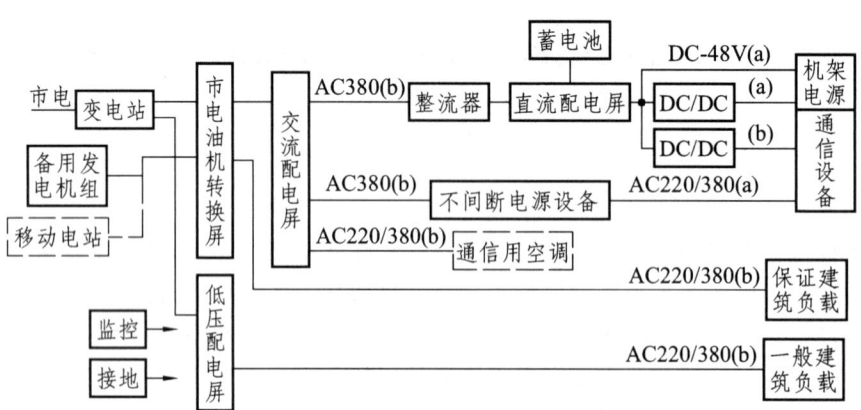

图 9.1　集中供电方式电源系统的组成

（一）交流供电系统的组成

通信电源的交流供电系统包括变电站供给的交流电源（高压市电或低压市电），油机发电机供给的自备交流电源以及由整流器、蓄电池和逆变器组成的交流不间断电源。电信局的电源一般都由高压电网供给。为了提高供电可靠性，重要通信枢纽局一般都由两个变电站引入两路高压电源，并且用专线引入，一路主用，另一路备用。

电信局内通常都设有降压变电室，室内有高、低压配电屏和降压变压器。通过这些变、配电设备，先把高压电源（一般为 10 kV）变为低压电源（三相 380 V），然后供给整流设备和照明设备。

在高层通信大楼中，为了缩短低压供电线路，降压变电站可设在主楼内。此时，电力变压器应选用干式变压器，配电设备中的高压开关应选用户内高压真空断路器。

为了不间断供电，电信局内一般都配有油机发电机组。当市电中断时，通信设备可由油机发电机组供电。目前，国内已开始采用无人值守自动启动油机发电机组，当市电中断后，这种油机发电机能自动启动。由于市电比油机发电机供电更经济可靠，所以，在有市电的条件下，通信设备一般都应由市电供电。

低压市电和油机发电机的转换可通过低压交流配电屏完成。低压交流配电屏还可以将低压交流电分别送到整流器、照明设备和空调装置。此外，它还能监测交流电压和电流的变化，当市电中断或电压发生较大变化时，能够自动发出告警信号。

为了确保通信电源不中断、无瞬变，近年来，在卫星通信地球站等通信系统中，已开始采用静止型交流不间断电源。这种电源系统一般由蓄电池、整流器、逆变器和静态开关等部分组成。市电正常时，市电经整流和逆变后，给通信设备供电，蓄电池处于并联浮充状态。当市电中断时，蓄电池通过逆变器给通信设备供电。逆变器和市电的转换由交流静态开关完成。

（二）直流供电系统

通信设备的直流供电系统由整流器、逆变器、直流变换器和直流配电屏等部分组成。整流器的交流电源由交流配电屏引入，整流器的输出端通过直流配电屏与蓄电池和负载连接。当通信设备需要多种不同数值的电压时，可以采用直流变换器将基础电源的电压变换为所需的电压。由于直流供电系统中设置了蓄电池组，因此可以保证不间断供电。

目前，广泛应用的直流供电方式为并联浮充供电方式。并联浮充供电方式是将整流器和蓄电池并联后对通信设备供电。在市电正常的情况下，整流器一方面给通信设备供电，一方面又给蓄电池充电，以补充蓄电池因局部放电而失去的电量。在并联浮充工作状态下，蓄电池还能起一定的滤波作用。在市电中断时，蓄电池单独给通信设备供电。由于蓄电池通常处于充足电状态，所以市电短期中断时，可以由蓄电池保证不间断供电。若市电中断期过长，则整流器应由油机发电机组供电。并联浮充供电方式的优点是结构简单、工作可靠，供电效率也较高。但是，采用这种工作方式时，在浮充工作状态下，输出电压较高，当蓄电池单独供电时，输出电压较低，因此，负载电压变化范围较大。近年来，许多通信设备的直流电源电压允许变化范围很宽（36~72 V），所以，通常不需要采用蓄电池或硅管降压供电方式。

（三）接地系统

为了提高通信质量、确保通信设备与人身的安全，通信电源的交流、直流供电系统都必须有良好的接地装置。

1. 交流接地

电信局一般都由交流三相电源供电，为了避免因三相负载不平衡而使各相电压差别过大，三相电源的中性点都应当直接接地。这种接地称为交流工作接地，接地线一般称为零线。当变压器的容量在 100 kV·A 以下时，接地电阻应不大于 10 Ω；当变压器的容量在 100 kV·A 以上时，接地电阻应不大于 4 Ω。

2. 直流接地

在直流供电系统中，由于通信设备的需要，蓄电池组的正极（或负极）必须接地。这种接地通常称为直流工作接地。此外，在直流供电系统中，还常常埋设一组供测量用的接地装置，这种装置称为测量接地装置。

3. 保护接地和防雷接地

① 保护接地：为了避免电源设备的金属外壳因绝缘损坏而带电，与带电部分绝缘的金属外壳必须直接接地，这种接地称为保护接地。这种接地的接地电阻应不大于 10 Ω。

② 防雷接地。为了防止因雷电而产生的过电压损坏电源设备，在通信电源、系统中，一般避雷器还设有防雷接地装置。这种装置的接地电阻应小于 10 Ω。当电网遭受雷击时，防雷地线中的瞬时电流很大，因而，在地线上将产生很高的电压降。

4. 联合接地

各类通信设备的交流工作接地、直流工作接地、保护接地和防雷接地共用一组接地体的接地方式，称为联合接地方式。这种接地方式具有良好的防雷和抗干扰作用。

联合接地方式由接地体、接地引入线、接地汇集线和接地线四部分组成，如图 9.2 所示。

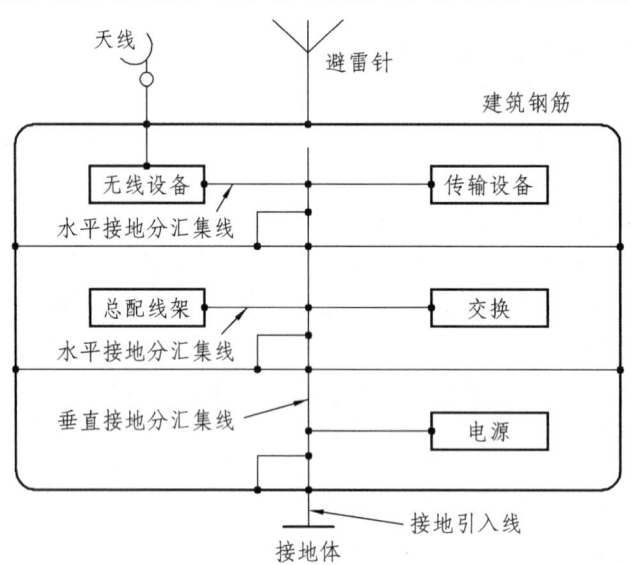

图 9.2 联合接地方式

① 接地体：接地体又称为接地电极或地网，它与土壤形成电气接触，可将各地线中的电流汇入大地。采用联合接地方式时，接地体一般由建筑混凝土内的钢筋和建筑物四周敷设的环形接地电极组成。

② 接地引入线：接地体与接地总汇集线之间的连线，称为接地引入线。为了提高使用寿命，接地引入线应进行防腐处理。

③ 接地汇集线：接地汇集线是指与各通信机房接地线相连的接地干线。为了减少地线上杂散电流回窜，接地汇集线分为垂直接地总汇集线和水平接地分汇集线两部分。垂直接地总汇集线是垂直贯穿于通信局各层楼的接地主干线。它的一端与接地引入线相连；另一端与各层楼的钢筋和水平接地分汇集线相连，形成辐射状结构。水平接地分汇集线应分楼层设置，各通信设备的接地线应就近接入水平接地分汇集线。

④ 接地线：各类通信设备的接地端与水平接地分汇集线之间的连线，称为设备的接地线。接地线的截面积应根据设备接地要求确定，并且不准使用裸线。

二、分散供电方式电源系统的组成

1. 基本结构

分散供电方式电源系统组成框图如图 9.3 所示。采用分散供电方式时，交流供电系统仍采用集中供电方式。交流供电系统的组成与集中供电方式相同。直流供电系统可分楼层设置，也可按各通信系统设置。阀控式免维护蓄电池组可设置在电池室内，也可与通信设备设置在同一机房内。在各个分设的直流供电系统中，每部分可以采用较小容量的电池组。

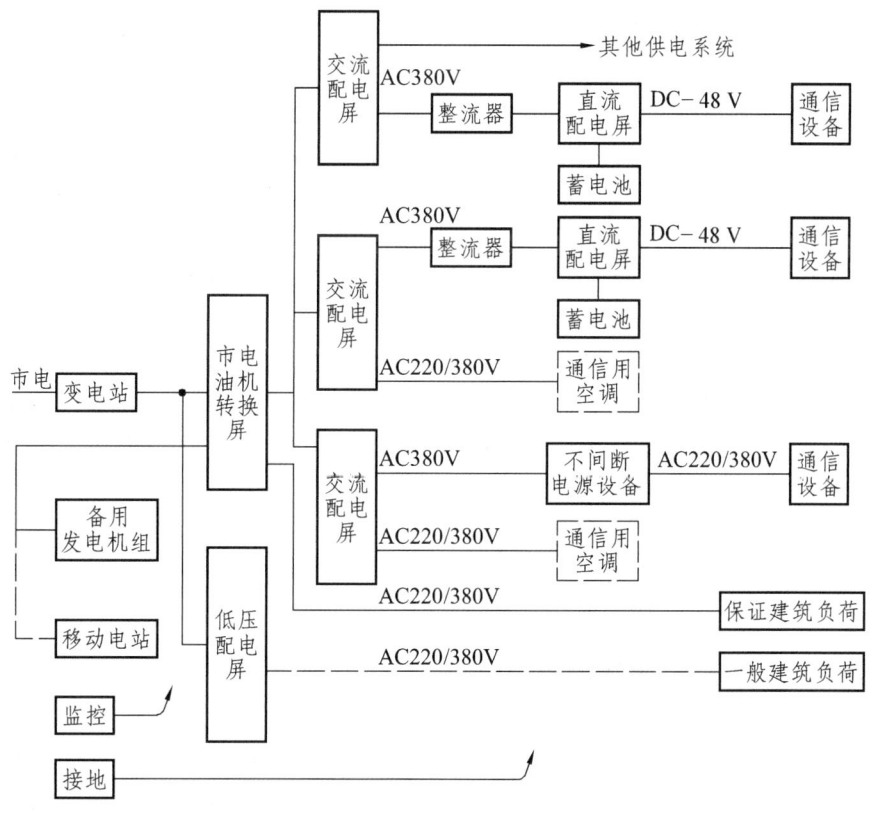

图 9.3 分散供电方式电源系统组成框图

2. 分散供电方式的优点

为了适应超大容量通信枢纽的要求，分散供电系统已成为必然的选择。因为近年来在大型枢纽和高层局内，通信设备的容量迅速增加，所需的供电电流大幅提高，有时需要几千安的电流，集中供电系统很难满足通信设备的要求。同时，采用集中供电系统时，电源出现故障，将造成大范围通信中断，从而造成巨大的经济损失和极坏的社会影响，采用分散供电系统后，可以极大地缩短蓄电池与通信设备之间的距离，大幅度减小直流供电系统的损耗。

采用分散供电系统后，从电力室到各通信机房采用高电压交流市电供电，线路的损耗很小，可以极大地提高馈线的送电效率。

总之，将大型通信枢纽或高层通信局的通信设备分为几部分，每一部分都由容量合适的电源设备供电，不仅能充分发挥电源设备的性能，而且还能大大缩小电源设备故障造成的影响，同时，还能节约大量能源，因此，目前各国的通信大楼一般采用分散供电方式。

3. 分散供电需考虑的问题

（1）要考虑将蓄电池放在通信机房是否会污染机房的问题。20 世纪 80 年代，我国也曾提出过将电源设备分散安装在各个机房内的分散式供电方式，只是由于电池未过关而未被重视。但是现在，阀控式密封铅酸蓄电池密封度很高，可以不必担心酸雾泄露。

（2）在集中供电系统中，电力室一般都放在最底层，而通信机房则在二、三层楼，要考虑楼板是否能承受笨重的电源设备的压力。

① 今后电源设备也与通信设备一样，向小型化方向发展，开关电源替代了带有笨重工频变压器和低频滤波器的相控电源。

② 在设计电池容量时，由于要保证空调正常运行，故必须保证交流供电。蓄电池单独供电的时间仅仅是在市电停供至油机尚未开出的短暂期间内，平时仅起滤波作用。在计算电池容量时，只考虑 15 min，最多也不过 1 h，这就极大地缩小了电池的体积和质量。

③ 将通信机房内直流供电系统分成几个独立单元，每个单元包括一部整流器和一组电池，实行 N + 1 的供电方式。例如，某机房满负载供电需 48 V/500 A，可以设计一个 500 A 直流屏，6 个 100 A 整流模块（即 500 + 100）。平时 6 个模块均热备，同时供电，电流均分。其中一个模块障碍时，总负载由其他 5 个模块均分，值班人员可立即更换障碍模块，待修复后换上。电池同样可以分为 6 组，每组为 48 V/100 A，与自身独立单元整流模块并联浮充供电于负载。很明显，这种分散供电方式运行时不可能所有模块同时发生故障，可靠性要远大于集中供电。

总之，在设计指导思想上，必须将传统的以蓄电池为主要供电设备，改变为以确保交流电的供应为主，才能满足现代通信的需要。

三、混合供电方式电源系统的组成

光缆无人值守中继站和微波无人值守中继站，通常采用交流市电电源与太阳能电源（或风力发电机）组成的混合供电方式。采用混合供电方式的电源系统由太阳能电源、风力发电机、低压市电、蓄电池组、整流配电设备及移动电站等部分组成，如图 9.4 所示。

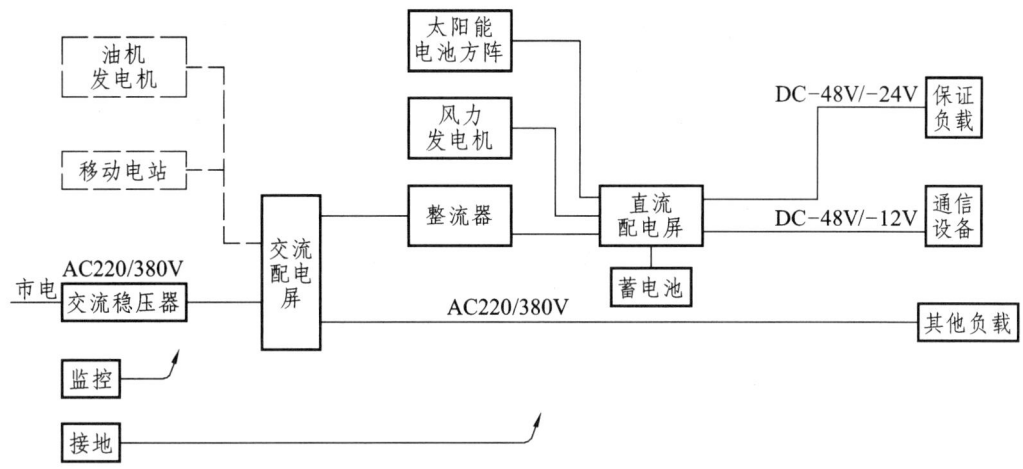

图 9.4 混合供电方式电源系统组成框图

应当注意，通信容量较大的微波无人值守中继站，为了降低电源系统的造价，不宜采用太阳能供电。目前，普遍采用市电与无人值守油机发电机组相结合的交流供电系统，也可以采用交流不间断供电系统，以保证市电中断后，立即启动油机发电机组，保证交流电源不中断或只有短时间中断，在交流电源中断期间，通信设备可由容量很小的蓄电池组供电。

微波无人值守中继站和光缆无人值守中继站，大部分都处在远离城市的农村，通常市电的质量较差，电压波动范围较大，因此，在市电引入端通常应加入调压器或交流稳压器。

四、通信电源的分级

不论是交流不间断供电系统还是直流不间断供电系统，都是以交流市电或备用发电机组作为电源，再变换为不间断的交流或直流电源去供给通信设备。而通信设备内部电路需要的多种电压等级的直流电源，再通过 DC/DC 变换器或 AC/DC 整流器来获得。因此，从功能及转换层次来看又可将整个电源系统划分为三级。国外将交流市电和备用发电机组部分称为第一级电源，这一级是保证提供能源，但不保证不间断。而上述交流不间断电源设备和直流不间断电源设备则称为第二级电源，它保证通信供电的不间断。此外，通信设备内部电路需要的多种直流电压通过 DC/DC 变换器或 AC/DC 整流器来获取，这一级电源称为第三级电源，它常为插板电源或板上电源，板上电源在我国习惯称为模块电源。对第三级电源则称为二次电源或机架电源，而第二级电源称为基础电源。但实际上第一级电源又是第二级电源的基础。把第二级电源称为基础电源，则第一级电源只能称为交流电源系统，但这样一来又将和直流供电系统相对应的交流供电系统发生混淆。虽然说名词称谓是约定俗成的，但也应有它们的明确定义和讲究其科学性，且最好和国际上的称谓相一致。

综上所述，将通信电源系统分为交流不间断电源系统和直流不间断电源系统两大部分，并根据能量转换层次分为三级是比较合理的。欧洲通信标准委员会已根据上述三级电源的组成,在 1995 年制定了第二级电源和含第三级电源的主机设备的连接界面上的技术要求的标准 ETS300132。它分为 A、B 两部分：A 部分为交流供电系统；B 部分为直流供电系统。明确了通信设备的输入端作为界面规范的测试点。

虽然在直流供电系统和交流供电系统的第二级以及交流供电系统的第三级电源中都有整流器，但要求不尽相同，例如，交流供电系统第二级电源中的整流器并不直接连接通信设备，故对整流器的输出杂音要求可较低。而第三级电源中的整流器因无电池并联，故动态要求相对较高。

1995 年，我国制定了《通信局站电源系统总体技术要求》。

第三节　通信电源系统的发展概况

一、变换技术向高频化发展

20 世纪 60 年代中期，美国已研制成 20 kHz DC/DC 变换器及半导体开关管，并应用于微波通信。到了 20 世纪 70 年代初期，该项技术已被先进国家普遍采用，其中最有成效的是由这种半导体开关管和变换技术组成整流电路，三相交流电源不经过 50 Hz 工频变压器，而是直接整流，再由逆变器变成高频交流，经再一次整流变成通信设备所需各种直流电源。

用 20 kHz 高频变压器取代 50 Hz 工频变压器，使整流器中的关键元件"工频变压器和滤波电感"大大缩小，使整个整流器的质量、体积大幅度减小，并消除了噪声，提高了功率因素，改善了可控硅对电源波形造成的畸变。

20 世纪 80 年代初英国采用上述原理，研制了第一套完整的 48 V 成套电源，即目前所谓的开关电源。

场效应晶体管的问世，使关断时间和存储时间大大缩短，从而提高了开关频率，从 20 kHz 一次提到 50 kHz，目前，最高频率已达 500 kHz。

目前，用于通信设备的机架电源或组成基础电源系统的 DC/DC 变换器，其变换频率一般为 500 kHz 以下，输出功率为 300 W 以下。这种 DC/DC 变换器技术成熟、可靠性高、效率高，国内外应用十分广泛。更高频率的 DC/DC 变换器现处于研究阶段，法国研制的 500 W/1 MHz 的 DC/DC 变换器和韩国研制的 500 W/2 MHz 的 DC/DC 变换器是典型的新一代 DC/DC 变换器，均采用谐振变换技术和零电压（ZVS）或零电流（ZCS）技术，其体积、质量进一步减小，然而这种技术有待进一步成熟和完善。

二、向 TRC（时间比例控制）发展

开关电源的诞生，使电源输出电压的控制，完全由 TRC 取代以前的相控和铁磁谐振控制等方式。目前，常用 TRC 方式可分为以下几种。

① 脉频调制：占空比不变，通过改变脉冲频率来控制输出电压的稳定。
② 脉宽调制：频率不变，通过用脉冲占空比来控制输出电压的稳定。

三、向分散式供电方式发展

通信电源供电体制正在从集中供电向分散供电发展。发达国家均已开始采用分布式电源设备和分散供电方式，主要有下列三种形式：

（1）在通信机房内设一个集中的电源系统（包括整流、配电设备和蓄电池），为本机房内全部通信设备供电。

（2）在通信机房内设多个较小的供电系统（每个系统包括整流、配电设备和蓄电池），每个较小的供电系统为本机房内一部分通信设备供电。

（3）在通信设备每个机架内分设独立的小电源系统（包括整流器和蓄电池），为本机架通信设备供电。

以上三种分散供电方式各有利弊，但均取消了电力室和电池室，使直流供电设备接近通信负载中心，减小了直流输电损耗，提高了系统可靠性，而且安装、运行费用均可以减小。

目前，多数分散供电方式大都属于第一种，其中蓄电池储备时间一般不大于 1 h。法国从 20 世纪 80 年代开始采用第二种分散供电系统。这种系统采用 1 路市电、1 台油机（600 kV·A 或 800 kV·A 以上采用燃气轮机发电机组），在通信机房内设交流配电屏（内有市电/油机转换电路）以及多个由开关整流器和阀控式铅酸蓄电池组成的独立电源系统，每个独立的供电系统为一部分通信设备供电，每个独立的供电系统的蓄电池储备时间为 15 min。

分散供电方式也用于机架电源，即将机架电源采用分布式的 DC/DC 变换器，而且把 DC/DC 变换器制成单块印刷电路板组件。

目前，我国通信过程中大部分仍采用集中供电方式，未能充分体现采用开关整流器和阀控式铅酸蓄电池的优越性。有的设计院正在进行分散供电研究，并计划在过程设计中采用。当前，我国采用分散供电的一个困难是蓄电池对楼板荷重要求较高，因为按照规范选择的蓄电池容量较大。如果参考国外经验，可以适当减小蓄电池容量加以解决。国外采用的蓄电池储备时间一般不大于 1 h，法国只有 15 min。我国地面站 UPS 中蓄电池储备时间一直按 0.5 h 设调（国外为 15 min），多年来系统运行安全，证明适当减小蓄电池储备时间是完全可行的。考虑我国市电和油机可靠性以及设备维护水平的现状，可按 1 h 放电容量选择蓄电池。

四、集中控制

1. 集中控制的基本概念

通信系统的集中监控，就是把同一枢纽通信大楼内的各种电源设备，或虽不在同一大楼，也不在同一城市，但属于同一管理范围内，分布在各局/所的在线电源设备的运行情况集中在一个监测中心，实行统一管理。在具体操作上，就是实行"三遥"，即遥信、遥测和遥控。

根据通信设备对电源的要求以及目前国内的水平，有以下内容必须实行"三遥"。

（1）遥信：将正在运行的通信电源设备的各种状态反映到监测中心。如哪一路交流电在工作（还是自备油机发电），电压、频率是否正常；直流输出是否正常，电池处在浮充还是均充状态，N+1 台整流器是否正常运行等。

如果自备油机正在供电，则必须把能反映油机发电机组正常运行的各种信号送至控制中心。还应能及时了解电池组的运行情况及液温是否正常和是否有过放电的情况发生。

（2）遥测：根据遥信获得的资料，去判断所发生的情况，或定期测试一些必要的技术数据，以便分析障碍时参考。主要内容有以下几点：

① 市电停供后，油机在多少时间内启动正常供电。

② 市电停供后，油机尚未启动，蓄电池单独供电时间。恢复供电后，蓄电池要补充，是否与预设定的均充时间相符。

③ 正在运行中的某一台整流器发生障碍时，能遥测其障碍性质。

④ 能遥测有用数据，如停电时间、障碍历史和次数、油机运行时间等均能自动记录、显示并打印。

（3）遥控：就是远距离操作。如果单从功能上来设计遥控，有整流器的开、关机，内燃机的开、关机，市电空气开关跳闸后的合闸，整流器均充、浮充的选择，直流输出电压的调整等。但事实上有些是不需要的，有些是不允许的。例如，直流输出电压等的调整，新颖的整流器稳压精度均达到±1%，如果发生问题，就是机器出了故障而需要修理，非遥控所能解决。内燃机的开、关机和送电也是全自动的，而市电进线高低压空气开关跳闸后必须手动合闸。因为一旦市电停电后跳闸，来电后自动合闸时，很多用户的动力设备均处于开启状态，启动电流为运转电流的5~7倍，这会迫使电厂第二次超载跳闸，故电厂规定必须手动合闸。手动合闸在时间上必然会错开（不在同一时刻合闸），即能避免上述增大启动电流。为此，遥控的主要任务如下。

① 遥控关机：当发现某台机器运行不正常时，先通过遥控关掉这台机器，待查清情况后再开机（或修理）。

② 遥控开机：包括油机与整流器组。在市电停供后，如果油机自动开机失败，则可就近用手动启动；而在无人值守机房中，就必须遥控启动。整流器组也是同理，在自动开机失败时可遥控开机。

2. 监控系统的形式

（1）集中监控系统：主要用于设备较为集中的供电系统（传统的供电系统），设备均集中于电力室，可将所有设备的信号直接与管理级计算机相连。

（2）分散式监控系统：主要用于分散式供电体制，即将各通信设备用的电源设备放在通信机房附近的集中供电的电力室，采用计算机控制，应设置前端机与管理机。

二级或二级以上的计算机监控系统的基本形式有星形和总线形，如图9.5所示。

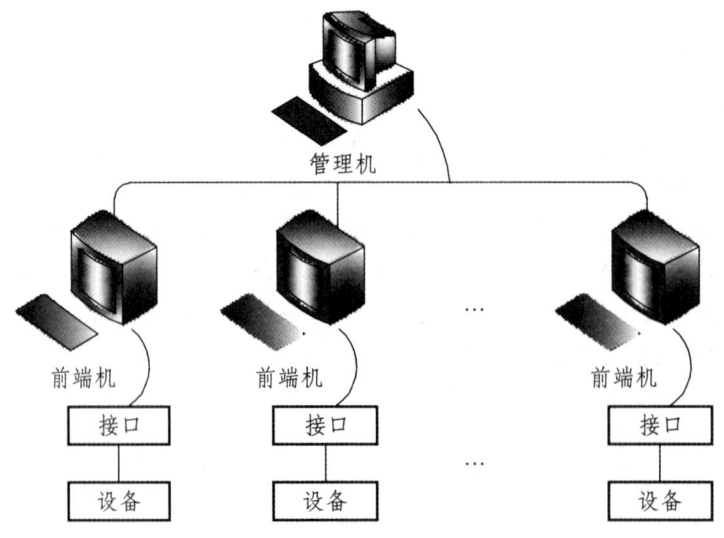

图9.5 分散式监控系统框图

3. 监控系统的构成

以分散监控系统为例,一个二级监控系统的结构基本由四大部分组成:监控管理对象(设备)、设备与计算机接口、前端机(又称现场控制站)、管理机(又称上位机)。

以上所指设备,应包括高低压配电设备、整流器、DC/DC变换器、蓄电池组、自备油机发电机组、UPS及整个直流供电系统。二级监控系统结构框图如图9.6所示。

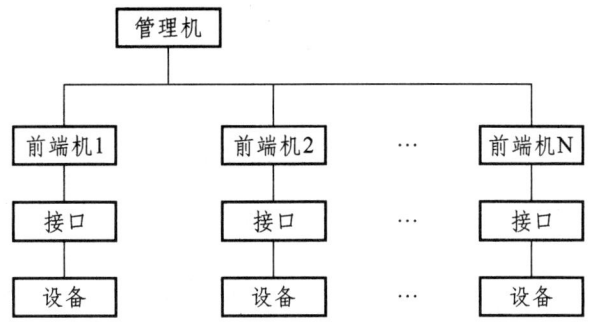

图9.6 二级监控系统

图9.6中接口主要完成计算机与设备相连,一般与设备放置于同一现场;另一方面,通过通信接口与管理机相连,实现与管理机的数据通信。管理机的作用是通过相应的通信口与前端机相连,向前端机发送遥控命令,接收前端机送来的信息和数据;另外,通过配置一定的通信接口,可构成多级分布式系统,也可通过一定的适配器或通信通道进行联网管理。

4. 集中供电与分散供电系统及其监控方式

(1)具有监控功能的集中供电方式:由于集中供电体制是将所有电力设备均集中于电力室,配有专职值班技术人员,故无须复杂的监控系统。操作维护中心就设在与设备同一机房电力室内,如图9.7所示。图中SAIT-200为200 A高频开关整流模块,最多可装8个模块;根据扩容需要可以增加,最大容量为200 A×8 = 1 600 A。

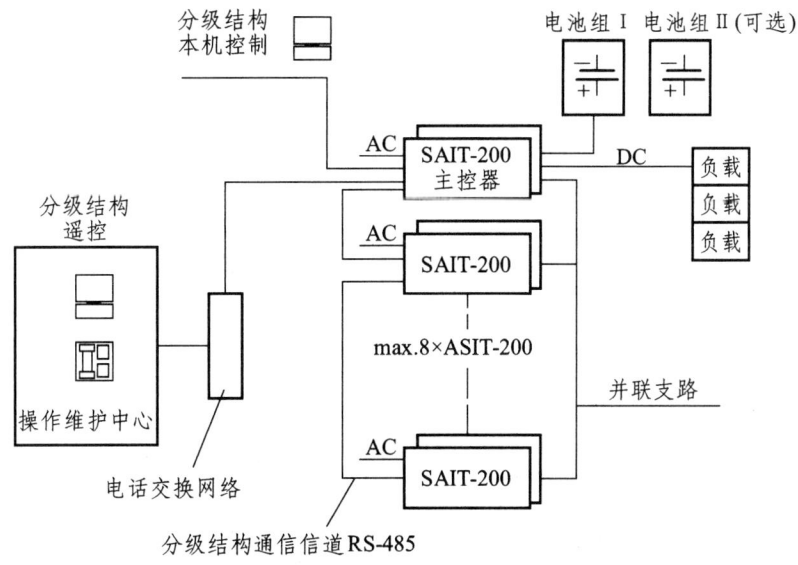

图9.7 集中供电制监控系统框图

（2）分散供电制中的集中监控：图 9.8 为分散供电制集中监控框图，图中本机控制（即前端机）或称现场控制站与设备安装在同一机房内，通过交换机和操作维护中心（即管理机）相连接。前端机与设备之间有接口装置（图中未画出）。从图中可以看出，所有电源架（SAE）完全相同，每个电源架都是一个独立单元，整流模块、1 套蓄电池组和 1 套现场操作站（前端机）设备，图中标称"本机控制"。这里，除了将交流直接引进通信机房，取消由电力室集中用低压直流馈线供电外，还可根据楼板的允许承压力，将整流模块和蓄电池分成许多小独立单元。因为这种供电方式配合计算机集中监控，故其机架数量是不受限制的。

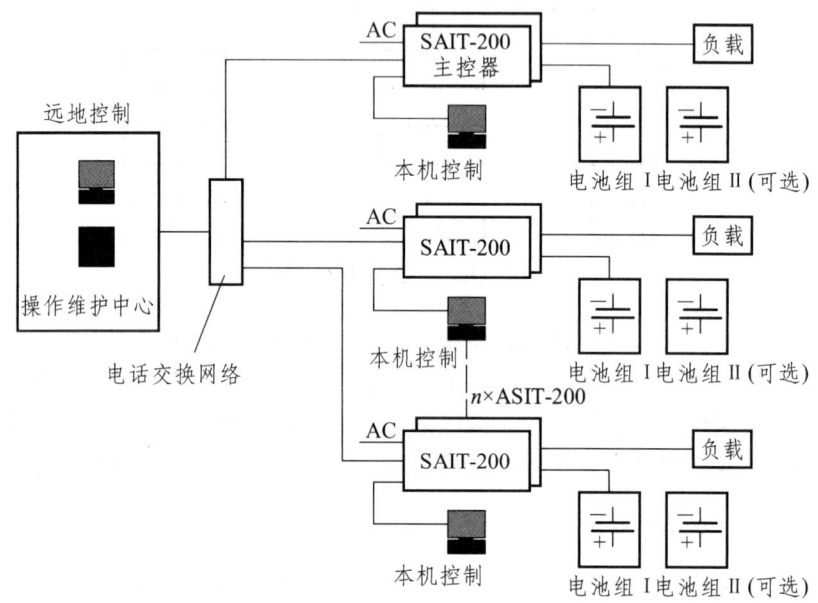

图 9.8　分散供电制集中监控框图

5. 不间断电源系统（UPS）

UPS 在 20 世纪 60 年代问世以后，经过 20 多年的发展和应用，技术已趋于成熟和完善，然而在逆变技术和供电系统方面仍有新的发展。法国梅兰日兰公司的 GAIAXYUPS 和德国 Pillar 公司的静态/旋转 UPS 引起人们的注意。

GAIAXYUPS 是梅兰日兰公司 1992 年底推出的单机容量为 40～300 kV·A 的 UPS 产品，可 6 台并联运行，输出 1 200 kV·A。其中三相逆变器采用双极型晶体管和 PWM 技术，选用 6 个桥臂逆变电路（常规电路为三个桥臂），不需要晶体管并联。每两个桥臂构成一相。每相输出电压调节互相独立，其电气性能和可靠性有明显提高，而且带非线性负载能力强。由于削波频率、削波方式和晶体管控制方法采用独特的设计方法，有效地减小了晶体管开关损耗，整机效率在 40%～95% 额定负载的范围内达到了 95%。

Pillar 公司的静态/旋转型 UPS 的供电系统新颖，综合了传统静态 UPS 和旋转 UPS 的优点，克服了静态 UPS 过载能力差和旋转 UPS 体积大、笨重的缺点。该 UPS 采用整流器、蓄电池、逆变器和一个旋转变压器（交流电动机与交流发电机的组合体），平时由旋转变压器向负载供电，可提供 2～3 倍额定电流的过载能力。逆变器故障时，由于旋转变压器具有惯性可继续发电，向旁路电源转换过程中对系统输出电压影响很小，保证了真正的不间断供电。

目前，实际应用的 UPS 绝大部分都属于传统静态 UPS 系统。传统静态 UPS 系统至今已使用 20 多年，技术成熟、运行可靠，但在 UPS 内部需要经过整流、逆变二级变换，故输入谐波电流较大，效率降低。近年来，国外研制的单级变换 UPS 系统，是 UPS 系统的一次革命。单级变换 UPS 系统由四象限逆变器、蓄电池和电感组成，市电经电感直接为负载供电，通过调节逆变器输出电压相对市电的相角，实现对 UPS 系统输出电压的调节以及对逆变器从电网吸收的有功电流的控制，从而保证 UPS 系统输出电压稳定和对蓄电池充电。市电停电时，蓄电池放电供给逆变器，负载由逆变器供电。单极变换 UPS 系统效率可达 97%，系统取消了整流器，无输入谐波电流，所以对电网和油机的影响小。目前，这种 UPS 产品容量，单相为 0.5~10 kV·A，三相为 100~200 kV·A。

UPS 系统逆变技术方面，从采用器件到控制方法均在不断更新。逆变器采用的器件有 SCR GTO、双极型晶体管、MOSFET、IGBT 等，其中双极型晶体管和 MOSFET 目前应用最多，20 世纪 90 年代以来，中小功率的 UPS 开始采用 IGBT。目前，实际应用的逆变器大多采用 PWM 技术，近年来采用零电压转换和零电流转换的 LC 谐振式逆变器也已研制出来，这是逆变技术的新发展。

第四节　通信电源的性能和规范

整流设备是通信电源系统中第二级电源的核心元素。

第二级电源与第一级电源、第三级电源分别形成一个界面，因此整流设备应当满足两个界面的相关规范要求。

整流设备还要与蓄电池并联，因此整流设备应当满足蓄电池性能及电池管理的要求。整流设备还应当满足自身运行的要求。

1. 通信整流设备的主要性能

（1）直流输出电压：-48 V 系统电压输出范围为 -57.6~-48 V，欠压、过压告警点为 -59~-43 V。

（2）单体阀控式密封铅酸蓄电池：浮充电压为 2.23~2.27 V，均充电压为 2.30~2.35 V，初充电压为 2.35~2.40 V，再充电压为 2.00 V。

（3）影响电池充电参数变动范围的因素：温度补偿、各生产厂家电池特性的差异。

（4）静态稳压精度：稳压精度是指在输入交流电压和负载电流变化时，在浮充和均充电压范围内输出电压偏差的百分比。稳压精度应优于 1%。

（5）浮充工作时的温度补偿：温度补偿即温度升高时，降低浮充电压，以平抑漏电流的增加。

单体电池的温度补偿斜率为 -3 mV/°C，48 V 电池组的温度补偿斜率为 -72 mV/°C。

（6）整流器输出限流：整流器输出限流范围为其标称值的 105%~110%。

（7）功率限制/恒功率输出特性：-48 V 系统以最大限流值作为额定电流，以 -57 V 为直流额定电压，二者的乘积作为额定功率值。

（8）动态响应：超调量小于 5%；恢复时间为 5~10 ms。

2. 输出电压和输入电流的软启动

软启动时间为 3~8 s 或更长。

3. 并联运行

均流，偏差 ±5%，且选择性过电压退出。效率最高为 92%~95%。

复习思考题

1. 简述通信设备对电源系统的要求。
2. 简述集中供电方式电源系统的组成。
3. 简述分散供电方式电源系统的组成。
4. 简述通信电源系统的发展方向。

参考文献

[1] 冀常鹏. 现代通信电源[M]. 北京：国防工业出版社，2010.

[2] 侯振义，复峥. 通信电源站原理及设计[M]. 北京：人民邮电出版社，2002.

[3] 何宗华，汪松滋，何其光. 城市轨道交通通信信号系统运行与维护[M]. 北京：中国建筑工业出版社，2007.

[4] 李崇建. 通信电源技术、标准及测量[M]. 北京：北京邮电大学出版社，2007.

[5] 林瑜筠. 铁路信号电源[M]. 北京：中国铁道出版社，2006.